Manon Lescaut

Dossier et notes réalisés par
Alain Sandrier

Lecture d'image par
Agnès Verlet

folioplus

classiques

Maître de conférences en littérature française à l'université de Paris-Ouest-Nanterre-La-Défense, **Alain Sandrier** est spécialiste de l'hétérodoxie classique et de la littérature clandestine au XVIIIe siècle. Il a rédigé l'accompagnement pédagogique de *Candide*, des *Lettres persanes* et du *Mariage de Figaro* dans la collection «Folioplus classiques».

Maître de conférences en littérature française à l'université d'Aix-en-Provence (Aix-Marseille I), **Agnès Verlet** est l'auteur de plusieurs essais : *Les vanités de Chateaubriand* (Droz, 2001), *Pierres parlantes, Florilège d'épitaphes parisiennes* (Paris/ Musées, 2000). Elle a rédigé le dossier critique des *Aventures du dernier Abencerage* de Chateaubriand («La bibliothèque Gallimard» n° 170) ainsi que conçu et commenté l'anthologie *Écrire des rêves* («La bibliothèque Gallimard» n° 190). Elle collabore à des revues. Elle a également publié des œuvres de fiction, parmi lesquelles, *La messagère de rien* (Séguier, 1997) et *Les violons brûlés* (La Différence, 2006).

Sommaire

Manon Lescaut

Mémoires d'un homme de qualité[1]

Quoique j'eusse pu faire entrer dans mes Mémoires les aventures du chevalier des Grieux, il m'a semblé que n'y ayant point un rapport nécessaire, le lecteur trouverait plus de satisfaction à les voir séparément. Un récit de cette longueur aurait interrompu trop longtemps le fil de ma propre histoire. Tout éloigné que je suis de prétendre à la qualité d'écrivain exact, je n'ignore point qu'une narration doit être déchargée des circonstances qui la rendraient pesante et embarrassée. C'est le précepte d'Horace :

> *Ut jam nunc dicat jam nunc debentia dici*
> *Pleraque differat, ac præsens in tempus omittat*[2].

Il n'est pas même besoin d'une si grave autorité pour prouver une vérité si simple ; car le bon sens est la première source de cette règle.

---

1. Celui qui parle est donc le narrateur de ces *Mémoires* supposés authentiques, le marquis de Renoncour, mort en 1730. Mais les réflexions littéraires et morales qui suivent se rattachent aux préoccupations littéraires du véritable « auteur », Prévost.

2. Extrait de l'*Art poétique* d'Horace (v. 65-8 av. J.-C.) : « On dira tout de suite ce qui doit tout de suite être dit, et l'on réservera et laissera de côté pour l'instant maint détail. »

Si le public a trouvé quelque chose d'agréable et d'intéressant dans l'histoire de ma vie, j'ose lui promettre qu'il ne
sera pas moins satisfait de cette addition. Il verra, dans la
conduite de M. des Grieux, un exemple terrible de la force
des passions. J'ai à peindre un jeune aveugle, qui refuse
d'être heureux, pour se précipiter volontairement dans les
dernières infortunes ; qui, avec toutes les qualités dont se
forme le plus brillant mérite, préfère, par choix, une vie
obscure et vagabonde, à tous les avantages de la fortune et
de la nature ; qui prévoit ses malheurs, sans vouloir les
éviter ; qui les sent et qui en est accablé, sans profiter des
remèdes qu'on lui offre sans cesse et qui peuvent à tous
moments les finir ; enfin un caractère ambigu, un mélange
de vertus et de vices, un contraste perpétuel de bons sentiments et d'actions mauvaises. Tel est le fond du tableau que
je présente. Les personnes de bon sens ne regarderont
point un ouvrage de cette nature comme un travail inutile.
Outre le plaisir d'une lecture agréable, on y trouvera peu
d'événements qui ne puissent servir à l'instruction des
mœurs ; et c'est rendre, à mon avis, un service considérable
au public, que de l'instruire en l'amusant.

On ne peut réfléchir sur les préceptes de la morale, sans
être étonné de les voir tout à la fois estimés et négligés ; et
l'on se demande la raison de cette bizarrerie du cœur
humain, qui lui fait goûter des idées de bien et de perfection,
dont il s'éloigne dans la pratique. Si les personnes d'un certain ordre d'esprit et de politesse veulent examiner quelle
est la matière la plus commune de leurs conversations, ou
même de leurs rêveries solitaires, il leur sera aisé de remarquer qu'elles tournent presque toujours sur quelques considérations morales. Les plus doux moments de leur vie sont
ceux qu'ils passent, ou seuls, ou avec un ami, à s'entretenir
à cœur ouvert des charmes de la vertu, des douceurs de
l'amitié, des moyens d'arriver au bonheur, des faiblesses de

la nature qui nous en éloignent, et des remèdes qui peuvent les guérir. Horace et Boileau marquent cet entretien comme un des plus beaux traits dont ils composent l'image d'une vie heureuse[1]. Comment arrive-t-il donc qu'on tombe si facilement de ces hautes spéculations, et qu'on se retrouve sitôt au niveau du commun des hommes ? Je suis trompé si la raison que je vais en apporter n'explique bien cette contradiction de nos idées et de notre conduite ; c'est que, tous les préceptes de la morale n'étant que des principes vagues et généraux, il est très difficile d'en faire une application particulière au détail des mœurs et des actions. Mettons la chose dans un exemple. Les âmes bien nées sentent que la douceur et l'humanité sont des vertus aimables, et sont portées d'inclination à les pratiquer ; mais sont-elles au moment de l'exercice, elles demeurent souvent suspendues. En est-ce réellement l'occasion ? Sait-on bien quelle en doit être la mesure ? Ne se trompe-t-on point sur l'objet ? Cent difficultés arrêtent. On craint de devenir dupe en voulant être bienfaisant et libéral ; de passer pour faible en paraissant trop tendre et trop sensible ; en un mot, d'excéder ou de ne pas remplir assez des devoirs qui sont renfermés d'une manière trop obscure dans les notions générales d'humanité et de douceur. Dans cette incertitude, il n'y a que l'expérience ou l'exemple qui puisse déterminer raisonnablement le penchant du cœur. Or l'expérience n'est point un avantage qu'il soit libre à tout le monde de se donner ; elle dépend des situations différentes où l'on se trouve placé par la fortune. Il ne reste donc que l'exemple qui puisse servir de règle à quantité de personnes dans l'exercice de la vertu. C'est précisément pour cette sorte de lecteurs que des ouvrages tels que celui-ci peuvent être d'une extrême

1. Allusion à la *Satire VI, Livre II,* d'Horace, qui a influencé Boileau, le poète classique, dans son *Épître VI* « À Monsieur de Lamoignon ».

utilité, du moins lorsqu'ils sont écrits par une personne d'honneur et de bon sens. Chaque fait qu'on y rapporte est un degré de lumière, une instruction qui supplée à l'expérience ; chaque aventure est un modèle d'après lequel on peut se former ; il n'y manque que d'être ajusté aux circonstances où l'on se trouve. L'ouvrage entier est un traité de morale, réduit agréablement en exercice.

Un lecteur sévère s'offensera peut-être de me voir reprendre la plume, à mon âge[1], pour écrire des aventures de fortune et d'amour ; mais, si la réflexion que je viens de faire est solide, elle me justifie ; si elle est fausse, mon erreur sera mon excuse[2].

---

1. Environ soixante-dix ans, soit entre 1728 et 1730.
2. L'« avis » de la luxueuse édition de 1753 se termine sur le texte suivant, sans doute de la main de Prévost : « C'est pour se rendre aux instances de ceux qui aiment ce petit ouvrage, qu'on s'est déterminé à le purger d'un grand nombre de fautes grossières qui se sont glissées dans la plupart des éditions. On y a fait aussi quelques additions qui ont paru nécessaires pour la plénitude d'un des principaux caractères. La vignette et les figures portent en elles-mêmes leur recommandation et leur éloge. »

Première partie

Je suis obligé de faire remonter mon lecteur au temps de ma vie où je rencontrai pour la première fois le chevalier des Grieux. Ce fut environ six mois avant mon départ pour l'Espagne[1]. Quoique je sortisse rarement de ma solitude, la complaisance que j'avais pour ma fille m'engageait quelquefois à divers petits voyages, que j'abrégeais autant qu'il m'était possible. Je revenais un jour de Rouen, où elle m'avait prié d'aller solliciter une affaire au Parlement de Normandie pour la succession de quelques terres auxquelles je lui avais laissé des prétentions du côté de mon grand-père maternel. Ayant repris mon chemin par Évreux, où je couchai la première nuit, j'arrivai le lendemain pour dîner à Pacy, qui en est éloigné de cinq ou six lieues. Je fus surpris, en entrant dans ce bourg, d'y voir tous les habitants en alarme. Ils se précipitaient de leurs maisons pour courir en foule à la porte d'une mauvaise hôtellerie, devant laquelle étaient deux chariots couverts. Les chevaux, qui étaient encore attelés et qui paraissaient fumants de fatigue et de chaleur, marquaient que ces deux voitures ne faisaient qu'arriver. Je m'arrêtai un moment pour m'informer d'où venait le tumulte ; mais je tirai peu d'éclaircissement d'une populace curieuse, qui ne

---

1. Ce départ se situe en juillet 1715.

faisait nulle attention à mes demandes, et qui s'avançait toujours vers l'hôtellerie, en se poussant avec beaucoup de confusion. Enfin, un archer revêtu d'une bandoulière, et le mousquet sur l'épaule[1], ayant paru à la porte, je lui fis signe de la main de venir à moi. Je le priai de m'apprendre le sujet de ce désordre. Ce n'est rien, monsieur, me dit-il ; c'est une douzaine de filles de joie[2] que je conduis, avec mes compagnons, jusqu'au Havre-de-Grâce, où nous les ferons embarquer pour l'Amérique. Il y en a quelques-unes de jolies, et c'est apparemment ce qui excite la curiosité de ces bons paysans. J'aurais passé après cette explication, si je n'eusse été arrêté par les exclamations d'une vieille femme qui sortait de l'hôtellerie en joignant les mains, et criant que c'était une chose barbare, une chose qui faisait horreur et compassion. De quoi s'agit-il donc ? lui dis-je. Ah ! monsieur, entrez, répondit-elle, et voyez si ce spectacle n'est pas capable de fendre le cœur ! La curiosité me fit descendre de mon cheval, que je laissai à mon palefrenier. J'entrai avec peine, en perçant la foule, et je vis, en effet, quelque chose d'assez touchant. Parmi les douze filles qui étaient enchaînées six à six par le milieu du corps, il y en avait une dont l'air et la figure étaient si peu conformes à sa condition, qu'en tout autre état je l'eusse prise pour une personne du premier rang[3]. Sa tristesse et la saleté de son linge et de ses habits l'enlaidissaient si peu que sa vue m'inspira du respect et de la pitié. Elle tâchait néanmoins de se tourner, autant que sa chaîne pouvait le permettre, pour dérober son visage aux

---

1. Il s'agit des archers de la maréchaussée chargés d'escorter les convois de déportation. Ils forment habituellement des brigades d'une douzaine d'individus.
2. Expression traditionnelle et populaire pour désigner les prostituées.
3. Soit une femme de condition. La première édition, en 1731, parle même ici d'« une princesse ».

yeux des spectateurs. L'effort qu'elle faisait pour se cacher était si naturel, qu'il paraissait venir d'un sentiment de modestie. Comme les six gardes qui accompagnaient cette malheureuse bande étaient aussi dans la chambre, je pris le chef en particulier et je lui demandai quelques lumières sur le sort de cette belle fille. Il ne put m'en donner que de fort générales. Nous l'avons tirée de l'Hôpital[1], me dit-il, par ordre de M. le Lieutenant général de Police[2]. Il n'y a pas d'apparence qu'elle y eût été renfermée pour ses bonnes actions. Je l'ai interrogée plusieurs fois sur la route, elle s'obstine à ne me rien répondre. Mais, quoique je n'aie pas reçu ordre de la ménager plus que les autres, je ne laisse pas d'avoir quelques égards pour elle, parce qu'il me semble qu'elle vaut un peu mieux que ses compagnes. Voilà un jeune homme, ajouta l'archer, qui pourrait vous instruire mieux que moi sur la cause de sa disgrâce ; il l'a suivie depuis Paris, sans cesser presque un moment de pleurer. Il faut que ce soit son frère ou son amant. Je me tournai vers le coin de la chambre où ce jeune homme était assis. Il paraissait enseveli dans une rêverie profonde. Je n'ai jamais vu de plus vive image de la douleur. Il était mis fort simplement ; mais on distingue, au premier coup d'œil, un homme qui a de la naissance et de l'éducation. Je m'approchai de lui. Il se leva ; et je découvris dans ses yeux, dans sa figure et dans tous ses mouvements, un air si fin et si noble que je me sentis porté naturellement à lui vouloir du bien. Que je ne vous trouble point, lui dis-je, en m'asseyant près de lui. Voulez-vous bien satisfaire la curiosité que j'ai de connaître cette

---

1. Situé *extra muros*, non loin de la porte Saint-Bernard, il abritait toute une population hétéroclite de marginaux dans des conditions déplorables. S'y mêlent condamnés et prostituées répartis selon trois secteurs.
2. Le Lieutenant général de Police est responsable de la sécurité de la capitale, de la police des mœurs et des prisons d'État.

belle personne, qui ne me paraît point faite pour le triste état où je la vois ? Il me répondit honnêtement qu'il ne pouvait m'apprendre qui elle était sans se faire connaître lui-même, et qu'il avait de fortes raisons pour souhaiter de demeurer inconnu. Je puis vous dire, néanmoins, ce que ces misérables n'ignorent point, continua-t-il en montrant les archers, c'est que je l'aime avec une passion si violente qu'elle me rend le plus infortuné de tous les hommes. J'ai tout employé, à Paris, pour obtenir sa liberté. Les sollicitations, l'adresse et la force m'ont été inutiles ; j'ai pris le parti de la suivre, dût-elle aller au bout du monde. Je m'embarquerai avec elle ; je passerai en Amérique. Mais ce qui est de la dernière inhumanité, ces lâches coquins, ajouta-t-il en parlant des archers, ne veulent pas me permettre d'approcher d'elle. Mon dessein était de les attaquer ouvertement, à quelques lieues[1] de Paris. Je m'étais associé quatre hommes qui m'avaient promis leur secours pour une somme considérable. Les traîtres m'ont laissé seul aux mains et sont partis avec mon argent. L'impossibilité de réussir par la force m'a fait mettre les armes bas. J'ai proposé aux archers de me permettre du moins de les suivre, en leur offrant de les récompenser. Le désir du gain les y a fait consentir. Ils ont voulu être payés chaque fois qu'ils m'ont accordé la liberté de parler à ma maîtresse. Ma bourse s'est épuisée en peu de temps, et maintenant que je suis sans un sou, ils ont la barbarie de me repousser brutalement lorsque je fais un pas vers elle. Il n'y a qu'un instant, qu'ayant osé m'en approcher malgré leurs menaces, ils ont eu l'insolence de lever contre moi le bout du fusil. Je suis obligé, pour satisfaire leur avarice et pour me mettre en état de conti-

---

1. Ancienne mesure équivalent approximativement à quatre kilomètres.

nuer la route à pied, de vendre ici un mauvais cheval qui m'a servi jusqu'à présent de monture.

Quoiqu'il parût faire assez tranquillement ce récit, il laissa tomber quelques larmes en le finissant. Cette aventure me parut des plus extraordinaires et des plus touchantes. Je ne vous presse pas, lui dis-je, de me découvrir le secret de vos affaires, mais, si je puis vous être utile à quelque chose, je m'offre volontiers à vous rendre service. Hélas ! reprit-il, je ne vois pas le moindre jour à l'espérance. Il faut que je me soumette à toute la rigueur de mon sort. J'irai en Amérique. J'y serai du moins libre avec ce que j'aime. J'ai écrit à un de mes amis qui me fera tenir quelque secours au Havre-de-Grâce. Je ne suis embarrassé que pour m'y conduire et pour procurer à cette pauvre créature, ajouta-t-il en regardant tristement sa maîtresse, quelque soulagement sur la route. Hé bien, lui dis-je, je vais finir votre embarras. Voici quelque argent que je vous prie d'accepter. Je suis fâché de ne pouvoir vous servir autrement. Je lui donnai quatre louis d'or[1], sans que les gardes s'en aperçussent, car je jugeais bien que, s'ils lui savaient cette somme, ils lui vendraient plus chèrement leurs secours. Il me vint même à l'esprit de faire marché avec eux pour obtenir au jeune amant la liberté de parler continuellement à sa maîtresse jusqu'au Havre. Je fis signe au chef de s'approcher, et je lui en fis la proposition. Il en parut honteux, malgré son effronterie. Ce n'est pas, monsieur, répondit-il d'un air embarrassé, que nous refusions de le laisser parler à cette fille, mais il voudrait être sans cesse auprès d'elle ; cela nous est incommode ; il est bien juste qu'il paye pour l'incommodité. Voyons donc, lui dis-je, ce qu'il

1. Monnaie d'or portant comme son nom l'indique l'effigie des rois Louis XIII, XIV et XV. Sa valeur varie et se monte à trente-quatre livres ou francs en 1719. On estime très approximativement le franc de l'époque à cinq euros 2009.

faudrait pour vous empêcher de la sentir. Il eut l'audace de me demander deux louis. Je les lui donnai sur-le-champ : Mais prenez garde, lui dis-je, qu'il ne vous échappe quelque friponnerie ; car je vais laisser mon adresse à ce jeune homme, afin qu'il puisse m'en informer, et comptez que j'aurai le pouvoir de vous faire punir. Il m'en coûta six louis d'or. La bonne grâce et la vive reconnaissance avec laquelle ce jeune inconnu me remercia, achevèrent de me persuader qu'il était né quelque chose[1], et qu'il méritait ma libéralité. Je dis quelques mots à sa maîtresse avant que de sortir. Elle me répondit avec une modestie si douce et si charmante que je ne pus m'empêcher de faire, en sortant, mille réflexions sur le caractère incompréhensible des femmes.

Étant retourné à ma solitude[2], je ne fus point informé de la suite de cette aventure. Il se passa près de deux ans, qui me la firent oublier tout à fait, jusqu'à ce que le hasard me fît renaître l'occasion d'en apprendre à fond toutes les circonstances. J'arrivais de Londres à Calais, avec le marquis de…, mon élève[3]. Nous logeâmes, si je m'en souviens bien, au *Lion d'Or*, où quelques raisons nous obligèrent de passer le jour entier et la nuit suivante. En marchant l'après-midi dans les rues, je crus apercevoir ce même jeune homme dont j'avais fait la rencontre à Pacy. Il était en fort mauvais équipage[4], et beaucoup plus pâle que je ne l'avais vu la première fois. Il portait sur le bras un vieux porte-manteau[5], ne faisant qu'arriver dans la ville. Cependant, comme il avait la physionomie trop belle pour n'être pas reconnu facilement, je le remis aussitôt. Il faut, dis-je au marquis, que

---

1. Il était un homme de condition, d'origine noble.
2. Retraite dans un couvent ou monastère.
3. Il s'agit du marquis de Rosemont, dont toute une partie des *Mémoires* retrace les aventures.
4. Dans un grand dénuement matériel.
5. Valise ronde d'étoffe assez légère que l'on peut porter à cheval.

nous abordions ce jeune homme. Sa joie fut plus vive que toute expression, lorsqu'il m'eut remis à son tour. Ah! monsieur, s'écria-t-il en me baisant la main, je puis donc encore une fois vous marquer mon immortelle reconnaissance! Je lui demandai d'où il venait. Il me répondit qu'il arrivait, par mer, du Havre-de-Grâce, où il était revenu de l'Amérique peu auparavant. Vous ne me paraissez pas fort bien en argent, lui dis-je. Allez-vous-en au *Lion d'Or*, où je suis logé. Je vous rejoindrai dans un moment. J'y retournai en effet, plein d'impatience d'apprendre le détail de son infortune et les circonstances de son voyage d'Amérique. Je lui fis mille caresses, et j'ordonnai qu'on ne le laissât manquer de rien. Il n'attendit point que je le pressasse de me raconter l'histoire de sa vie. Monsieur, me dit-il, vous en usez si noblement avec moi, que je me reprocherais, comme une basse ingratitude, d'avoir quelque chose de réservé pour vous. Je veux vous apprendre, non seulement mes malheurs et mes peines, mais encore mes désordres et mes plus honteuses faiblesses. Je suis sûr qu'en me condamnant, vous ne pourrez pas vous empêcher de me plaindre.

Je dois avertir ici le lecteur que j'écrivis son histoire presque aussitôt après l'avoir entendue, et qu'on peut s'assurer, par conséquent, que rien n'est plus exact et plus fidèle que cette narration. Je dis fidèle jusque dans la relation des réflexions et des sentiments que le jeune aventurier exprimait de la meilleure grâce du monde. Voici donc son récit, auquel je ne mêlerai, jusqu'à la fin, rien qui ne soit de lui.

J'avais dix-sept ans, et j'achevais mes études de philosophie à Amiens, où mes parents, qui sont d'une des meilleures maisons de P.[1], m'avaient envoyé. Je menais une vie

---

1. On peut penser indifféremment à Poix, Péronne ou Picquigny, toutes dans la région d'Amiens.

si sage et si réglée, que mes maîtres me proposaient pour l'exemple du collège. Non que je fisse des efforts extraordinaires pour mériter cet éloge, mais j'ai l'humeur naturellement douce et tranquille : je m'appliquais à l'étude par inclination, et l'on me comptait pour des vertus quelques marques d'aversion naturelle pour le vice. Ma naissance, le succès de mes études et quelques agréments extérieurs m'avaient fait connaître et estimer de tous les honnêtes gens de la ville. J'achevai mes exercices publics[1] avec une approbation si générale, que Monsieur l'Évêque, qui y assistait, me proposa d'entrer dans l'état ecclésiastique, où je ne manquerais pas, disait-il, de m'attirer plus de distinction que dans l'ordre de Malte[2], auquel mes parents me destinaient. Ils me faisaient déjà porter la croix, avec le nom de chevalier des Grieux. Les vacances arrivant, je me préparais à retourner chez mon père, qui m'avait promis de m'envoyer bientôt à l'Académie[3]. Mon seul regret, en quittant Amiens, était d'y laisser un ami avec lequel j'avais toujours été tendrement uni. Il était de quelques années plus âgé que moi. Nous avions été élevés ensemble, mais le bien de sa maison étant des plus médiocres, il était obligé de prendre l'état ecclésiastique, et de demeurer à Amiens après moi, pour y faire les études qui conviennent à cette profession. Il avait mille bonnes qualités. Vous le connaîtrez par les meilleures dans la suite de mon histoire, et surtout, par un zèle et une

---

1. Il s'agit des examens qui sanctionnent le cycle d'études. Ils comportent une soutenance de thèse suivie de discussions contradictoires qui se déroulent en public.

2. Ordre religieux militaire, installé depuis 1530 sur l'île de Malte, où il constitue l'avant-poste chrétien en Méditerranée face au monde musulman. Ses membres, tous nobles et souvent cadets de famille, font vœu d'obéissance, de pauvreté et de chasteté : ces deux derniers, cependant, n'y étaient proverbialement plus respectés au XVIIIᵉ siècle.

3. C'est là où les jeunes nobles font leur apprentissage des qualités nécessaires à un gentilhomme (équitation, danse, escrime, etc.).

générosité en amitié qui surpassent les plus célèbres exemples de l'Antiquité[1]. Si j'eusse alors suivi ses conseils, j'aurais toujours été sage et heureux. Si j'avais, du moins, profité de ses reproches dans le précipice où mes passions m'ont entraîné, j'aurais sauvé quelque chose du naufrage de ma fortune et de ma réputation. Mais il n'a point recueilli d'autre fruit de ses soins que le chagrin de les voir inutiles et, quelquefois, durement récompensés par un ingrat qui s'en offensait, et qui les traitait d'importunités.

J'avais marqué le temps de mon départ d'Amiens. Hélas ! que ne le marquais-je un jour plus tôt ! j'aurais porté chez mon père toute mon innocence. La veille même de celui que je devais quitter cette ville, étant à me promener avec mon ami, qui s'appelait Tiberge, nous vîmes arriver le coche[2] d'Arras, et nous le suivîmes jusqu'à l'hôtellerie où ces voitures descendent. Nous n'avions pas d'autre motif que la curiosité. Il en sortit quelques femmes, qui se retirèrent aussitôt. Mais il en resta une, fort jeune, qui s'arrêta seule dans la cour, pendant qu'un homme d'un âge avancé, qui paraissait lui servir de conducteur, s'empressait pour faire tirer son équipage des paniers. Elle me parut si charmante que moi, qui n'avais jamais pensé à la différence des sexes, ni regardé une fille avec un peu d'attention, moi, dis-je, dont tout le monde admirait la sagesse et la retenue, je me trouvai enflammé tout d'un coup jusqu'au transport. J'avais le défaut d'être excessivement timide et facile à déconcerter ; mais loin d'être arrêté alors par cette faiblesse, je m'avançai vers la maîtresse de mon cœur. Quoiqu'elle fût encore moins âgée que moi, elle reçut mes politesses sans

---

1. On peut penser à Oreste et Pylade, Damon et Pythias, Achille et Patrocle.
2. C'est une lourde voiture couverte, sans suspension, pouvant recevoir une dizaine de passagers. Elle est pourvue à ses extrémités de « paniers », des coffres en osier, accueillant les bagages.

paraître embarrassée. Je lui demandai ce qui l'amenait à Amiens et si elle y avait quelques personnes de connaissance. Elle me répondit ingénument qu'elle y était envoyée par ses parents pour être religieuse. L'amour me rendait déjà si éclairé, depuis un moment qu'il était dans mon cœur, que je regardai ce dessein comme un coup mortel pour mes désirs. Je lui parlai d'une manière qui lui fit comprendre mes sentiments, car elle était bien plus expérimentée que moi. C'était malgré elle qu'on l'envoyait au couvent, pour arrêter sans doute son penchant au plaisir, qui s'était déjà déclaré et qui a causé, dans la suite, tous ses malheurs et les miens. Je combattis la cruelle intention de ses parents par toutes les raisons que mon amour naissant et mon éloquence scolastique[1] purent me suggérer. Elle n'affecta ni rigueur ni dédain. Elle me dit, après un moment de silence, qu'elle ne prévoyait que trop qu'elle allait être malheureuse, mais que c'était apparemment la volonté du Ciel, puisqu'il ne lui laissait nul moyen de l'éviter. La douceur de ses regards, un air charmant de tristesse en prononçant ces paroles, ou plutôt, l'ascendant[2] de ma destinée qui m'entraînait à ma perte, ne me permirent pas de balancer un moment sur ma réponse. Je l'assurai que, si elle voulait faire quelque fond sur mon honneur et sur la tendresse infinie qu'elle m'inspirait déjà, j'emploierais ma vie pour la délivrer de la tyrannie de ses parents, et pour la rendre heureuse. Je me suis étonné mille fois, en y réfléchissant, d'où me venait alors tant de hardiesse et de facilité à m'exprimer ; mais on ne ferait pas une divinité de l'amour, s'il n'opérait souvent des prodiges. J'ajoutai mille choses pressantes. Ma belle incon-

---

1. Au sens ici d'« apprise à l'école ».
2. Terme d'astrologie, l'ascendant étant le signe du Zodiaque qui monte à l'horizon à la naissance d'un homme. Prévost dans son *Manuel lexique* (1750) ajoute « Les astrologues lui attribuent beaucoup d'importance sur tous les événements de la vie ».

nue savait bien qu'on n'est point trompeur à mon âge ; elle me confessa que, si je voyais quelque jour à[1] la pouvoir mettre en liberté, elle croirait m'être redevable de quelque chose de plus cher que la vie. Je lui répétai que j'étais prêt à tout entreprendre, mais, n'ayant point assez d'expérience pour imaginer tout d'un coup les moyens de la servir, je m'en tenais à cette assurance générale, qui ne pouvait être d'un grand secours pour elle et pour moi. Son vieil Argus[2] étant venu nous rejoindre, mes espérances allaient échouer si elle n'eût eu assez d'esprit pour suppléer à la stérilité du mien. Je fus surpris, à l'arrivée de son conducteur, qu'elle m'appelât son cousin et que, sans paraître déconcertée le moins du monde, elle me dît que, puisqu'elle était assez heureuse pour me rencontrer à Amiens, elle remettait au lendemain son entrée dans le couvent, afin de se procurer le plaisir de souper avec moi. J'entrai fort bien dans le sens de cette ruse. Je lui proposai de se loger dans une hôtellerie, dont le maître, qui s'était établi à Amiens, après avoir été longtemps cocher de mon père, était dévoué entièrement à mes ordres. Je l'y conduisis moi-même, tandis que le vieux conducteur paraissait un peu murmurer, et que mon ami Tiberge, qui ne comprenait rien à cette scène, me suivait sans prononcer une parole. Il n'avait point entendu notre entretien. Il était demeuré à se promener dans la cour pendant que je parlais d'amour à ma belle maîtresse. Comme je redoutais sa sagesse, je me défis de lui par une commission dont je le priai de se charger. Ainsi j'eus le plaisir, en arrivant à l'auberge, d'entretenir seul la souveraine de mon cœur. Je reconnus bientôt que j'étais moins enfant que je ne le croyais. Mon cœur s'ouvrit à mille senti-

---

1. Quelque possibilité de.
2. C'est le géant aux cent yeux de la mythologie grecque, chargé par Héra de surveiller Io. Synonyme de gardien vigilant.

ments de plaisir dont je n'avais jamais eu l'idée. Une douce
chaleur se répandit dans toutes mes veines. J'étais dans une
espèce de transport, qui m'ôta pour quelque temps la liberté
de la voix et qui ne s'exprimait que par mes yeux. Mademoiselle Manon Lescaut, c'est ainsi qu'elle me dit qu'on la
nommait, parut fort satisfaite de cet effet de ses charmes. Je
crus apercevoir qu'elle n'était pas moins émue que moi. Elle
me confessa qu'elle me trouvait aimable et qu'elle serait
ravie de m'avoir obligation de sa liberté. Elle voulut savoir
qui j'étais, et cette connaissance augmenta son affection,
parce qu'étant d'une naissance commune[1], elle se trouva
flattée d'avoir fait la conquête d'un amant tel que moi. Nous
nous entretînmes des moyens d'être l'un à l'autre. Après
quantité de réflexions, nous ne trouvâmes point d'autre
voie que celle de la fuite. Il fallait tromper la vigilance du
conducteur, qui était un homme à ménager, quoiqu'il ne fût
qu'un domestique. Nous réglâmes que je ferais préparer
pendant la nuit une chaise de poste[2], et que je reviendrais
de grand matin à l'auberge avant qu'il fût éveillé ; que nous
nous déroberions secrètement, et que nous irions droit à
Paris, où nous nous ferions marier en arrivant. J'avais environ cinquante écus[3], qui étaient le fruit de mes petites
épargnes ; elle en avait à peu près le double. Nous nous
imaginâmes, comme des enfants sans expérience, que cette

---

1. Dans l'édition de 1731, la différence de classe était moins accusée : « n'étant point de qualité quoique d'assez bonne naissance ».
Mais cette origine plus relevée heurtait la vraisemblance si l'on consi-
dère le désintérêt de sa famille et le caractère de son frère. Il faut
donc imaginer une fille d'origine « bourgeoise », au sens de l'Ancien
Régime, plus que populaire.
2. Voiture suspendue, légère, pour deux passagers. Elle est tirée
par un ou deux chevaux, changés de poste en poste : c'est donc un
moyen de transport rapide pour l'époque. Les cent vingt kilomètres
d'Amiens à Saint-Denis seront effectués dans la journée.
3. Un écu d'argent vaut trois livres ou francs de l'époque (voir
note 1, p. 15).

somme ne finirait jamais, et nous ne comptâmes pas moins sur le succès de nos autres mesures.

Après avoir soupé avec plus de satisfaction que je n'en avais jamais ressenti, je me retirai pour exécuter notre projet. Mes arrangements furent d'autant plus faciles, qu'ayant eu dessein de retourner le lendemain chez mon père, mon petit équipage était déjà préparé. Je n'eus donc nulle peine à faire transporter ma malle, et à faire tenir une chaise prête pour cinq heures du matin, qui étaient le temps où les portes de la ville devaient être ouvertes ; mais je trouvai un obstacle dont je ne me défiais point, et qui faillit de rompre entièrement mon dessein.

Tiberge, quoique âgé seulement de trois ans plus que moi, était un garçon d'un sens mûr et d'une conduite fort réglée. Il m'aimait avec une tendresse extraordinaire. La vue d'une aussi jolie fille que Mademoiselle Manon, mon empressement à la conduire, et le soin que j'avais eu de me défaire de lui en l'éloignant, lui firent naître quelques soupçons de mon amour. Il n'avait osé revenir à l'auberge, où il m'avait laissé, de peur de m'offenser par son retour ; mais il était allé m'attendre à mon logis, où je le trouvai en arrivant, quoiqu'il fût dix heures du soir. Sa présence me chagrina. Il s'aperçut facilement de la contrainte qu'elle me causait. Je suis sûr, me dit-il sans déguisement, que vous méditez quelque dessein que vous me voulez cacher ; je le vois à votre air. Je lui répondis assez brusquement que je n'étais pas obligé de lui rendre compte de tous mes desseins. Non, reprit-il, mais vous m'avez toujours traité en ami, et cette qualité suppose un peu de confiance et d'ouverture. Il me pressa si fort et si longtemps de lui découvrir mon secret, que, n'ayant jamais eu de réserve avec lui, je lui fis l'entière confidence de ma passion. Il la reçut avec une apparence de mécontentement qui me fit frémir. Je me repentis surtout de l'indiscrétion avec laquelle je lui avais découvert le des-

sein de ma fuite. Il me dit qu'il était trop parfaitement mon
ami pour ne pas s'y opposer de tout son pouvoir; qu'il
voulait me représenter d'abord tout ce qu'il croyait capable
de m'en détourner, mais que, si je ne renonçais pas ensuite
à cette misérable résolution, il avertirait des personnes qui
pourraient l'arrêter à coup sûr. Il me tint là-dessus un discours sérieux qui dura plus d'un quart d'heure, et qui finit
encore par la menace de me dénoncer, si je ne lui donnais
ma parole de me conduire avec plus de sagesse et de raison.
J'étais au désespoir de m'être trahi si mal à propos. Cependant, l'amour m'ayant ouvert extrêmement l'esprit depuis
deux ou trois heures, je fis attention que je ne lui avais pas
découvert que mon dessein devait s'exécuter le lendemain,
et je résolus de le tromper à la faveur d'une équivoque :
Tiberge, lui dis-je, j'ai cru jusqu'à présent que vous étiez
mon ami, et j'ai voulu vous éprouver par cette confidence.
Il est vrai que j'aime, je ne vous ai pas trompé, mais, pour
ce qui regarde ma fuite, ce n'est point une entreprise à
former au hasard. Venez me prendre demain à neuf heures ;
je vous ferai voir, s'il se peut, ma maîtresse, et vous jugerez
si elle mérite que je fasse cette démarche pour elle. Il me
laissa seul, après mille protestations d'amitié. J'employai la
nuit à mettre ordre à mes affaires, et m'étant rendu à l'hôtellerie de Mademoiselle Manon vers la pointe du jour, je la
trouvai qui m'attendait. Elle était à sa fenêtre, qui donnait
sur la rue, de sorte que m'ayant aperçu, elle vint m'ouvrir
elle-même. Nous sortîmes sans bruit. Elle n'avait point d'autre
équipage que son linge, dont je me chargeai moi-même. La
chaise était en état de partir ; nous nous éloignâmes aussitôt
de la ville. Je rapporterai, dans la suite, quelle fut la conduite
de Tiberge, lorsqu'il s'aperçut que je l'avais trompé. Son
zèle n'en devint pas moins ardent. Vous verrez à quel excès
il le porta, et combien je devrais verser de larmes en son-
geant quelle en a toujours été la récompense.

Nous nous hâtâmes tellement d'avancer que nous arrivâmes à Saint-Denis avant la nuit. J'avais couru à cheval à côté de la chaise, ce qui ne nous avait guère permis de nous entretenir qu'en changeant de chevaux ; mais lorsque nous nous vîmes si proche de Paris, c'est-à-dire presque en sûreté, nous prîmes le temps de nous rafraîchir, n'ayant rien mangé depuis notre départ d'Amiens. Quelque passionné que je fusse pour Manon, elle sut me persuader qu'elle ne l'était pas moins pour moi. Nous étions si peu réservés dans nos caresses, que nous n'avions pas la patience d'attendre que nous fussions seuls. Nos postillons[1] et nos hôtes nous regardaient avec admiration[2], et je remarquais qu'ils étaient surpris de voir deux enfants de notre âge, qui paraissaient s'aimer jusqu'à la fureur. Nos projets de mariage furent oubliés à Saint-Denis ; nous fraudâmes les droits de l'Église, et nous nous trouvâmes époux sans y avoir fait réflexion. Il est sûr que, du naturel tendre et constant dont je suis, j'étais heureux pour toute ma vie, si Manon m'eût été fidèle. Plus je la connaissais, plus je découvrais en elle de nouvelles qualités aimables. Son esprit, son cœur, sa douceur et sa beauté formaient une chaîne si forte et si charmante, que j'aurais mis tout mon bonheur à n'en sortir jamais. Terrible changement ! Ce qui fait mon désespoir a pu[3] faire ma félicité. Je me trouve le plus malheureux de tous les hommes, par cette même constance dont je devais attendre le plus doux de tous les sorts, et les plus parfaites récompenses de l'amour.

Nous prîmes un appartement meublé à Paris. Ce fut dans la rue V...[4] et, pour mon malheur, auprès de la maison de

---

1. Hommes affectés à la conduite des chevaux des chaises de poste.
2. Étonnement mêlé de fascination.
3. Aurait pu.
4. Autour de la rue Vivienne, près de l'actuelle Bourse, s'érigeait un quartier dévolu à la spéculation financière.

M. de B…, célèbre fermier général[1]. Trois semaines se passèrent, pendant lesquelles j'avais été si rempli de ma passion que j'avais peu songé à ma famille et au chagrin que mon père avait dû ressentir de mon absence. Cependant, comme la débauche n'avait nulle part à ma conduite, et que Manon se comportait aussi avec beaucoup de retenue, la tranquillité où nous vivions servit à me faire rappeler peu à peu l'idée de mon devoir. Je résolus de me réconcilier, s'il était possible, avec mon père. Ma maîtresse était si aimable que je ne doutai point qu'elle ne pût lui plaire, si je trouvais moyen de lui faire connaître sa sagesse et son mérite : en un mot, je me flattai d'obtenir de lui la liberté de l'épouser, ayant été désabusé de l'espérance de le pouvoir sans son consentement. Je communiquai ce projet à Manon, et je lui fis entendre qu'outre les motifs de l'amour et du devoir, celui de la nécessité pouvait y entrer aussi pour quelque chose, car nos fonds étaient extrêmement altérés, et je commençais à revenir de l'opinion qu'ils étaient inépuisables. Manon reçut froidement cette proposition. Cependant, les difficultés qu'elle y opposa n'étant prises que de sa tendresse même et de la crainte de me perdre, si mon père n'entrait point dans notre dessein après avoir connu le lieu de notre retraite, je n'eus pas le moindre soupçon du coup cruel qu'on se préparait à me porter. À l'objection de la nécessité, elle répondit qu'il nous restait encore de quoi vivre quelques semaines, et qu'elle trouverait, après cela, des ressources dans l'affection de quelques parents à qui elle écrirait en province. Elle adoucit son refus par des caresses si tendres et si passionnées, que moi, qui ne vivais que dans elle, et qui

---

1. Symboles de la puissance de l'argent, les fermiers généraux, moyennant une taxe fixe versée au roi, se rétribuent en recouvrant l'impôt avec des marges confortables. Leurs fortunes peuvent être colossales et attirent le mépris aristocratique comme les colères populaires.

n'avais pas la moindre défiance de son cœur, j'applaudis à toutes ses réponses et à toutes ses résolutions. Je lui avais laissé la disposition de notre bourse, et le soin de payer notre dépense ordinaire. Je m'aperçus, peu après, que notre table était mieux servie, et qu'elle s'était donné quelques ajustements d'un prix considérable. Comme je n'ignorais pas qu'il devait nous rester à peine douze ou quinze pistoles[1], je lui marquai mon étonnement de cette augmentation apparente de notre opulence. Elle me pria, en riant, d'être sans embarras. Ne vous ai-je pas promis, me dit-elle, que je trouverais des ressources ? Je l'aimais avec trop de simplicité pour m'alarmer facilement.

Un jour que j'étais sorti l'après-midi, et que je l'avais avertie que je serais dehors plus longtemps qu'à l'ordinaire, je fus étonné qu'à mon retour on me fît attendre deux ou trois minutes à la porte. Nous n'étions servis que par une petite fille qui était à peu près de notre âge. Étant venue m'ouvrir, je lui demandai pourquoi elle avait tardé si longtemps. Elle me répondit, d'un air embarrassé, qu'elle ne m'avait point entendu frapper. Je n'avais frappé qu'une fois ; je lui dis : Mais, si vous ne m'avez pas entendu, pourquoi êtes-vous donc venue m'ouvrir ? Cette question la déconcerta si fort, que, n'ayant point assez de présence d'esprit pour y répondre, elle se mit à pleurer, en m'assurant que ce n'était point sa faute, et que madame lui avait défendu d'ouvrir la porte jusqu'à ce que M. de B… fût sorti par l'autre escalier, qui répondait au cabinet. Je demeurai si confus, que je n'eus point la force d'entrer dans l'appartement. Je pris le parti de descendre sous prétexte d'une affaire, et j'ordonnai à cet enfant de dire à sa maîtresse que je retournerais dans le moment, mais de ne pas faire connaître qu'elle m'eût parlé de M. de B…

---

1. Une pistole vaut dix livres ou francs (voir note 1, p. 15).

Ma consternation fut si grande, que je versais des larmes en descendant l'escalier, sans savoir encore de quel sentiment elles partaient. J'entrai dans le premier café et m'y étant assis près d'une table, j'appuyai la tête sur mes deux mains pour y développer ce qui se passait dans mon cœur. Je n'osais rappeler ce que je venais d'entendre. Je voulais le considérer comme une illusion, et je fus prêt deux ou trois fois de retourner au logis, sans marquer que j'y eusse fait attention. Il me paraissait si impossible que Manon m'eût trahi, que je craignais de lui faire injure en la soupçonnant. Je l'adorais, cela était sûr ; je ne lui avais pas donné plus de preuves d'amour que je n'en avais reçu d'elle ; pourquoi l'aurais-je accusée d'être moins sincère et moins constante que moi ? Quelle raison aurait-elle eue de me tromper ? Il n'y avait que trois heures qu'elle m'avait accablé de ses plus tendres caresses et qu'elle avait reçu les miennes avec transport ; je ne connaissais pas mieux mon cœur que le sien. Non, non, repris-je, il n'est pas possible que Manon me trahisse. Elle n'ignore pas que je ne vis que pour elle. Elle sait trop bien que je l'adore. Ce n'est pas là un sujet de me haïr.

Cependant la visite et la sortie furtive de M. de B... me causaient de l'embarras. Je rappelais aussi les petites acquisitions de Manon, qui me semblaient surpasser nos richesses présentes. Cela paraissait sentir les libéralités d'un nouvel amant. Et cette confiance qu'elle m'avait marquée pour des ressources qui m'étaient inconnues ! J'avais peine à donner à tant d'énigmes un sens aussi favorable que mon cœur le souhaitait. D'un autre côté, je ne l'avais presque pas perdue de vue depuis que nous étions à Paris. Occupations, promenades, divertissements, nous avions toujours été l'un à côté de l'autre ; mon Dieu ! un instant de séparation nous aurait trop affligés. Il fallait nous dire sans cesse que nous nous aimions ; nous serions morts d'inquiétude sans cela. Je ne pouvais donc m'imaginer presque un seul moment où Manon pût s'être occupée d'un autre que moi. À la fin, je crus avoir trouvé le dénouement de ce mystère. M. de B..., dis-je en moi-même, est un homme qui fait de grosses affaires, et qui a de grandes relations ; les parents de Manon se seront servis de cet homme pour lui faire tenir quelque argent. Elle en a peut-être déjà reçu de lui ; il est venu aujourd'hui lui en apporter encore. Elle s'est fait sans doute un jeu de me le cacher, pour me surprendre agréablement. Peut-être m'en aurait-elle parlé si j'étais rentré à l'ordinaire, au lieu de venir ici m'affliger ; elle ne me le cachera pas, du moins, lorsque je lui en parlerai moi-même.

Je me remplis si fortement de cette opinion, qu'elle eut la force de diminuer beaucoup ma tristesse. Je retournai sur-le-champ au logis. J'embrassai Manon avec ma tendresse ordinaire. Elle me reçut fort bien. J'étais tenté d'abord de lui découvrir mes conjectures, que je regardais plus que jamais comme certaines ; je me retins, dans l'espérance qu'il lui arriverait peut-être de me prévenir, en m'apprenant tout ce qui s'était passé. On nous servit à souper. Je me mis à table d'un air fort gai ; mais à la lumière de la chandelle qui était entre elle et moi, je crus apercevoir de la tristesse sur le visage et dans les yeux de ma chère maîtresse. Cette pensée m'en inspira aussi. Je remarquai que ses regards s'attachaient sur moi d'une autre façon qu'ils n'avaient accoutumé. Je ne pouvais démêler si c'était de l'amour ou de la compassion, quoiqu'il me parût que c'était un sentiment doux et languissant. Je la regardai avec la même attention ; et peut-être n'avait-elle pas moins de peine à juger de la situation de mon cœur par mes regards. Nous ne pensions ni à parler, ni à manger. Enfin, je vis tomber des larmes de ses beaux yeux : perfides larmes ! Ah Dieux ! m'écriai-je, vous pleurez, ma chère Manon ; vous êtes affligée jusqu'à pleurer, et vous ne me dites pas un seul mot de vos peines. Elle ne me répondit que par quelques soupirs qui augmentèrent mon inquiétude. Je me levai en tremblant. Je la conjurai, avec tous les empressements de l'amour, de me découvrir le sujet de ses pleurs ; j'en versai moi-même en essuyant les siens ; j'étais plus mort que vif. Un barbare aurait été attendri des témoignages de ma douleur et de ma crainte. Dans le temps que j'étais ainsi tout occupé d'elle, j'entendis le bruit de plusieurs personnes qui montaient l'escalier. On frappa doucement à la porte. Manon me donna un baiser et, s'échappant de mes bras, elle entra rapidement dans le cabinet, qu'elle ferma aussitôt sur elle. Je me figurai qu'étant un peu en désordre, elle voulait se cacher aux yeux des étrangers qui avaient frappé. J'allai leur ouvrir moi-même. À peine avais-je ouvert, que je me vis saisir par trois hommes, que je reconnus pour les laquais de mon père. Ils ne me firent point de violence ; mais deux d'entre eux m'ayant pris par les bras, le troisième visita mes poches, dont il tira un petit couteau qui était le seul fer que j'eusse sur moi. Ils me demandèrent pardon de la nécessité où ils étaient de me manquer de respect ; ils me dirent naturellement[1] qu'ils agissaient par l'ordre de mon père, et que mon frère aîné m'attendait en bas dans un carrosse[2]. J'étais si troublé, que je me laissai conduire sans résister et sans répondre. Mon frère était effectivement à m'attendre. On me mit dans le carrosse, auprès de lui, et le cocher, qui avait ses ordres, nous conduisit à grand train jusqu'à Saint-Denis. Mon frère m'embrassa tendrement, mais il ne me parla point, de sorte que j'eus tout le loisir dont j'avais besoin, pour rêver à mon infortune.

J'y trouvai d'abord tant d'obscurité que je ne voyais pas de jour à la moindre conjecture. J'étais trahi cruellement. Mais par qui ? Tiberge fut le premier qui me vint à l'esprit.

---

1. Sans détour.
2. Luxueuse voiture munie de suspensions.

Traître! disais-je, c'est fait de ta vie si mes soupçons se trouvent justes. Cependant je fis réflexion qu'il ignorait le lieu de ma demeure, et qu'on ne pouvait, par conséquent, l'avoir appris de lui. Accuser Manon, c'est de quoi mon cœur n'osait se rendre coupable. Cette tristesse extraordinaire dont je l'avais vue comme accablée, ses larmes, le tendre baiser qu'elle m'avait donné en se retirant, me paraissaient bien une énigme; mais je me sentais porté à l'expliquer comme un pressentiment de notre malheur commun, et dans le temps que je me désespérais de l'accident qui m'arrachait à elle, j'avais la crédulité de m'imaginer qu'elle était encore plus à plaindre que moi. Le résultat de ma méditation fut de me persuader que j'avais été aperçu dans les rues de Paris par quelques personnes de connaissance, qui en avaient donné avis à mon père. Cette pensée me consola. Je comptais d'en être quitte pour des reproches ou pour quelques mauvais traitements, qu'il me faudrait essuyer de l'autorité paternelle. Je résolus de les souffrir avec patience, et de promettre tout ce qu'on exigerait de moi, pour me faciliter l'occasion de retourner plus promptement à Paris, et d'aller rendre la vie et la joie à ma chère Manon.

Nous arrivâmes, en peu de temps, à Saint-Denis. Mon frère, surpris de mon silence, s'imagina que c'était un effet de ma crainte. Il entreprit de me consoler, en m'assurant que je n'avais rien à redouter de la sévérité de mon père, pourvu que je fusse disposé à rentrer doucement dans le devoir, et à mériter l'affection qu'il avait pour moi. Il me fit passer la nuit à Saint-Denis, avec la précaution de faire coucher les trois laquais dans ma chambre. Ce qui me causa une peine sensible, fut de me voir dans la même hôtellerie où je m'étais arrêté avec Manon, en venant d'Amiens à Paris. L'hôte et les domestiques me reconnurent, et devinèrent en même temps la vérité de mon histoire. J'entendis dire à l'hôte: Ah! c'est ce joli monsieur qui passait, il y a six semaines, avec une petite demoiselle qu'il aimait si fort. Qu'elle était charmante! Les pauvres enfants, comme ils se caressaient! Pardi, c'est dommage qu'on les ait séparés. Je feignais de ne rien entendre, et je me laissais voir le moins qu'il m'était possible. Mon frère avait, à Saint-Denis, une chaise à deux, dans laquelle nous partîmes de grand matin, et nous arrivâmes chez nous le lendemain au soir. Il vit mon père avant moi, pour le prévenir en ma faveur en lui apprenant avec quelle douceur je m'étais laissé conduire, de sorte que j'en fus reçu moins durement que je ne m'y étais attendu. Il se contenta de me faire quelques reproches généraux sur la faute que j'avais commise en m'absentant sans sa permission. Pour ce qui regardait ma maîtresse, il me dit que j'avais bien mérité ce qui venait de m'arriver, en me livrant à une inconnue; qu'il avait eu meilleure opinion de ma prudence, mais qu'il espérait que cette petite aventure me rendrait plus sage. Je ne pris ce discours que dans le sens qui s'accordait avec mes idées. Je remerciai mon père de la bonté qu'il avait de me pardonner, et je lui promis de prendre une conduite plus soumise et plus réglée. Je triomphais au fond du cœur, car de la manière dont les choses s'arrangeaient, je ne doutais point que je n'eusse la liberté de me dérober de la maison, même avant la fin de la nuit.

On se mit à table pour souper; on me railla sur ma conquête d'Amiens, et sur ma fuite avec cette fidèle maîtresse. Je reçus les coups de bonne grâce. J'étais même charmé qu'il me fût permis de m'entretenir de ce qui m'occupait continuellement l'esprit. Mais quelques mots lâchés par mon père me firent prêter l'oreille avec la dernière attention: il parla de perfidie et de service intéressé, rendu par Monsieur B... Je demeurai interdit en lui entendant prononcer ce nom, et je le priai humblement de s'expliquer davantage. Il se tourna vers mon frère, pour lui demander s'il ne m'avait pas raconté toute l'histoire. Mon frère lui répondit que je lui avais paru si tranquille sur la route, qu'il n'avait pas cru que j'eusse besoin de ce remède pour me guérir de ma folie. Je remarquai que mon père balançait s'il achèverait de s'expliquer. Je l'en suppliai si instamment, qu'il me satisfit, ou plutôt, qu'il m'assassina cruellement par le plus horrible de tous les récits.

Il me demanda d'abord si j'avais toujours eu la simplicité de croire que je fusse aimé de ma maîtresse. Je lui dis hardiment que j'en étais si sûr que rien ne pouvait m'en donner la moindre défiance. Ha! ha! ha! s'écria-t-il en riant de toute sa force, cela est excellent! Tu es une jolie dupe, et j'aime à te voir dans ces sentiments-là. C'est grand dommage, mon pauvre Chevalier, de te faire entrer dans l'Ordre de Malte, puisque tu as tant de disposition à faire un mari patient et commode. Il ajouta mille railleries de cette force, sur ce qu'il appelait ma sottise et ma crédulité. Enfin, comme je demeurais dans le silence, il continua de me dire que, suivant le calcul qu'il pouvait faire du temps depuis mon départ d'Amiens, Manon m'avait aimé environ douze jours : car, ajouta-t-il, je sais que tu partis d'Amiens le 28 de l'autre mois ; nous sommes au 29 du présent ; il y en a onze que Monsieur B... m'a écrit ; je suppose qu'il lui en ait fallu huit pour lier une parfaite connaissance avec ta maîtresse ; ainsi, qui ôte onze et huit de trente-un jours qu'il y a depuis le 28 d'un mois jusqu'au 29 de l'autre, reste douze, un peu plus ou moins. Là-dessus, les éclats de rire recommencèrent. J'écoutais tout avec un saisissement de cœur auquel j'appréhendais de ne pouvoir résister jusqu'à la fin de cette triste comédie. Tu sauras donc, reprit mon père, puisque tu l'ignores, que Monsieur B... a gagné le cœur de ta princesse, car il se moque de moi, de prétendre me persuader que c'est par un zèle désintéressé pour mon service qu'il a voulu te l'enlever. C'est bien d'un homme tel que lui, de qui, d'ailleurs, je ne suis pas connu, qu'il faut

attendre des sentiments si nobles ! Il a su d'elle que tu es
mon fils, et pour se délivrer de tes importunités, il m'a écrit
le lieu de ta demeure et le désordre où tu vivais, en me
faisant entendre qu'il fallait main-forte pour s'assurer de toi.
Il s'est offert de me faciliter les moyens de te saisir au collet,
et c'est par sa direction et celle de ta maîtresse même que
ton frère a trouvé le moment de te prendre sans vert[1].
Félicite-toi maintenant de la durée de ton triomphe. Tu sais
vaincre assez rapidement, Chevalier ; mais tu ne sais pas
conserver tes conquêtes.

   Je n'eus pas la force de soutenir plus longtemps un discours dont chaque mot m'avait percé le cœur. Je me levai
de table, et je n'avais pas fait quatre pas pour sortir de la
salle, que je tombai sur le plancher, sans sentiment et sans
connaissance. On me les rappela par de prompts secours.
J'ouvris les yeux pour verser un torrent de pleurs, et la
bouche pour proférer les plaintes les plus tristes et les plus
touchantes. Mon père, qui m'a toujours aimé tendrement,
s'employa avec toute son affection pour me consoler. Je
l'écoutais, mais sans l'entendre. Je me jetai à ses genoux, je
le conjurai, en joignant les mains, de me laisser retourner à
Paris pour aller poignarder B... Non, disais-je, il n'a pas
gagné le cœur de Manon, il lui a fait violence ; il l'a séduite
par un charme ou par un poison[2] ; il l'a peut-être forcée
brutalement. Manon m'aime. Ne le sais-je pas bien ? Il l'aura
menacée, le poignard à la main, pour la contraindre de
m'abandonner. Que n'aura-t-il pas fait pour me ravir une
si charmante maîtresse ! Ô dieux ! dieux ! serait-il possible
que Manon m'eût trahi, et qu'elle eût cessé de m'aimer !

   Comme je parlais toujours de retourner promptement à
Paris, et que je me levais même à tous moments pour cela,

1. Au dépourvu.
2. Sortilège ou philtre.

mon père vit bien que, dans le transport où j'étais, rien ne serait capable de m'arrêter. Il me conduisit dans une chambre haute, où il laissa deux domestiques avec moi pour me garder à vue. Je ne me possédais point. J'aurais donné mille vies pour être seulement un quart d'heure à Paris. Je compris que, m'étant déclaré si ouvertement, on ne me permettrait pas aisément de sortir de ma chambre. Je mesurai des yeux la hauteur des fenêtres ; ne voyant nulle possibilité de m'échapper par cette voie, je m'adressai doucement à mes deux domestiques. Je m'engageai, par mille serments, à faire un jour leur fortune, s'ils voulaient consentir à mon évasion. Je les pressai, je les caressai, je les menaçai ; mais cette tentative fut encore inutile. Je perdis alors toute espérance. Je résolus de mourir, et je me jetai sur un lit, avec le dessein de ne le quitter qu'avec la vie. Je passai la nuit et le jour suivant dans cette situation. Je refusai la nourriture qu'on m'apporta le lendemain. Mon père vint me voir l'après-midi. Il eut la bonté de flatter mes peines par les plus douces consolations. Il m'ordonna si absolument de manger quelque chose, que je le fis par respect pour ses ordres. Quelques jours se passèrent, pendant lesquels je ne pris rien qu'en sa présence et pour lui obéir. Il continuait toujours de m'apporter les raisons qui pouvaient me ramener au bon sens et m'inspirer du mépris pour l'infidèle Manon. Il est certain que je ne l'estimais plus ; comment aurais-je estimé la plus volage et la plus perfide de toutes les créatures ? Mais son image, ses traits charmants que je portais au fond du cœur, y subsistaient toujours. Je me sentais bien[1]. Je puis mourir, disais-je ; je le devrais même, après tant de honte et de douleur ; mais je souffrirais mille morts sans pouvoir oublier l'ingrate Manon.

---

1. « Se sentir bien » signifie ici être lucide sur son caractère et sa situation.

Mon père était surpris de me voir toujours si fortement touché. Il me connaissait des principes d'honneur, et ne pouvant douter que sa trahison ne me la fît mépriser, il s'imagina que ma constance venait moins de cette passion en particulier que d'un penchant général pour les femmes. Il s'attacha tellement à cette pensée que, ne consultant que sa tendre affection, il vint un jour m'en faire l'ouverture. Chevalier, me dit-il, j'ai eu dessein, jusqu'à présent, de te faire porter la croix de Malte ; mais je vois que tes inclinations ne sont point tournées de ce côté-là. Tu aimes les jolies femmes. Je suis d'avis de t'en chercher une qui te plaise. Explique-moi naturellement ce que tu penses là-dessus. Je lui répondis que je ne mettais plus de distinction entre les femmes, et qu'après le malheur qui venait de m'arriver je les détestais toutes également. Je t'en chercherai une, reprit mon père en souriant, qui ressemblera à Manon, et qui sera plus fidèle. Ah ! si vous avez quelque bonté pour moi, lui dis-je, c'est elle qu'il faut me rendre. Soyez sûr, mon cher père, qu'elle ne m'a point trahi ; elle n'est pas capable d'une si noire et si cruelle lâcheté. C'est le perfide B... qui nous trompe, vous, elle et moi. Si vous saviez combien elle est tendre et sincère, si vous la connaissiez, vous l'aimeriez vous-même. Vous êtes un enfant, repartit mon père. Comment pouvez-vous vous aveugler jusqu'à ce point, après ce que je vous ai raconté d'elle ? C'est elle-même qui vous a livré à votre frère. Vous devriez oublier jusqu'à son nom, et profiter, si vous êtes sage, de l'indulgence que j'ai pour vous. Je reconnaissais trop clairement qu'il avait raison. C'était un mouvement involontaire qui me faisait prendre ainsi le parti de mon infidèle. Hélas ! repris-je, après un moment de silence, il n'est que trop vrai que je suis le malheureux objet de la plus lâche de toutes les perfidies. Oui, continuai-je, en versant des larmes de dépit, je vois bien que je ne suis qu'un enfant. Ma crédulité ne leur coûtait guère à tromper. Mais je sais bien ce que j'ai à faire pour me venger. Mon père voulut savoir quel était mon dessein. J'irai à Paris, lui dis-je, je mettrai le feu à la maison de B..., et je le brûlerai tout vif avec la perfide Manon. Cet emportement fit rire mon père et ne servit qu'à me faire garder plus étroitement dans ma prison.

J'y passai six mois entiers, pendant le premier desquels il y eut peu de changement dans mes dispositions. Tous mes sentiments n'étaient qu'une alternative perpétuelle de haine et d'amour, d'espérance ou de désespoir, selon l'idée sous laquelle Manon s'offrait à mon esprit. Tantôt je ne considérais en elle que la plus aimable de toutes les filles, et je languissais du désir de la revoir ; tantôt je n'y apercevais qu'une lâche et perfide maîtresse, et je faisais mille serments de ne la chercher que pour la punir. On me donna des livres, qui servirent à rendre un peu de tranquillité à mon âme. Je relus tous mes auteurs ; j'acquis de nouvelles connaissances ; je repris un goût infini pour l'étude. Vous verrez de quelle utilité il me fut dans la suite. Les lumières que je devais à l'amour me firent trouver de la clarté dans quantité d'endroits d'Horace et de Virgile, qui m'avaient paru obscurs auparavant. Je fis un commentaire amoureux sur le quatrième livre de l'*Énéide*[1] ; je le destine à voir le jour, et je me flatte que le public en sera satisfait. Hélas ! disais-je en le faisant, c'était un cœur tel que le mien qu'il fallait à la fidèle Didon.

Tiberge vint me voir un jour dans ma prison. Je fus surpris du transport avec lequel il m'embrassa. Je n'avais point encore eu de preuves de son affection qui pussent me la faire regarder autrement que comme une simple amitié de collège, telle qu'elle se forme entre de jeunes gens qui sont

1. Poème de Virgile qui relate la passion trahie qu'est l'amour de Didon pour Énée.

à peu près du même âge. Je le trouvai si changé et si formé, depuis cinq ou six mois que j'avais passés sans le voir, que sa figure et le ton de son discours m'inspirèrent du respect. Il me parla en conseiller sage, plutôt qu'en ami d'école. Il plaignit l'égarement où j'étais tombé. Il me félicita de ma guérison, qu'il croyait avancée ; enfin il m'exhorta à profiter de cette erreur de jeunesse pour ouvrir les yeux sur la vanité des plaisirs. Je le regardai avec étonnement. Il s'en aperçut. Mon cher Chevalier, me dit-il, je ne vous dis rien qui ne soit solidement vrai, et dont je ne me sois convaincu par un sérieux examen. J'avais autant de penchant que vous vers la volupté, mais le Ciel m'avait donné, en même temps, du goût pour la vertu. Je me suis servi de ma raison pour comparer les fruits de l'une et de l'autre et je n'ai pas tardé longtemps à découvrir leurs différences. Le secours du Ciel s'est joint à mes réflexions. J'ai conçu pour le monde un mépris auquel il n'y a rien d'égal. Devineriez-vous ce qui m'y retient, ajouta-t-il, et ce qui m'empêche de courir à la solitude ? C'est uniquement la tendre amitié que j'ai pour vous. Je connais l'excellence de votre cœur et de votre esprit ; il n'y a rien de bon dont vous ne puissiez vous rendre capable. Le poison du plaisir vous a fait écarter du chemin. Quelle perte pour la vertu ! Votre fuite d'Amiens m'a causé tant de douleur, que je n'ai pas goûté, depuis, un seul moment de satisfaction. Jugez-en par les démarches qu'elle m'a fait faire. Il me raconta qu'après s'être aperçu que je l'avais trompé et que j'étais parti avec ma maîtresse, il était monté à cheval pour me suivre ; mais qu'ayant sur lui quatre ou cinq heures d'avance, il lui avait été impossible de me joindre ; qu'il était arrivé néanmoins à Saint-Denis une demi-heure après mon départ ; qu'étant bien certain que je me serais arrêté à Paris, il y avait passé six semaines à me chercher inutilement ; qu'il allait dans tous les lieux où il se flattait de pouvoir me trouver, et qu'un jour enfin il avait reconnu ma maîtresse à la Comédie ; qu'elle y était dans une parure si éclatante qu'il s'était imaginé qu'elle devait cette fortune à un nouvel amant ; qu'il avait suivi son carrosse jusqu'à sa maison, et qu'il avait appris d'un domestique qu'elle était entretenue par les libéralités de Monsieur B… Je ne m'arrêtai point là, continua-t-il. J'y retournai le lendemain, pour apprendre d'elle-même ce que vous étiez devenu ; elle me quitta brusquement, lorsqu'elle m'entendit parler de vous, et je fus obligé de revenir en province sans aucun autre éclaircissement. J'y appris votre aventure et la consternation extrême qu'elle vous a causée ; mais je n'ai pas voulu vous voir, sans être assuré de vous trouver plus tranquille.

Vous avez donc vu Manon, lui répondis-je en soupirant. Hélas ! vous êtes plus heureux que moi, qui suis condamné à ne la revoir jamais. Il me fit des reproches de ce soupir, qui marquait encore de la faiblesse pour elle. Il me flatta si adroitement sur la bonté de mon caractère et sur mes inclinations, qu'il me fit naître dès cette première visite, une forte envie de renoncer comme lui à tous les plaisirs du siècle pour entrer dans l'état ecclésiastique.

Je goûtai tellement cette idée que, lorsque je me trouvai seul, je ne m'occupai plus d'autre chose. Je me rappelai les discours de M. l'Évêque d'Amiens, qui m'avait donné le même conseil, et les présages heureux qu'il avait formés en ma faveur, s'il m'arrivait d'embrasser ce parti. La piété se mêla aussi dans mes considérations. Je mènerai une vie sage et chrétienne, disais-je ; je m'occuperai de l'étude et de la religion, qui ne me permettront point de penser aux dangereux plaisirs de l'amour. Je mépriserai ce que le commun des hommes admire ; et comme je sens assez que mon cœur ne désirera que ce qu'il estime, j'aurai aussi peu d'inquiétudes que de désirs. Je formai là-dessus, d'avance, un système de vie paisible et solitaire. J'y faisais entrer une maison écartée, avec un petit bois et un ruisseau d'eau douce au bout du jardin, une bibliothèque composée de livres choisis, un petit nombre d'amis vertueux et de bon sens, une table propre, mais frugale et modérée. J'y joignais un commerce[1] de lettres avec un ami qui ferait son séjour à Paris, et qui m'informerait des nouvelles publiques, moins pour satisfaire ma curiosité que pour me faire un divertissement des folles agitations des hommes. Ne serai-je pas heureux ? ajoutais-je ; toutes mes prétentions ne seront-elles point remplies ? Il est certain que ce projet flattait extrêmement mes inclinations. Mais, à la fin d'un si sage arrangement, je sentais que mon cœur attendait encore quelque chose, et que, pour n'avoir rien à désirer dans la plus charmante solitude, il y fallait être avec Manon.

Cependant, Tiberge continuant de me rendre de fréquentes visites, dans le dessein qu'il m'avait inspiré, je pris l'occasion d'en faire l'ouverture à mon père. Il me déclara que son intention était de laisser ses enfants libres dans le choix de leur condition et que, de quelque manière que je voulusse disposer de moi, il ne se réserverait que le droit de m'aider de ses conseils. Il m'en donna de fort sages, qui tendaient moins à me dégoûter de mon projet, qu'à me le faire embrasser avec connaissance. Le renouvellement de l'année scolastique[2] approchait. Je convins avec Tiberge de nous mettre ensemble au séminaire de Saint-Sulpice, lui pour achever ses études de théologie, et moi pour commencer les miennes. Son mérite, qui était connu de l'évêque du diocèse, lui fit obtenir de ce prélat un bénéfice considérable avant notre départ.

Mon père, me croyant tout à fait revenu de ma passion, ne fit aucune difficulté de me laisser partir. Nous arrivâmes à Paris. L'habit ecclésiastique prit la place de la croix de

---

1. Échange.
2. Année scolaire qui débute alors en octobre.

Malte, et le nom d'abbé des Grieux celle de chevalier. Je m'attachai à l'étude avec tant d'application, que je fis des progrès extraordinaires en peu de mois. J'y employais une partie de la nuit, et je ne perdais pas un moment du jour. Ma réputation eut tant d'éclat, qu'on me félicitait déjà sur les dignités que je ne pouvais manquer d'obtenir, et sans l'avoir sollicité, mon nom fut couché sur la feuille des béné-fices[1]. La piété n'était pas plus négligée ; j'avais de la ferveur pour tous les exercices. Tiberge était charmé de ce qu'il regardait comme son ouvrage, et je l'ai vu plusieurs fois répandre des larmes, en s'applaudissant de ce qu'il nommait ma conversion. Que les résolutions humaines soient sujettes à changer, c'est ce qui ne m'a jamais causé d'étonnement ; une passion les fait naître, une autre passion peut les détruire ; mais quand je pense à la sainteté de celles qui m'avaient conduit à Saint-Sulpice et à la joie intérieure que le Ciel m'y faisait goûter en les exécutant, je suis effrayé de la facilité avec laquelle j'ai pu les rompre. S'il est vrai que les secours célestes sont à tous moments d'une force égale à celle des passions, qu'on m'explique donc par quel funeste ascendant on se trouve emporté tout d'un coup loin de son devoir, sans se trouver capable de la moindre résistance, et sans ressentir le moindre remords. Je me croyais absolument délivré des faiblesses de l'amour. Il me semblait que j'aurais préféré la lecture d'une page de saint Augustin[2], ou un quart d'heure de méditation chrétienne, à tous les plaisirs des sens, sans excepter ceux qui m'auraient été offerts par Manon. Cependant, un instant malheureux me fit retomber dans le précipice, et ma chute fut d'autant plus irréparable, que me

1. Revenu attaché à la cure d'une église.
2. Père de l'Église du Ve siècle établi en Afrique du Nord, référence phare des théologiens jansénistes. Il met l'accent sur la déchéance de la nature humaine et son seul salut par la grâce. À Saint-Sulpice pré-vaut cependant une influence jésuite.

trouvant tout d'un coup au même degré de profondeur d'où j'étais sorti, les nouveaux désordres où je tombai me portèrent bien plus loin vers le fond de l'abîme.

J'avais passé près d'un an à Paris, sans m'informer des affaires de Manon. Il m'en avait d'abord coûté beaucoup pour me faire cette violence ; mais les conseils toujours présents de Tiberge, et mes propres réflexions, m'avaient fait obtenir la victoire. Les derniers mois s'étaient écoulés si tranquillement que je me croyais sur le point d'oublier éternellement cette charmante et perfide créature. Le temps arriva auquel je devais soutenir un exercice public dans l'École de théologie. Je fis prier plusieurs personnes de considération de m'honorer de leur présence. Mon nom fut ainsi répandu dans tous les quartiers de Paris : il alla jusqu'aux oreilles de mon infidèle. Elle ne le reconnut pas avec certitude sous le titre d'abbé ; mais un reste de curiosité, ou peut-être quelque repentir de m'avoir trahi (je n'ai jamais pu démêler lequel de ces deux sentiments) lui fit prendre intérêt à un nom si semblable au mien ; elle vint en Sorbonne avec quelques autres dames. Elle fut présente à mon exercice, et sans doute qu'elle eut peu de peine à me remettre.

Je n'eus pas la moindre connaissance de cette visite. On sait qu'il y a, dans ces lieux, des cabinets particuliers pour les dames, où elles sont cachées derrière une jalousie. Je retournai à Saint-Sulpice, couvert de gloire et chargé de compliments. Il était six heures du soir. On vint m'avertir, un moment après mon retour, qu'une dame demandait à me voir. J'allai au parloir sur-le-champ. Dieux ! quelle apparition surprenante ! j'y trouvai Manon. C'était elle, mais plus aimable et plus brillante que je ne l'avais jamais vue. Elle était dans sa dix-huitième année. Ses charmes surpassaient tout ce qu'on peut décrire. C'était un air si fin, si doux, si engageant, l'air de l'Amour même. Toute sa figure me parut un enchantement.

Je demeurai interdit à sa vue, et ne pouvant conjecturer quel était le dessein de cette visite, j'attendais, les yeux baissés et avec tremblement, qu'elle s'expliquât. Son embarras fut, pendant quelque temps, égal au mien, mais, voyant que mon silence continuait, elle mit la main devant ses yeux, pour cacher quelques larmes. Elle me dit, d'un ton timide, qu'elle confessait que son infidélité méritait ma haine ; mais que, s'il était vrai que j'eusse jamais eu quelque tendresse pour elle, il y avait eu, aussi, bien de la dureté à laisser passer deux ans sans prendre soin de m'informer de son sort, et qu'il y en avait beaucoup encore à la voir dans l'état où elle était en ma présence, sans lui dire une parole. Le désordre de mon âme, en l'écoutant, ne saurait être exprimé.

Elle s'assit. Je demeurai debout, le corps à demi tourné, n'osant l'envisager directement[1]. Je commençai plusieurs fois une réponse, que je n'eus pas la force d'achever. Enfin, je fis un effort pour m'écrier douloureusement : Perfide Manon ! Ah ! perfide ! perfide ! Elle me répéta, en pleurant à chaudes larmes, qu'elle ne prétendait point justifier sa perfidie. Que prétendez-vous donc ? m'écriai-je encore. Je prétends mourir, répondit-elle, si vous ne me rendez votre cœur, sans lequel il est impossible que je vive. Demande donc ma vie, infidèle ! repris-je en versant moi-même des pleurs, que je m'efforçai en vain de retenir. Demande ma vie, qui est l'unique chose qui me reste à te sacrifier ; car mon cœur n'a jamais cessé d'être à toi. À peine eus-je achevé ces derniers mots, qu'elle se leva avec transport pour venir m'embrasser. Elle m'accabla de mille caresses passionnées. Elle m'appela par tous les noms que l'amour invente pour exprimer ses plus vives tendresses. Je n'y répondais encore qu'avec langueur. Quel passage, en effet, de la situation tranquille où j'avais été, aux mouvements tumultueux que je sentais

---

1. En face.

renaître ! J'en étais épouvanté. Je frémissais, comme il arrive lorsqu'on se trouve la nuit dans une campagne écartée : on se croit transporté dans un nouvel ordre de choses ; on y est saisi d'une horreur secrète, dont on ne se remet qu'après avoir considéré longtemps tous les environs.

Nous nous assîmes l'un près de l'autre. Je pris ses mains dans les miennes. Ah ! Manon, lui dis-je en la regardant d'un œil triste, je ne m'étais pas attendu à la noire trahison dont vous avez payé mon amour. Il vous était bien facile de tromper un cœur dont vous étiez la souveraine absolue, et qui mettait toute sa félicité à vous plaire et à vous obéir. Dites-moi maintenant si vous en avez trouvé d'aussi tendres et d'aussi soumis. Non, non, la Nature n'en fait guère de la même trempe que le mien. Dites-moi, du moins, si vous l'avez quelquefois regretté. Quel fond dois-je faire sur ce retour de bonté qui vous ramène aujourd'hui pour le consoler ? Je ne vois que trop que vous êtes plus charmante que jamais ; mais au nom de toutes les peines que j'ai souffertes pour vous, belle Manon, dites-moi si vous serez plus fidèle.

Elle me répondit des choses si touchantes sur son repentir, et elle s'engagea à la fidélité par tant de protestations et de serments, qu'elle m'attendrit à un degré inexprimable. Chère Manon ! lui dis-je, avec un mélange profane d'expressions amoureuses et théologiques, tu es trop adorable pour une créature. Je me sens le cœur emporté par une délectation victorieuse. Tout ce qu'on dit de la liberté à Saint-Sulpice est une chimère. Je vais perdre ma fortune et ma réputation pour toi, je le prévois bien ; je lis ma destinée dans tes beaux yeux ; mais de quelles pertes ne serai-je pas consolé par ton amour ! Les faveurs de la fortune ne me touchent point ; la gloire me paraît une fumée ; tous mes projets de vie ecclésiastique étaient de folles imaginations ; enfin tous les biens différents de ceux que j'espère avec toi sont des biens méprisables, puisqu'ils ne sauraient tenir un moment, dans mon cœur, contre un seul de tes regards.

En lui promettant néanmoins un oubli général de ses fautes, je voulus être informé de quelle manière elle s'était laissée séduire par B... Elle m'apprit que, l'ayant vue à sa fenêtre, il était devenu passionné pour elle ; qu'il avait fait sa déclaration en fermier général, c'est-à-dire en lui marquant dans une lettre que le payement serait proportionné aux faveurs ; qu'elle avait capitulé d'abord, mais sans autre dessein que de tirer de lui quelque somme considérable qui pût servir à nous faire vivre commodément ; qu'il l'avait éblouie par de si magnifiques promesses, qu'elle s'était laissée ébranler par degrés ; que je devais juger pourtant de ses remords par la douleur dont elle m'avait laissé voir des témoignages, la veille de notre séparation ; que, malgré l'opulence dans laquelle il l'avait entretenue, elle n'avait jamais goûté de bonheur avec lui, non seulement parce qu'elle n'y trouvait point, me dit-elle, la délicatesse de mes sentiments et l'agrément de mes manières, mais parce qu'au milieu même des plaisirs qu'il lui procurait sans cesse, elle portait, au fond du cœur, le souvenir de mon amour, et le remords de son infidélité. Elle me parla de Tiberge et de la confusion extrême que sa visite lui avait causée. Un coup d'épée dans le cœur, ajouta-t-elle, m'aurait moins ému le sang. Je lui tournai le dos, sans pouvoir soutenir un moment sa présence. Elle continua de me raconter par quels moyens elle avait été instruite de mon séjour à Paris, du changement de ma condition, et de mes exercices de Sorbonne. Elle m'assura qu'elle avait été si agitée, pendant la dispute[1], qu'elle avait eu beaucoup de peine, non seulement à retenir ses larmes, mais ses gémissements mêmes et ses cris, qui avaient

---

1. Échange d'arguments pour et contre, exercice clé de l'apprentissage scolastique.

été plus d'une fois sur le point d'éclater. Enfin, elle me dit qu'elle était sortie de ce lieu la dernière, pour cacher son désordre, et que, ne suivant que le mouvement de son cœur et l'impétuosité de ses désirs, elle était venue droit au séminaire, avec la résolution d'y mourir si elle ne me trouvait pas disposé à lui pardonner.

Où trouver un barbare qu'un repentir si vif et si tendre n'eût pas touché ? Pour moi, je sentis, dans ce moment, que j'aurais sacrifié pour Manon tous les évêchés du monde chrétien. Je lui demandai quel nouvel ordre elle jugeait à propos de mettre dans nos affaires. Elle me dit qu'il fallait sur-le-champ sortir du séminaire, et remettre à nous arranger dans un lieu plus sûr. Je consentis à toutes ses volontés sans réplique. Elle entra dans son carrosse, pour aller m'attendre au coin de la rue. Je m'échappai un moment après, sans être aperçu du portier. Je montai avec elle. Nous passâmes à la friperie[1]. Je repris les galons et l'épée. Manon fournit aux frais, car j'étais sans un sou ; et dans la crainte que je ne trouvasse de l'obstacle à ma sortie de Saint-Sulpice, elle n'avait pas voulu que je retournasse un moment à ma chambre pour y prendre mon argent. Mon trésor, d'ailleurs, était médiocre, et elle assez riche des libéralités de B… pour mépriser ce qu'elle me faisait abandonner. Nous conférâmes, chez le fripier même, sur le parti que nous allions prendre. Pour me faire valoir davantage le sacrifice qu'elle me faisait de B…, elle résolut de ne pas garder avec lui le moindre ménagement. Je veux lui laisser ses meubles, me dit-elle, ils sont à lui ; mais j'emporterai, comme de justice, les bijoux et près de soixante mille francs que j'ai tirés de lui depuis deux ans. Je ne lui ai donné nul pouvoir

---

1. Contrairement à l'échoppe du tailleur, où l'on fabrique directement le vêtement, la friperie est un lieu où l'on achète des vêtements neufs ou d'occasion.

sur moi, ajouta-t-elle ; ainsi nous pouvons demeurer sans crainte à Paris, en prenant une maison commode où nous vivrons heureusement. Je lui représentai que, s'il n'y avait point de péril pour elle, il y en avait beaucoup pour moi, qui ne manquerais point tôt ou tard d'être reconnu, et qui serais continuellement exposé au malheur que j'avais déjà essuyé. Elle me fit entendre qu'elle aurait du regret à quitter Paris. Je craignais tant de la chagriner, qu'il n'y avait point de hasards que je ne méprisasse pour lui plaire ; cependant, nous trouvâmes un tempérament raisonnable, qui fut de louer une maison dans quelque village voisin de Paris, d'où il nous serait aisé d'aller à la ville lorsque le plaisir ou le besoin nous y appellerait. Nous choisîmes Chaillot[1], qui n'en est pas éloigné. Manon retourna sur-le-champ chez elle. J'allai l'attendre à la petite porte du jardin des Tuileries. Elle revint une heure après, dans un carrosse de louage, avec une fille qui la servait, et quelques malles où ses habits et tout ce qu'elle avait de précieux était renfermé.

Nous ne tardâmes point à gagner Chaillot. Nous logeâmes la première nuit à l'auberge, pour nous donner le temps de chercher une maison, ou du moins un appartement commode. Nous en trouvâmes, dès le lendemain, un de notre goût.

Mon bonheur me parut d'abord établi d'une manière inébranlable. Manon était la douceur et la complaisance même. Elle avait pour moi des attentions si délicates, que je me crus trop parfaitement dédommagé de toutes mes peines. Comme nous avions acquis tous deux un peu d'expérience, nous raisonnâmes sur la solidité de notre fortune. Soixante mille francs, qui faisaient le fond de nos richesses, n'étaient pas une somme qui pût s'étendre autant que le

1. Village alors à l'extérieur de Paris, séjour estival prisé des Parisiens.

cours d'une longue vie. Nous n'étions pas disposés d'ailleurs à resserrer trop notre dépense. La première vertu de Manon, non plus que la mienne, n'était pas l'économie. Voici le plan que je me proposai : Soixante mille francs, lui dis-je, peuvent nous soutenir pendant dix ans. Deux mille écus nous suffiront chaque année, si nous continuons de vivre à Chaillot. Nous y mènerons une vie honnête mais simple. Notre unique dépense sera pour l'entretien d'un carrosse, et pour les spectacles. Nous nous réglerons. Vous aimez l'Opéra : nous irons deux fois la semaine. Pour le jeu, nous nous bornerons tellement que nos pertes ne passeront jamais deux pistoles. Il est impossible que, dans l'espace de dix ans, il n'arrive point de changement dans ma famille ; mon père est âgé, il peut mourir. Je me trouverai du bien, et nous serons alors au-dessus de toutes nos autres craintes.

Cet arrangement n'eût pas été la plus folle action de ma vie, si nous eussions été assez sages pour nous y assujettir constamment. Mais nos résolutions ne durèrent guère plus d'un mois. Manon était passionnée pour le plaisir ; je l'étais pour elle. Il nous naissait, à tous moments, de nouvelles occasions de dépense ; et loin de regretter les sommes qu'elle employait quelquefois avec profusion, je fus le premier à lui procurer tout ce que je croyais propre à lui plaire. Notre demeure de Chaillot commença même à lui devenir à charge. L'hiver approchait ; tout le monde retournait à la ville, et la campagne devenait déserte. Elle me proposa de reprendre une maison à Paris. Je n'y consentis point ; mais, pour la satisfaire en quelque chose, je lui dis que nous pouvions y louer un appartement meublé, et que nous y passerions la nuit lorsqu'il nous arriverait de quitter trop tard l'assemblée[1] où nous allions plusieurs fois la semaine ; car l'incom-

---

1. Cercle ou réunion d'habitués s'adonnant au jeu ou à d'autres divertissements dans des maisons nobles ou bourgeoises.

modité de revenir si tard à Chaillot était le prétexte qu'elle apportait pour le vouloir quitter. Nous nous donnâmes ainsi deux logements, l'un à la ville, et l'autre à la campagne. Ce changement mit bientôt le dernier désordre dans nos affaires, en faisant naître deux aventures qui causèrent notre ruine.

Manon avait un frère, qui était garde du corps[1]. Il se trouva malheureusement logé, à Paris, dans la même rue que nous. Il reconnut sa sœur, en la voyant le matin à sa fenêtre. Il accourut aussitôt chez nous. C'était un homme brutal et sans principes d'honneur. Il entra dans notre chambre en jurant horriblement, et comme il savait une partie des aventures de sa sœur, il l'accabla d'injures et de reproches. J'étais sorti un moment auparavant, ce qui fut sans doute un bonheur pour lui ou pour moi, qui n'étais rien moins que disposé à souffrir une insulte. Je ne retournai au logis qu'après son départ. La tristesse de Manon me fit juger qu'il s'était passé quelque chose d'extraordinaire. Elle me raconta la scène fâcheuse qu'elle venait d'essuyer, et les menaces brutales de son frère. J'en eus tant de ressentiment, que j'eusse couru sur-le-champ à la vengeance si elle ne m'eût arrêté par ses larmes. Pendant que je m'entretenais avec elle de cette aventure, le garde du corps rentra dans la chambre où nous étions, sans s'être fait annoncer. Je ne l'aurais pas reçu aussi civilement que je fis si je l'eusse connu ; mais, nous ayant salués d'un air riant, il eut le temps de dire à Manon qu'il venait lui faire des excuses de son emportement ; qu'il l'avait crue dans le désordre, et que cette opinion avait allumé sa colère ; mais que, s'étant informé qui j'étais, d'un de nos domestiques, il avait appris de moi des choses si avantageuses, qu'elles lui faisaient désirer de

---

1. À côté des « gendarmes », les « gardes du corps » étaient répartis en quatre compagnies de trois cent soixante hommes à la mort de Louis XIV. Ils avaient la réputation d'être querelleurs et libertins.

bien vivre avec nous. Quoique cette information, qui lui venait d'un de mes laquais, eût quelque chose de bizarre et de choquant, je reçus son compliment avec honnêteté. Je crus faire plaisir à Manon. Elle paraissait charmée de le voir porté à se réconcilier. Nous le retînmes à dîner. Il se rendit, en peu de moments, si familier, que nous ayant entendus parler de notre retour à Chaillot, il voulut absolument nous tenir compagnie. Il fallut lui donner une place dans notre carrosse. Ce fut une prise de possession, car il s'accoutuma bientôt à nous voir avec tant de plaisir, qu'il fit sa maison de la nôtre et qu'il se rendit le maître, en quelque sorte, de tout ce qui nous appartenait. Il m'appelait son frère, et sous prétexte de la liberté fraternelle, il se mit sur le pied d'amener tous ses amis dans notre maison de Chaillot, et de les y traiter à nos dépens. Il se fit habiller magnifiquement à nos frais. Il nous engagea même à payer toutes ses dettes. Je fermais les yeux sur cette tyrannie, pour ne pas déplaire à Manon, jusqu'à feindre de ne pas m'apercevoir qu'il tirait d'elle, de temps en temps, des sommes considérables. Il est vrai, qu'étant grand joueur, il avait la fidélité de lui en remettre une partie lorsque la fortune le favorisait; mais la nôtre était trop médiocre pour fournir longtemps à des dépenses si peu modérées. J'étais sur le point de m'expliquer fortement avec lui, pour nous délivrer de ses importunités, lorsqu'un funeste accident m'épargna cette peine, en nous en causant une autre qui nous abîma sans ressource.

Nous étions demeurés un jour à Paris, pour y coucher, comme il nous arrivait fort souvent. La servante, qui restait seule à Chaillot dans ces occasions, vint m'avertir, le matin, que le feu avait pris, pendant la nuit, dans ma maison, et qu'on avait eu beaucoup de difficulté à l'éteindre. Je lui demandai si nos meubles avaient souffert quelque dommage; elle me répondit qu'il y avait eu une si grande confusion, causée par la multitude d'étrangers qui étaient venus au secours, qu'elle ne pouvait être assurée de rien. Je tremblai pour notre argent, qui était renfermé dans une petite caisse. Je me rendis promptement à Chaillot. Diligence inutile ; la caisse avait déjà disparu. J'éprouvai alors qu'on peut aimer l'argent sans être avare. Cette perte me pénétra d'une si vive douleur que j'en pensai perdre la raison. Je compris tout d'un coup à quels nouveaux malheurs j'allais me trouver exposé ; l'indigence était le moindre. Je connaissais Manon ; je n'avais déjà que trop éprouvé que, quelque fidèle et quelque attachée qu'elle me fût dans la bonne fortune, il ne fallait pas compter sur elle dans la misère. Elle aimait trop l'abondance et les plaisirs pour me les sacrifier : Je la perdrai, m'écriai-je. Malheureux Chevalier, tu vas donc perdre encore tout ce que tu aimes ! Cette pensée me jeta dans un trouble si affreux, que je balançai, pendant quelques moments, si je ne ferais pas mieux de finir tous mes maux par la mort. Cependant, je conservai assez de présence d'esprit pour vouloir examiner auparavant s'il ne me restait nulle ressource. Le Ciel me fit naître une idée, qui arrêta mon désespoir. Je crus qu'il ne me serait pas impossible de cacher notre perte à Manon, et que, par industrie ou par quelque faveur du hasard, je pourrais fournir assez honnêtement à son entretien pour l'empêcher de sentir la nécessité. J'ai compté, disais-je pour me consoler, que vingt mille écus nous suffiraient pendant dix ans. Supposons que les dix ans soient écoulés, et que nul des changements que j'espérais ne soit arrivé dans ma famille. Quel parti prendrais-je ? Je ne le sais pas trop bien, mais, ce que je ferais alors, qui m'empêche de le faire aujourd'hui ? Combien de personnes vivent à Paris, qui n'ont ni mon esprit, ni mes qualités naturelles, et qui doivent néanmoins leur entretien à leurs talents, tels qu'ils les ont ! La Providence, ajoutais-je, en réfléchissant sur les différents états de la vie, n'a-t-elle pas arrangé les choses fort sagement ? La plupart des grands et des riches sont des

sots : cela est clair à qui connaît un peu le monde. Or il y a
là-dedans une justice admirable : s'ils joignaient l'esprit aux
richesses, ils seraient trop heureux, et le reste des hommes
trop misérable. Les qualités du corps et de l'âme sont
accordées à ceux-ci, comme des moyens pour se tirer de la
misère et de la pauvreté. Les uns prennent part aux richesses
des grands en servant à leurs plaisirs : ils en font des dupes ;
d'autres servent à leur instruction : ils tâchent d'en faire
d'honnêtes gens ; il est rare, à la vérité, qu'ils y réussissent,
mais ce n'est pas là le but de la divine Sagesse : ils tirent
toujours un fruit de leurs soins, qui est de vivre aux dépens
de ceux qu'ils instruisent ; et de quelque façon qu'on le
prenne, c'est un fond excellent de revenu pour les petits,
que la sottise des riches et des grands.

Ces pensées me remirent un peu le cœur et la tête. Je
résolus d'abord d'aller consulter M. Lescaut, frère de Manon.
Il connaissait parfaitement Paris, et je n'avais eu que trop
d'occasions de reconnaître que ce n'était ni de son bien ni
de la paye du roi qu'il tirait son plus clair revenu. Il me
restait à peine vingt pistoles qui s'étaient trouvées heureusement dans ma poche. Je lui montrai ma bourse, en lui
expliquant mon malheur et mes craintes, et je lui demandai
s'il y avait pour moi un parti à choisir entre celui de mourir
de faim, ou de me casser la tête de désespoir. Il me répondit
que se casser la tête était la ressource des sots ; pour
mourir de faim, qu'il y avait quantité de gens d'esprit qui s'y
voyaient réduits, quand ils ne voulaient pas faire usage de
leurs talents ; que c'était à moi d'examiner de quoi j'étais
capable ; qu'il m'assurait de son secours et de ses conseils
dans toutes mes entreprises.

Cela est bien vague, monsieur Lescaut, lui dis-je ; mes
besoins demanderaient un remède plus présent, car que
voulez-vous que je dise à Manon ? À propos de Manon,
reprit-il, qu'est-ce qui vous embarrasse ? N'avez-vous pas

toujours, avec elle, de quoi finir vos inquiétudes quand vous le voudrez? Une fille comme elle devrait nous entretenir, vous, elle et moi. Il me coupa la réponse que cette impertinence méritait, pour continuer de me dire qu'il me garantissait avant le soir mille écus à partager entre nous, si je voulais suivre son conseil; qu'il connaissait un seigneur, si libéral sur le chapitre des plaisirs, qu'il était sûr que mille écus ne lui coûteraient rien pour obtenir les faveurs d'une fille telle que Manon. Je l'arrêtai. J'avais meilleure opinion de vous, lui répondis-je; je m'étais figuré que le motif que vous aviez eu, pour m'accorder votre amitié, était un sentiment tout opposé à celui où vous êtes maintenant. Il me confessa impudemment qu'il avait toujours pensé de même, et que, sa sœur ayant une fois violé les lois de son sexe, quoique en faveur de l'homme qu'il aimait le plus, il ne s'était réconcilié avec elle que dans l'espérance de tirer parti de sa mauvaise conduite. Il me fut aisé de juger que jusqu'alors nous avions été ses dupes. Quelque émotion néanmoins que ce discours m'eût causée, le besoin que j'avais de lui m'obligea de répondre, en riant, que son conseil était une dernière ressource qu'il fallait remettre à l'extrémité. Je le priai de m'ouvrir quelque autre voie. Il me proposa de profiter de ma jeunesse et de la figure avantageuse que j'avais reçue de la nature, pour me mettre en liaison avec quelque dame vieille et libérale. Je ne goûtai pas non plus ce parti, qui m'aurait rendu infidèle à Manon. Je lui parlai du jeu, comme du moyen le plus facile, et le plus convenable à ma situation. Il me dit que le jeu, à la vérité, était une ressource, mais que cela demandait d'être expliqué; qu'entreprendre de jouer simplement, avec les espérances communes, c'était le vrai moyen d'achever ma perte; que de prétendre exercer seul, et sans être soutenu, les petits moyens qu'un habile homme emploie pour corriger la fortune, était un métier trop dangereux; qu'il y avait une troisième voie, qui était celle de l'association, mais que ma jeunesse lui faisait craindre que messieurs les Confédérés ne me jugeassent point encore les qualités propres à la Ligue[1]. Il me promit néanmoins ses bons offices auprès d'eux ; et ce que je n'aurais pas attendu de lui, il m'offrit quelque argent, lorsque je me trouverais pressé du besoin. L'unique grâce que je lui demandai, dans les circonstances, fut de ne rien apprendre à Manon de la perte que j'avais faite, et du sujet de notre conversation.

Je sortis de chez lui moins satisfait encore que je n'y étais entré ; je me repentis même de lui avoir confié mon secret. Il n'avait rien fait, pour moi, que je n'eusse pu obtenir de même sans cette ouverture, et je craignais mortellement qu'il ne manquât à la promesse qu'il m'avait faite de ne rien découvrir à Manon. J'avais lieu d'appréhender aussi, par la déclaration de ses sentiments, qu'il ne formât le dessein de tirer parti d'elle, suivant ses propres termes, en l'enlevant de mes mains, ou, du moins, en lui conseillant de me quitter pour s'attacher à quelque amant plus riche et plus heureux. Je fis là-dessus mille réflexions, qui n'aboutirent qu'à me tourmenter et à renouveler le désespoir où j'avais été le matin. Il me vint plusieurs fois à l'esprit d'écrire à mon père, et de feindre une nouvelle conversion, pour obtenir de lui quelque secours d'argent ; mais je me rappelai aussitôt que, malgré toute sa bonté, il m'avait resserré six mois dans une étroite prison, pour ma première faute ; j'étais bien sûr qu'après un éclat tel que l'avait dû causer ma fuite de Saint-Sulpice, il me traiterait beaucoup plus rigoureusement. Enfin, cette confusion de pensées en produisit une qui remit le calme tout d'un coup dans mon esprit, et que je m'étonnai

---

1. « Confédérés » et « Ligue » désignent avec euphémisme des réseaux de tricheurs professionnels qui profitent de la fièvre du jeu qui sévit à Paris.

de n'avoir pas eue plus tôt, ce fut de recourir à mon ami Tiberge, dans lequel j'étais bien certain de retrouver toujours le même fond de zèle et d'amitié. Rien n'est plus admirable, et ne fait plus d'honneur à la vertu, que la confiance avec laquelle on s'adresse aux personnes dont on connaît parfaitement la probité. On sent qu'il n'y a point de risque à courir. Si elles ne sont pas toujours en état d'offrir du secours, on est sûr qu'on en obtiendra du moins de la bonté et de la compassion. Le cœur, qui se ferme avec tant de soin au reste des hommes, s'ouvre naturellement en leur présence, comme une fleur s'épanouit à la lumière du soleil, dont elle n'attend qu'une douce influence.

Je regardai comme un effet de la protection du Ciel de m'être souvenu si à propos de Tiberge, et je résolus de chercher les moyens de le voir avant la fin du jour. Je retournai sur-le-champ au logis, pour lui écrire un mot, et lui marquer un lieu propre à notre entretien. Je lui recommandais le silence et la discrétion, comme un des plus importants services qu'il pût me rendre dans la situation de mes affaires. La joie que l'espérance de le voir m'inspirait effaça les traces du chagrin que Manon n'aurait pas manqué d'apercevoir sur mon visage. Je lui parlai de notre malheur de Chaillot comme d'une bagatelle qui ne devait pas l'alarmer ; et Paris étant le lieu du monde où elle se voyait avec le plus de plaisir, elle ne fut pas fâchée de m'entendre dire qu'il était à propos d'y demeurer, jusqu'à ce qu'on eût réparé à Chaillot quelques légers effets de l'incendie. Une heure après, je reçus la réponse de Tiberge, qui me promettait de se rendre au lieu de l'assignation. J'y courus avec impatience. Je sentais néanmoins quelque honte d'aller paraître aux yeux d'un ami, dont la seule présence devait être un reproche de mes désordres, mais l'opinion que j'avais de la bonté de son cœur et l'intérêt de Manon soutinrent ma hardiesse.

Je l'avais prié de se trouver au jardin du Palais-Royal[1]. Il y était avant moi. Il vint m'embrasser, aussitôt qu'il m'eut aperçu. Il me tint serré longtemps entre ses bras, et je sentis mon visage mouillé de ses larmes. Je lui dis que je ne me présentais à lui qu'avec confusion, et que je portais dans le cœur un vif sentiment de mon ingratitude ; que la première chose dont je le conjurais était de m'apprendre s'il m'était encore permis de le regarder comme mon ami, après avoir mérité si justement de perdre son estime et son affection. Il me répondit, du ton le plus tendre, que rien n'était capable de le faire renoncer à cette qualité ; que mes malheurs mêmes, et si je lui permettais de le dire, mes fautes et mes désordres, avaient redoublé sa tendresse pour moi ; mais que c'était une tendresse mêlée de la plus vive douleur, telle qu'on la sent pour une personne chère, qu'on voit toucher à sa perte sans pouvoir la secourir.

Nous nous assîmes sur un banc. Hélas ! lui dis-je, avec un soupir parti du fond du cœur, votre compassion doit être excessive, mon cher Tiberge, si vous m'assurez qu'elle est égale à mes peines. J'ai honte de vous les laisser voir, car je confesse que la cause n'en est pas glorieuse, mais l'effet en est si triste qu'il n'est pas besoin de m'aimer autant que vous faites pour en être attendri. Il me demanda, comme une marque d'amitié, de lui raconter sans déguisement ce qui m'était arrivé depuis mon départ de Saint-Sulpice. Je le satisfis ; et loin d'altérer quelque chose à la vérité, ou de diminuer mes fautes pour les faire trouver plus excusables, je lui parlai de ma passion avec toute la force qu'elle m'inspirait. Je la lui représentai comme un de ces coups particuliers du destin qui s'attache à la ruine d'un misérable, et dont il est aussi impossible à la vertu de se défendre qu'il l'a

---

1. Jardin à la mode, bien entretenu et ouvert depuis peu au public par le Régent qui y a sa demeure.

été à la sagesse de les prévoir. Je lui fis une vive peinture de mes agitations, de mes craintes, du désespoir où j'étais deux heures avant que de le voir, et de celui dans lequel j'allais retomber, si j'étais abandonné par mes amis aussi impitoyablement que par la fortune; enfin, j'attendris tellement le bon Tiberge, que je le vis aussi affligé par la compassion que je l'étais par le sentiment de mes peines. Il ne se lassait point de m'embrasser, et de m'exhorter à prendre du courage et de la consolation, mais, comme il supposait toujours qu'il fallait me séparer de Manon, je lui fis entendre nettement que c'était cette séparation même que je regardais comme la plus grande de mes infortunes, et que j'étais disposé à souffrir, non seulement le dernier excès de la misère, mais la mort la plus cruelle, avant que de recevoir un remède plus insupportable que tous mes maux ensemble.

Expliquez-vous donc, me dit-il: quelle espèce de secours suis-je capable de vous donner, si vous vous révoltez contre toutes mes propositions? Je n'osais lui déclarer que c'était de sa bourse que j'avais besoin. Il le comprit pourtant à la fin, et m'ayant confessé qu'il croyait m'entendre, il demeura quelque temps suspendu, avec l'air d'une personne qui balance. Ne croyez pas, reprit-il bientôt, que ma rêverie vienne d'un refroidissement de zèle et d'amitié. Mais à quelle alternative me réduisez-vous, s'il faut que je vous refuse le seul secours que vous voulez accepter, ou que je blesse mon devoir en vous l'accordant? car n'est-ce pas prendre part à votre désordre, que de vous y faire persévérer? Cependant, continua-t-il après avoir réfléchi un moment, je m'imagine que c'est peut-être l'état violent où l'indigence vous jette, qui ne vous laisse pas assez de liberté pour choisir le meilleur parti; il faut un esprit tranquille pour goûter la sagesse et la vérité. Je trouverai le moyen de vous faire avoir quelque argent. Permettez-moi, mon cher Chevalier, ajouta-t-il en m'embrassant, d'y mettre seulement une condition: c'est que vous m'apprendrez le lieu de votre demeure, et que vous souffrirez que je fasse du moins mes efforts pour vous ramener à la vertu, que je sais que vous aimez, et dont il n'y a que la violence de vos passions qui vous écarte. Je lui accordai sincèrement tout ce qu'il souhaitait, et je le priai de plaindre la malignité de mon sort, qui me faisait profiter si mal des conseils d'un ami si vertueux. Il me mena aussitôt chez un banquier de sa connaissance, qui m'avança cent pistoles sur son billet[1], car il n'était rien moins qu'en argent comptant. J'ai déjà dit qu'il n'était pas riche. Son bénéfice valait mille écus, mais, comme c'était la première année qu'il le possédait, il n'avait encore rien touché du revenu: c'était sur les fruits futurs qu'il me faisait cette avance.

Je sentis tout le prix de sa générosité. J'en fus touché, jusqu'au point de déplorer l'aveuglement d'un amour fatal, qui me faisait violer tous les devoirs. La vertu eut assez de force pendant quelques moments pour s'élever dans mon cœur contre ma passion, et j'aperçus du moins, dans cet instant de lumière, la honte et l'indignité de mes chaînes. Mais ce combat fut léger et dura peu. La vue de Manon m'aurait fait précipiter du ciel, et je m'étonnai, en me retrouvant près d'elle, que j'eusse pu traiter un moment de honteuse une tendresse si juste pour un objet si charmant.

Manon était une créature d'un caractère extraordinaire. Jamais fille n'eut moins d'attachement qu'elle pour l'argent, mais elle ne pouvait être tranquille un moment, avec la crainte d'en manquer. C'était du plaisir et des passe-temps qu'il lui fallait. Elle n'eût jamais voulu toucher un sou, si l'on pouvait se divertir sans qu'il en coûte. Elle ne s'informait pas même quel était le fonds de nos richesses, pourvu qu'elle pût passer agréablement la journée, de sorte que, n'étant ni

1. Lettre de change.

excessivement livrée au jeu ni capable d'être éblouie par le faste des grandes dépenses, rien n'était plus facile que de la satisfaire, en lui faisant naître tous les jours des amusements de son goût. Mais c'était une chose si nécessaire pour elle, d'être ainsi occupée par le plaisir, qu'il n'y avait pas le moindre fond à faire, sans cela, sur son humeur et sur ses inclinations. Quoiqu'elle m'aimât tendrement, et que je fusse le seul, comme elle en convenait volontiers, qui pût lui faire goûter parfaitement les douceurs de l'amour, j'étais presque certain que sa tendresse ne tiendrait point contre de certaines craintes. Elle m'aurait préféré à toute la terre avec une fortune médiocre ; mais je ne doutais nullement qu'elle ne m'abandonnât pour quelque nouveau B... lorsqu'il ne me resterait que de la constance et de la fidélité à lui offrir. Je résolus donc de régler si bien ma dépense particulière que je fusse toujours en état de fournir aux siennes, et de me priver plutôt de mille choses nécessaires que de la borner même pour le superflu. Le carrosse m'effrayait plus que tout le reste ; car il n'y avait point d'apparence de pouvoir entretenir des chevaux et un cocher. Je découvris ma peine à M. Lescaut. Je ne lui avais point caché que j'eusse reçu cent pistoles d'un ami. Il me répéta que, si je voulais tenter le hasard du jeu, il ne désespérait point qu'en sacrifiant de bonne grâce une centaine de francs pour traiter ses associés, je ne pusse être admis, à sa recommanda-tion, dans la Ligue de l'Industrie. Quelque répugnance que j'eusse à tromper, je me laissai entraîner par une cruelle nécessité.

M. Lescaut me présenta, le soir même, comme un de ses parents ; il ajouta que j'étais d'autant mieux disposé à réus-sir, que j'avais besoin des plus grandes faveurs de la fortune. Cependant, pour faire connaître que ma misère n'était pas celle d'un homme de néant, il leur dit que j'étais dans le dessein de leur donner à souper. L'offre fut acceptée. Je les traitai magnifiquement. On s'entretint longtemps de la gentillesse de ma figure et de mes heureuses dispositions. On prétendit qu'il y avait beaucoup à espérer de moi, parce qu'ayant quelque chose dans la physionomie qui sentait l'honnête homme, personne ne se défierait de mes artifices. Enfin, on rendit grâces à M. Lescaut d'avoir procuré à l'Ordre un novice de mon mérite, et l'on chargea un des chevaliers de me donner, pendant quelques jours, les instructions nécessaires. Le principal théâtre de mes exploits devait être l'hôtel de Transylvanie où il y avait une table de pharaon dans une salle et divers autres jeux de cartes et de dés dans la galerie. Cette académie se tenait au profit de M. le prince de R…, qui demeurait alors à Clagny[1], et la plupart de ses officiers étaient de notre société. Le dirai-je à ma honte? Je profitai en peu de temps des leçons de mon maître. J'acquis surtout beaucoup d'habileté à faire une volte-face, à filer la carte, et m'aidant fort bien d'une longue paire de manchettes, j'escamotais[2] assez légèrement pour tromper les yeux des plus habiles, et ruiner sans affectation quantité d'honnêtes joueurs. Cette adresse extraordinaire hâta si fort les progrès de ma fortune, que je me trouvai en peu de semaines des sommes considérables, outre celles que je partageais de bonne foi avec mes associés. Je ne craignis plus, alors, de

---

1. Allusion à un fait de l'histoire sociale du temps : le prince de Transylvanie, François Rakokzy, avait trouvé refuge à Paris en 1713 dans l'hôtel de Transylvanie, quai Malaquais, puis à Clagny. Ses officiers, pour subvenir à leurs besoins, organisèrent rapidement des séances de jeu, malgré des interdictions répétées, notamment des parties de « pharaon », jeu de hasard très lucratif pour la banque. Le prince repartit en Turquie en 1717.

2. Termes techniques de tricheries dont Prévost donne lui-même la définition dans son *Manuel lexique* : faire la volte signifie « faire toutes les mains » ; filer la carte, « tirer chaque carte avec assez d'attention pour la reconnaître par l'envers » ; escamoter « prendre subtilement quelque chose avec les doigts pour le cacher ou le faire paraître subitement ».

découvrir à Manon notre perte de Chaillot, et, pour la consoler, en lui apprenant cette fâcheuse nouvelle, je louai une maison garnie, où nous nous établîmes avec un air d'opulence et de sécurité.

Tiberge n'avait pas manqué, pendant ce temps-là, de me rendre de fréquentes visites. Sa morale ne finissait point. Il recommençait sans cesse à me représenter le tort que je faisais à ma conscience, à mon honneur et à ma fortune. Je recevais ses avis avec amitié, et quoique je n'eusse pas la moindre disposition à les suivre, je lui savais bon gré de son zèle, parce que j'en connaissais la source. Quelquefois je le raillais agréablement, dans la présence même de Manon, et je l'exhortais à n'être pas plus scrupuleux qu'un grand nombre d'évêques et d'autres prêtres, qui savent accorder fort bien une maîtresse avec un bénéfice. Voyez, lui disais-je, en lui montrant les yeux de la mienne, et dites-moi s'il y a des fautes qui ne soient pas justifiées par une si belle cause. Il prenait patience. Il la poussa même assez loin ; mais lorsqu'il vit que mes richesses augmentaient, et que non seulement je lui avais restitué ses cent pistoles, mais qu'ayant loué une nouvelle maison et doublé ma dépense, j'allais me replonger plus que jamais dans les plaisirs, il changea entièrement de ton et de manières. Il se plaignit de mon endurcissement ; il me menaça des châtiments du Ciel, et il me prédit une partie des malheurs qui ne tardèrent guère à m'arriver. Il est impossible, me dit-il, que les richesses qui servent à l'entretien de vos désordres vous soient venues par des voies légitimes. Vous les avez acquises injustement ; elles vous seront ravies de même. La plus terrible punition de Dieu serait de vous en laisser jouir tranquillement. Tous mes conseils, ajouta-t-il, vous ont été inutiles ; je ne prévois que trop qu'ils vous seraient bientôt importuns. Adieu, ingrat et faible ami. Puissent vos criminels plaisirs s'évanouir comme une ombre ! Puissent votre fortune et votre argent périr sans ressource, et vous rester seul et nu, pour sentir la vanité des biens qui vous ont follement enivré! C'est alors que vous me trouverez disposé à vous aimer et à vous servir, mais je romps aujourd'hui tout commerce avec vous, et je déteste[1] la vie que vous menez. Ce fut dans ma chambre, aux yeux de Manon, qu'il me fit cette harangue apostolique[2]. Il se leva pour se retirer. Je voulus le retenir, mais je fus arrêté par Manon, qui me dit que c'était un fou qu'il fallait laisser sortir.

Son discours ne laissa pas de faire quelque impression sur moi. Je remarque ainsi les diverses occasions où mon cœur sentit un retour vers le bien, parce que c'est à ce souvenir que j'ai dû ensuite une partie de ma force dans les plus malheureuses circonstances de ma vie. Les caresses de Manon dissipèrent, en un moment, le chagrin que cette scène m'avait causé. Nous continuâmes de mener une vie toute composée de plaisir et d'amour. L'augmentation de nos richesses redoubla notre affection; Vénus et la Fortune n'avaient point d'esclaves plus heureux et plus tendres. Dieux! pourquoi nommer le monde un lieu de misères, puisqu'on y peut goûter de si charmantes délices? Mais, hélas! leur faible est de passer trop vite. Quelle autre félicité voudrait-on se proposer, si elles étaient de nature à durer toujours? Les nôtres eurent le sort commun, c'est-à-dire de durer peu, et d'être suivies par des regrets amers. J'avais fait, au jeu, des gains si considérables, que je pensais à placer une partie de mon argent. Mes domestiques n'ignoraient pas mes succès, surtout mon valet de chambre et la suivante de Manon, devant lesquels nous nous entretenions souvent sans défiance. Cette fille était jolie; mon valet en était amoureux. Ils avaient affaire à des maîtres jeunes et faciles, qu'ils

---

1. Réprouve.
2. Remontrance solennelle digne des Apôtres.

s'imaginèrent pouvoir tromper aisément. Ils en conçurent le dessein, et ils l'exécutèrent si malheureusement pour nous, qu'ils nous mirent dans un état dont il ne nous a jamais été possible de nous relever.

M. Lescaut nous ayant un jour donné à souper, il était environ minuit lorsque nous retournâmes au logis. J'appelai mon valet, et Manon sa femme de chambre ; ni l'un ni l'autre ne parurent. On nous dit qu'ils n'avaient point été vus dans la maison depuis huit heures, et qu'ils étaient sortis après avoir fait transporter quelques caisses, suivant les ordres qu'ils disaient avoir reçus de moi. Je pressentis une partie de la vérité, mais je ne formai point de soupçons qui ne fussent surpassés par ce que j'aperçus en entrant dans ma chambre. La serrure de mon cabinet avait été forcée, et mon argent enlevé, avec tous mes habits. Dans le temps que je réfléchissais, seul, sur cet accident, Manon vint, tout effrayée, m'apprendre qu'on avait fait le même ravage dans son appartement. Le coup me parut si cruel qu'il n'y eut qu'un effort extraordinaire de raison qui m'empêcha de me livrer aux cris et aux pleurs. La crainte de communiquer mon désespoir à Manon me fit affecter de prendre un visage tranquille. Je lui dis, en badinant, que je me vengerais sur quelque dupe à l'hôtel de Transylvanie. Cependant, elle me sembla si sensible à notre malheur, que sa tristesse eut bien plus de force pour m'affliger, que ma joie feinte n'en avait eu pour l'empêcher d'être trop abattue. Nous sommes perdus ! me dit-elle, les larmes aux yeux. Je m'efforçai en vain de la consoler par mes caresses ; mes propres pleurs trahissaient mon désespoir et ma consternation. En effet, nous étions ruinés si absolument, qu'il ne nous restait pas une chemise.

Je pris le parti d'envoyer chercher sur-le-champ M. Lescaut. Il me conseilla d'aller, à l'heure même, chez M. le Lieu-

tenant de Police et M. le Grand Prévôt de Paris[1]. J'y allai,
mais ce fut pour mon plus grand malheur ; car outre que
cette démarche et celles que je fis faire à ces deux officiers
de justice ne produisirent rien, je donnai le temps à Lescaut
d'entretenir sa sœur, et de lui inspirer, pendant mon absence,
une horrible résolution. Il lui parla de M. de G… M…, vieux
voluptueux, qui payait prodiguement les plaisirs, et il lui fit
envisager tant d'avantages à se mettre à sa solde, que, trou-
blée comme elle était par notre disgrâce, elle entra dans
tout ce qu'il entreprit de lui persuader. Cet honorable
marché fut conclu avant mon retour, et l'exécution remise
au lendemain, après que Lescaut aurait prévenu M. de
G… M… Je le trouvai qui m'attendait au logis ; mais Manon
s'était couchée dans son appartement, et elle avait donné
ordre à son laquais de me dire qu'ayant besoin d'un peu de
repos, elle me priait de la laisser seule pendant cette nuit.
Lescaut me quitta, après m'avoir offert quelques pistoles
que j'acceptai. Il était près de quatre heures, lorsque je me
mis au lit, et m'y étant encore occupé longtemps des
moyens de rétablir ma fortune, je m'endormis si tard, que
je ne pus me réveiller que vers onze heures ou midi. Je me
levai promptement pour aller m'informer de la santé de
Manon ; on me dit qu'elle était sortie, une heure auparavant, avec son frère, qui l'était venu prendre dans un
carrosse de louage. Quoiqu'une telle partie, faite avec Lescaut, me parût mystérieuse, je me fis violence pour sus-
pendre mes soupçons. Je laissai couler quelques heures,
que je passai à lire. Enfin, n'étant plus le maître de mon
inquiétude, je me promenai à grands pas dans nos appartements. J'aperçus, dans celui de Manon, une lettre cachetée
qui était sur sa table. L'adresse était à moi, et l'écriture de

---

1. Le Lieutenant est responsable de la police de Paris tandis que le
Grand Prévôt est responsable du tribunal du Châtelet.

sa main. Je l'ouvris avec un frisson mortel ; elle était dans ces termes :

Je te jure, mon cher Chevalier, que tu es l'idole de mon cœur, et qu'il n'y a que toi au monde que je puisse aimer de la façon dont je t'aime ; mais ne vois-tu pas, ma pauvre chère âme, que, dans l'état où nous sommes réduits, c'est une sotte vertu que la fidélité ? Crois-tu qu'on puisse être bien tendre lorsqu'on manque de pain ? La faim me causerait quelque méprise fatale ; je rendrais quelque jour le dernier soupir, en croyant en pousser un d'amour. Je t'adore, compte là-dessus ; mais laisse-moi, pour quelque temps, le ménagement de notre fortune. Malheur à qui va tomber dans mes filets ! Je travaille pour rendre mon Chevalier riche et heureux. Mon frère t'apprendra des nouvelles de ta Manon, et qu'elle a pleuré de la nécessité de te quitter.

Je demeurai, après cette lecture, dans un état qui me serait difficile à décrire car j'ignore encore aujourd'hui par quelle espèce de sentiments je fus alors agité. Ce fut une de ces situations uniques auxquelles on n'a rien éprouvé qui soit semblable. On ne saurait les expliquer aux autres, parce qu'ils n'en ont pas l'idée ; et l'on a peine à se les bien démêler à soi-même, parce qu'étant seules de leur espèce, cela ne se lie à rien dans la mémoire, et ne peut même être rapproché d'aucun sentiment connu. Cependant, de quelque nature que fussent les miens, il est certain qu'il devait y entrer de la douleur, du dépit, de la jalousie et de la honte. Heureux s'il n'y fût pas entré encore plus d'amour ! Elle m'aime, je le veux croire ; mais ne faudrait-il pas, m'écriai-je, qu'elle fût un monstre pour me haïr ? Quels droits eut-on jamais sur un cœur que je n'aie pas sur le sien ? Que me reste-t-il à faire pour elle, après tout ce que je lui ai sacrifié ? Cependant elle m'abandonne ! et l'ingrate se croit à couvert de mes reproches en me disant qu'elle ne cesse pas de m'aimer ! Elle appréhende la faim. Dieu d'amour ! quelle gros-

sièreté de sentiments! et que c'est répondre mal à ma délicatesse! Je ne l'ai pas appréhendée, moi qui m'y expose si
volontiers pour elle en renonçant à ma fortune et aux douceurs de la maison de mon père; moi qui me suis retranché
jusqu'au nécessaire pour satisfaire ses petites humeurs et
ses caprices. Elle m'adore, dit-elle. Si tu m'adorais, ingrate,
je sais bien de qui tu aurais pris des conseils; tu ne m'aurais
pas quitté, du moins, sans me dire adieu. C'est à moi qu'il
faut demander quelles peines cruelles on sent à se séparer
de ce qu'on adore. Il faudrait avoir perdu l'esprit pour s'y
exposer volontairement.

Mes plaintes furent interrompues par une visite à laquelle
je ne m'attendais pas. Ce fut celle de Lescaut. Bourreau! lui
dis-je en mettant l'épée à la main, où est Manon? qu'en
as-tu fait? Ce mouvement l'effraya; il me répondit que, si
c'était ainsi que je le recevais lorsqu'il venait me rendre
compte du service le plus considérable qu'il eût pu me rendre,
il allait se retirer, et ne remettrait jamais le pied chez moi.
Je courus à la porte de la chambre, que je fermai soigneusement. Ne t'imagine pas, lui dis-je en me tournant vers lui,
que tu puisses me prendre encore une fois pour dupe et
me tromper par des fables. Il faut défendre ta vie, ou me
faire retrouver Manon. Là! que vous êtes vif! repartit-il;
c'est l'unique sujet qui m'amène. Je viens vous annoncer un
bonheur auquel vous ne pensez pas, et pour lequel vous
reconnaîtrez peut-être que vous m'avez quelque obligation.
Je voulus être éclairci sur-le-champ.

Il me raconta que Manon, ne pouvant soutenir la crainte
de la misère, et surtout l'idée d'être obligée tout d'un coup
à la réforme de notre équipage[1], l'avait prié de lui procurer
la connaissance de M. de G… M…, qui passait pour un
homme généreux. Il n'eut garde de me dire que le conseil

_____

1. C'est-à-dire devoir renoncer à la voiture et aux chevaux.

était venu de lui, ni qu'il eût préparé les voies, avant que de l'y conduire. Je l'y ai menée ce matin, continua-t-il, et cet honnête homme a été si charmé de son mérite, qu'il l'a invitée d'abord à lui tenir compagnie à sa maison de campagne, où il est allé passer quelques jours. Moi, ajouta Lescaut, qui ai pénétré tout d'un coup de quel avantage cela pouvait être pour vous, je lui ai fait entendre adroitement que Manon avait essuyé des pertes considérables, et j'ai tellement piqué sa générosité, qu'il a commencé par lui faire un présent de deux cents pistoles. Je lui ai dit que cela était honnête pour le présent, mais que l'avenir amènerait à ma sœur de grands besoins ; qu'elle s'était chargée, d'ailleurs, du soin d'un jeune frère, qui nous était resté sur les bras après la mort de nos père et mère, et que, s'il la croyait digne de son estime, il ne la laisserait pas souffrir dans ce pauvre enfant qu'elle regardait comme la moitié d'elle-même. Ce récit n'a pas manqué de l'attendrir. Il s'est engagé à louer une maison commode, pour vous et pour Manon, car c'est vous-même qui êtes ce pauvre petit frère orphelin. Il a promis de vous meubler proprement, et de vous fournir tous les mois quatre cents bonnes livres, qui en feront, si je compte bien, quatre mille huit cents à la fin de chaque année. Il a laissé ordre à son intendant, avant que de partir pour sa campagne, de chercher une maison, et de la tenir prête pour son retour. Vous reverrez alors Manon, qui m'a chargé de vous embrasser mille fois pour elle, et de vous assurer qu'elle vous aime plus que jamais.

Je m'assis, en rêvant à cette bizarre disposition de mon sort. Je me trouvai dans un partage de sentiments, et par conséquent dans une incertitude si difficile à terminer, que je demeurai longtemps sans répondre à quantité de questions que Lescaut me faisait l'une sur l'autre. Ce fut, dans ce moment, que l'honneur et la vertu me firent sentir encore les pointes du remords, et que je jetai les yeux, en soupirant,

vers Amiens, vers la maison de mon père, vers Saint-Sulpice
et vers tous les lieux où j'avais vécu dans l'innocence. Par
quel immense espace n'étais-je pas séparé de cet heureux
état! Je ne le voyais plus que de loin, comme une ombre qui
s'attirait encore mes regrets et mes désirs, mais trop faible
pour exciter mes efforts. Par quelle fatalité, disais-je, suis-je
devenu si criminel? L'amour est une passion innocente; comment s'est-il changé, pour moi, en une source de misères et
de désordres? Qui m'empêchait de vivre tranquille et vertueux avec Manon? Pourquoi ne l'épousais-je point, avant
que d'obtenir rien de son amour? Mon père, qui m'aimait si
tendrement, n'y aurait-il pas consenti si je l'en eusse pressé
avec des instances légitimes? Ah! mon père l'aurait chérie
lui-même, comme une fille charmante, trop digne d'être la
femme de son fils; je serais heureux avec l'amour de Manon,
avec l'affection de mon père, avec l'estime des honnêtes
gens, avec les biens de la fortune et la tranquillité de la
vertu. Revers funeste! Quel est l'infâme personnage qu'on
vient ici me proposer? Quoi! j'irai partager... Mais y a-t-il
à balancer, si c'est Manon qui l'a réglé, et si je la perds sans
cette complaisance? Monsieur Lescaut, m'écriai-je en fermant les yeux, comme pour écarter de si chagrinantes
réflexions, si vous avez eu dessein de me servir, je vous
rends grâces. Vous auriez pu prendre une voie plus honnête;
mais c'est une chose finie, n'est-ce pas? Ne pensons donc
plus qu'à profiter de vos soins et à remplir votre projet.
Lescaut, à qui ma colère, suivie d'un fort long silence, avait
causé de l'embarras, fut ravi de me voir prendre un parti
tout différent de celui qu'il avait appréhendé sans doute; il
n'était rien moins que brave, et j'en eus de meilleures preuves
dans la suite. Oui, oui, se hâta-t-il de me répondre, c'est un
fort bon service que je vous ai rendu, et vous verrez que
nous en tirerons plus d'avantage que vous ne vous y attendez. Nous concertâmes de quelle manière nous pourrions

prévenir les défiances que M. de G… M… pouvait concevoir de notre fraternité, en me voyant plus grand et un peu plus âgé peut-être qu'il ne se l'imaginait. Nous ne trouvâmes point d'autre moyen, que de prendre devant lui un air simple et provincial, et de lui faire croire que j'étais dans le dessein d'entrer dans l'état ecclésiastique, et que j'allais pour cela tous les jours au collège. Nous résolûmes aussi que je me mettrais fort mal, la première fois que je serais admis à l'honneur de le saluer. Il revint à la ville trois ou quatre jours après; il conduisit lui-même Manon dans la maison que son intendant avait eu soin de préparer. Elle fit avertir aussitôt Lescaut de son retour; et celui-ci m'en ayant donné avis, nous nous rendîmes tous deux chez elle. Le vieil amant en était déjà sorti.

Malgré la résignation avec laquelle je m'étais soumis à ses volontés, je ne pus réprimer le murmure de mon cœur en la revoyant. Je lui parus triste et languissant. La joie de la retrouver ne l'emportait pas tout à fait sur le chagrin de son infidélité. Elle, au contraire, paraissait transportée du plaisir de me revoir. Elle me fit des reproches de ma froideur. Je ne pus m'empêcher de laisser échapper les noms de perfide et d'infidèle, que j'accompagnai d'autant de soupirs. Elle me railla d'abord de ma simplicité; mais, lorsqu'elle vit mes regards s'attacher toujours tristement sur elle, et la peine que j'avais à digérer un changement si contraire à mon humeur et à mes désirs, elle passa seule dans son cabinet. Je la suivis un moment après. Je l'y trouvai tout en pleurs; je lui demandai ce qui les causait. Il t'est bien aisé de le voir, me dit-elle, comment veux-tu que je vive, si ma vue n'est plus propre qu'à te causer un air sombre et chagrin? Tu ne m'as pas fait une seule caresse, depuis une heure que tu es ici, et tu as reçu les miennes avec la majesté du Grand Turc au Sérail.

Écoutez, Manon, lui répondis-je en l'embrassant, je ne puis vous cacher que j'ai le cœur mortellement affligé. Je ne parle point à présent des alarmes où votre fuite imprévue m'a jeté, ni de la cruauté que vous avez eue de m'abandonner sans un mot de consolation, après avoir passé la nuit dans un autre lit que moi. Le charme de votre présence m'en ferait bien oublier davantage. Mais croyez-vous que je puisse penser sans soupirs, et même sans larmes, continuai-je en en versant quelques-unes, à la triste et malheureuse vie que vous voulez que je mène dans cette maison ? Laissons ma naissance et mon honneur à part : ce ne sont plus des raisons si faibles qui doivent entrer en concurrence avec un amour tel que le mien ; mais cet amour même, ne vous imaginez-vous pas qu'il gémit de se voir si mal récompensé, ou plutôt traité si cruellement par une ingrate et dure maîtresse ?... Elle m'interrompit : tenez, dit-elle, mon Chevalier, il est inutile de me tourmenter par des reproches qui me percent le cœur, lorsqu'ils viennent de vous. Je vois ce qui vous blesse. J'avais espéré que vous consentiriez au projet que j'avais fait pour rétablir un peu notre fortune, et c'était pour ménager votre délicatesse que j'avais commencé à l'exécuter sans votre participation ; mais j'y renonce, puisque vous ne l'approuvez pas. Elle ajouta qu'elle ne me demandait qu'un peu de complaisance, pour le reste du jour ; qu'elle avait déjà reçu deux cents pistoles de son vieil amant, et qu'il lui avait promis de lui apporter le soir un beau collier de perles, avec d'autres bijoux, et par-dessus cela, la moitié de la pension annuelle qu'il lui avait promise. Laissez-moi seulement le temps, me dit-elle, de recevoir ses présents ; je vous jure qu'il ne pourra se vanter des avantages que je lui ai donnés sur moi, car je l'ai remis jusqu'à présent à la ville[1]. Il est vrai qu'il m'a baisé plus d'un million de fois les

---

1. C'est-à-dire : j'ai différé la rencontre jusqu'à ce que nous soyons installés en ville (et non plus à la campagne, comme c'est le cas jusque-là).

mains; il est juste qu'il paye ce plaisir, et ce ne sera point trop que cinq ou six mille francs, en proportionnant le prix à ses richesses et à son âge.

Sa résolution me fut beaucoup plus agréable que l'espérance des cinq mille livres. J'eus lieu de reconnaître que mon cœur n'avait point encore perdu tout sentiment d'honneur, puisqu'il était si satisfait d'échapper à l'infamie. Mais j'étais né pour les courtes joies et les longues douleurs. La Fortune ne me délivra d'un précipice que pour me faire tomber dans un autre. Lorsque j'eus marqué à Manon, par mille caresses, combien je me croyais heureux de son changement, je lui dis qu'il fallait en instruire M. Lescaut, afin que nos mesures se prissent de concert. Il en murmura d'abord; mais les quatre ou cinq mille livres d'argent comptant le firent entrer gaîment dans nos vues. Il fut donc réglé que nous nous trouverions tous à souper avec M. de G… M…, et cela pour deux raisons : l'une, pour nous donner le plaisir d'une scène agréable en me faisant passer pour un écolier, frère de Manon; l'autre, pour empêcher ce vieux libertin et s'émanciper trop avec ma maîtresse, par le droit qu'il croirait s'être acquis en payant si libéralement d'avance. Nous devions nous retirer, Lescaut et moi, lorsqu'il monterait à la chambre où il comptait de passer la nuit; et Manon, au lieu de le suivre, nous promit de sortir, et de la venir passer avec moi. Lescaut se chargea du soin d'avoir exactement un carrosse à la porte.

L'heure du souper étant venue, M. de G… M… ne se fit pas attendre longtemps. Lescaut était avec sa sœur, dans la salle. Le premier compliment du vieillard fut d'offrir à sa belle un collier, des bracelets et des pendants de perles, qui valaient au moins mille écus. Il lui compta ensuite, en beaux louis d'or, la somme de deux mille quatre cents livres, qui faisaient la moitié de la pension. Il assaisonna son présent de quantité de douceurs dans le goût de la vieille Cour[1]. Manon ne put lui refuser quelques baisers ; c'était autant de droits qu'elle acquérait sur l'argent qu'il lui mettait entre les mains. J'étais à la porte, où je prêtais l'oreille, en attendant que Lescaut m'avertît d'entrer.

Il vint me prendre par la main, lorsque Manon eut serré l'argent et les bijoux, et me conduisant vers M. de G… M…, il m'ordonna de lui faire la révérence. J'en fis deux ou trois des plus profondes. Excusez, monsieur, lui dit Lescaut, c'est un enfant fort neuf. Il est bien éloigné, comme vous voyez, d'avoir les airs de Paris ; mais nous espérons qu'un peu d'usage le façonnera. Vous aurez l'honneur de voir ici souvent monsieur, ajouta-t-il, en se tournant vers moi ; faites bien votre profit d'un si bon modèle. Le vieil amant parut prendre plaisir à me voir. Il me donna deux ou trois petits coups sur la joue, en me disant que j'étais un joli garçon, mais qu'il fallait être sur mes gardes à Paris, où les jeunes gens se laissent aller facilement à la débauche. Lescaut l'assura que j'étais naturellement si sage, que je ne parlais que de me faire prêtre, et que tout mon plaisir était de faire de petites chapelles[2]. Je lui trouve de l'air de Manon, reprit le vieillard en me haussant le menton avec la main. Je répondis d'un air niais : Monsieur, c'est que nos deux chairs se touchent de bien proche ; aussi, j'aime ma sœur Manon comme un autre moi-même. L'entendez-vous ? dit-il à Lescaut, il a de l'esprit. C'est dommage que cet enfant-là n'ait pas un peu plus de monde. Oh ! monsieur, repris-je, j'en ai vu beaucoup chez nous dans les églises, et je crois bien que j'en trouverai, à Paris, de plus sots que moi. Voyez, ajouta-t-il, cela est admirable pour un enfant de province. Toute

1. Expression typique de l'Ancien Régime pour évoquer des usages cérémonieux et surannés.
2. C'est-à-dire fabriquer de petits reposoirs ornés de fleurs.

notre conversation fut à peu près du même goût, pendant le souper. Manon, qui était badine, fut sur le point, plusieurs fois, de gâter tout par ses éclats de rire. Je trouvai l'occasion, en soupant, de lui raconter sa propre histoire, et le mauvais sort qui le menaçait. Lescaut et Manon tremblaient pendant mon récit, surtout lorsque je faisais son portrait au naturel ; mais l'amour-propre l'empêcha de s'y reconnaître, et je l'achevai si adroitement, qu'il fut le premier à le trouver fort risible. Vous verrez que ce n'est pas sans raison que je me suis étendu sur cette ridicule scène. Enfin, l'heure du sommeil étant arrivée, il parla d'amour et d'impatience. Nous nous retirâmes, Lescaut et moi ; on le conduisit à sa chambre, et Manon, étant sortie sous prétexte d'un besoin, nous vint joindre à la porte. Le carrosse, qui nous attendait trois ou quatre maisons plus bas, s'avança pour nous recevoir. Nous nous éloignâmes en un instant du quartier.

Quoiqu'à mes propres yeux cette action fût une véritable friponnerie, ce n'était pas la plus injuste que je crusse avoir à me reprocher. J'avais plus de scrupule sur l'argent que j'avais acquis au jeu. Cependant nous profitâmes aussi peu de l'un que de l'autre, et le Ciel permit que la plus légère de ces deux injustices fût la plus rigoureusement punie.

M. de G... M... ne tarda pas longtemps à s'apercevoir qu'il était dupé. Je ne sais s'il fit, dès le soir même, quelques démarches pour nous découvrir, mais il eut assez de crédit pour n'en pas faire longtemps d'inutiles, et nous assez d'imprudence pour compter trop sur la grandeur de Paris et sur l'éloignement qu'il y avait de notre quartier au sien. Non seulement il fut informé de notre demeure et de nos affaires présentes, mais il apprit aussi qui j'étais, la vie que j'avais menée à Paris, l'ancienne liaison de Manon avec B..., la tromperie qu'elle lui avait faite, en un mot, toutes les parties scandaleuses de notre histoire. Il prit là-dessus la résolution de nous faire arrêter, et de nous traiter moins comme des

criminels que comme de fieffés libertins. Nous étions encore
au lit, lorsqu'un exempt de police entra dans notre chambre
avec une demi-douzaine de gardes. Ils se saisirent d'abord
de notre argent, ou plutôt de celui de M. de G… M…, et
nous ayant fait lever brusquement, ils nous conduisirent à la
porte, où nous trouvâmes deux carrosses, dans l'un desquels
la pauvre Manon fut enlevée sans explication, et moi traîné
dans l'autre à Saint-Lazare[1]. Il faut avoir éprouvé de tels
revers, pour juger du désespoir qu'ils peuvent causer. Nos
gardes eurent la dureté de ne me pas permettre d'embrasser Manon, ni de lui dire une parole. J'ignorai longtemps
ce qu'elle était devenue. Ce fut sans doute un bonheur
pour moi de ne l'avoir pas su d'abord, car une catastrophe
si terrible m'aurait fait perdre le sens et, peut-être, la vie.

Ma malheureuse maîtresse fut donc enlevée, à mes yeux,
et menée dans une retraite que j'ai horreur de nommer[2].
Quel sort pour une créature toute charmante, qui eût occupé
le premier trône du monde, si tous les hommes eussent eu
mes yeux et mon cœur ! On ne l'y traita pas barbarement ;
mais elle fut resserrée dans une étroite prison, seule, et
condamnée à remplir tous les jours une certaine tâche de
travail, comme une condition nécessaire pour obtenir quelque
dégoûtante nourriture. Je n'appris ce triste détail que longtemps après, lorsque j'eus essuyé moi-même plusieurs mois
d'une rude et ennuyeuse pénitence. Mes gardes ne m'ayant
point averti non plus du lieu où ils avaient ordre de me
conduire, je ne connus mon destin qu'à la porte de Saint-
Lazare. J'aurais préféré la mort, dans ce moment, à l'état où

---

1. Établissement religieux de redressement situé hors de Paris, au
faubourg Saint-Denis, qui accueillait les jeunes gens de condition aux
mœurs dissolues à la demande de leur famille.
2. Suspens absent de la première édition, où l'établissement est
nommé d'emblée : l'Hôpital. Prévost préfère ménager la surprise en
différant la révélation jusqu'à l'entretien avec G… M… (voir p. 79).

je me crus près de tomber. J'avais de terribles idées de cette maison. Ma frayeur augmenta lorsqu'en entrant les gardes visitèrent une seconde fois mes poches, pour s'assurer qu'il ne me restait ni armes, ni moyen de défense. Le supérieur parut à l'instant; il était prévenu sur mon arrivée; il me salua avec beaucoup de douceur. Mon Père, lui dis-je, point d'indignités[1]. Je perdrai mille vies avant que d'en souffrir une. Non, non, monsieur, me répondit-il; vous prendrez une conduite sage, et nous serons contents l'un de l'autre. Il me pria de monter dans une chambre haute. Je le suivis sans résistance. Les archers nous accompagnèrent jusqu'à la porte, et le supérieur, y étant entré avec moi, leur fit signe de se retirer.

Je suis donc votre prisonnier! lui dis-je. Eh bien, mon Père, que prétendez-vous faire de moi? Il me dit qu'il était charmé de me voir prendre un ton raisonnable; que son devoir serait de travailler à m'inspirer le goût de la vertu et de la religion, et le mien, de profiter de ses exhortations et de ses conseils; que, pour peu que je voulusse répondre aux attentions qu'il aurait pour moi, je ne trouverais que du plaisir dans ma solitude. Ah! du plaisir! repris-je; vous ne savez pas, mon Père, l'unique chose qui est capable de m'en faire goûter! Je le sais, reprit-il; mais j'espère que votre inclination changera. Sa réponse me fit comprendre qu'il était instruit de mes aventures, et peut-être de mon nom. Je le priai de m'éclaircir. Il me dit naturellement qu'on l'avait informé de tout.

Cette connaissance fut le plus rude de tous mes châtiments. Je me mis à verser un ruisseau de larmes, avec toutes les marques d'un affreux désespoir. Je ne pouvais me conso-

---

1. C'est-à-dire, point de traitement dégradant pour un homme de qualité, notamment le fouet, auquel les lazaristes, dit-on, avaient recours pour leurs nouveaux pensionnaires.

ler d'une humiliation qui allait me rendre la fable de toutes les personnes de ma connaissance, et la honte de ma famille. Je passai ainsi huit jours dans le plus profond abattement sans être capable de rien entendre, ni de m'occuper d'autre chose que de mon opprobre. Le souvenir même de Manon n'ajoutait rien à ma douleur. Il n'y entrait, du moins, que comme un sentiment qui avait précédé cette nouvelle peine, et la passion dominante de mon âme était la honte et la confusion. Il y a peu de personnes qui connaissent la force de ces mouvements particuliers du cœur. Le commun des hommes n'est sensible qu'à cinq ou six passions, dans le cercle desquelles leur vie se passe, et où toutes leurs agitations se réduisent. Ôtez-leur l'amour et la haine, le plaisir et la douleur, l'espérance et la crainte, ils ne sentent plus rien. Mais les personnes d'un caractère plus noble peuvent être remuées de mille façons différentes ; il semble qu'elles aient plus de cinq sens, et qu'elles puissent recevoir des idées et des sensations qui passent les bornes ordinaires de la nature ; et comme elles ont un sentiment de cette grandeur qui les élève au-dessus du vulgaire, il n'y a rien dont elles soient plus jalouses. De là vient qu'elles souffrent si impatiemment le mépris et la risée, et que la honte est une de leurs plus violentes passions.

J'avais ce triste avantage à Saint-Lazare. Ma tristesse parut si excessive au supérieur, qu'en appréhendant les suites, il crut devoir me traiter avec beaucoup de douceur et d'indulgence. Il me visitait deux ou trois fois le jour. Il me prenait souvent avec lui, pour faire un tour de jardin, et son zèle s'épuisait en exhortations et en avis salutaires. Je les recevais avec douceur ; je lui marquais même de la reconnaissance. Il en tirait l'espoir de ma conversion. Vous êtes d'un naturel si doux et si aimable, me dit-il un jour, que je ne puis comprendre les désordres dont on vous accuse. Deux choses m'étonnent : l'une, comment, avec de si bonnes qualités, vous avez pu vous livrer à l'excès du libertinage ; et l'autre que j'admire encore plus, comment vous recevez si volontiers mes conseils et mes instructions, après avoir vécu plusieurs années dans l'habitude du désordre. Si c'est repentir, vous êtes un exemple signalé des miséricordes du Ciel ; si c'est bonté naturelle, vous avez du moins un excellent fond de caractère, qui me fait espérer que nous n'aurons pas besoin de vous retenir ici longtemps, pour vous ramener à une vie honnête et réglée. Je fus ravi de lui voir cette opinion de moi. Je résolus de l'augmenter par une conduite qui pût le satisfaire entièrement, persuadé que c'était le plus sûr moyen d'abréger ma prison. Je lui demandai des livres. Il fut surpris que, m'ayant laissé le choix de ceux que je voulais lire, je me déterminai pour quelques auteurs sérieux. Je feignis de m'appliquer à l'étude avec le dernier attachement, et je lui donnai ainsi, dans toutes les occasions, des preuves du changement qu'il désirait.

Cependant il n'était qu'extérieur. Je dois le confesser à ma honte, je jouai, à Saint-Lazare, un personnage d'hypocrite. Au lieu d'étudier, quand j'étais seul, je ne m'occupais qu'à gémir de ma destinée ; je maudissais ma prison et la tyrannie qui m'y retenait. Je n'eus pas plutôt quelque relâche du côté de cet accablement où m'avait jeté la confusion, que je retombai dans les tourments de l'amour. L'absence de Manon, l'incertitude de son sort, la crainte de ne la revoir jamais étaient l'unique objet de mes tristes méditations. Je me la figurais dans les bras de G… M…, car c'était la pensée que j'avais eue d'abord ; et, loin de m'imaginer qu'il lui eût fait le même traitement qu'à moi, j'étais persuadé qu'il ne m'avait fait éloigner que pour la posséder tranquillement. Je passais ainsi des jours et des nuits dont la longueur me paraissait éternelle. Je n'avais d'espérance que dans le succès de mon hypocrisie. J'observais soigneusement le visage et les discours du supérieur, pour m'assurer de ce qu'il pensait de moi, et je me faisais une étude de lui plaire, comme à l'arbitre de ma destinée. Il me fut aisé de reconnaître que j'étais parfaitement dans ses bonnes grâces. Je ne doutai plus qu'il ne fût disposé à me rendre service. Je pris un jour la hardiesse de lui demander si c'était de lui que mon élargissement dépendait. Il me dit qu'il n'en était pas absolument le maître, mais que, sur son témoignage, il espérait que M. de G… M…, à la sollicitation duquel M. le Lieutenant général de Police m'avait fait renfermer, consentirait à me rendre la liberté. Puis-je me flatter, repris-je doucement, que deux mois de prison, que j'ai déjà essuyés, lui paraîtront une expiation suffisante ? Il me promit de lui en parler, si je le souhaitais. Je le priai instamment de me rendre ce bon office. Il m'apprit, deux jours après, que G… M… avait été si touché du bien qu'il avait entendu de moi, que non seulement il paraissait être dans le dessein de me laisser voir le jour, mais qu'il avait même marqué beaucoup d'envie de me connaître plus particulièrement, et qu'il se proposait de me rendre une visite dans ma prison. Quoique sa présence ne pût m'être agréable, je la regardai comme un acheminement prochain à ma liberté.

Il vint effectivement à Saint-Lazare. Je lui trouvai l'air plus grave et moins sot qu'il ne l'avait eu dans la maison de Manon. Il me tint quelques discours de bon sens sur ma mauvaise conduite. Il ajouta, pour justifier apparemment ses propres désordres, qu'il était permis à la faiblesse des hommes de se procurer certains plaisirs que la nature exige, mais que la friponnerie et les artifices honteux méritaient d'être punis. Je l'écoutai avec un air de soumission dont il parut satisfait. Je ne m'offensai pas même de lui entendre lâcher quelques railleries sur ma fraternité avec Lescaut et Manon, et sur les petites chapelles dont il supposait, me dit-il, que j'avais dû faire un grand nombre à Saint-Lazare, puisque je trouvais tant de plaisir à cette pieuse occupation.

Mais il lui échappa, malheureusement pour lui et pour moi-même, de me dire que Manon en aurait fait aussi, sans doute, de fort jolies à l'Hôpital. Malgré le frémissement que le nom d'Hôpital me causa, j'eus encore le pouvoir de le prier, avec douceur, de s'expliquer. Hé oui ! reprit-il, il y a deux mois qu'elle apprend la sagesse à l'Hôpital général, et je souhaite qu'elle en ait tiré autant de profit que vous à Saint-Lazare.

Quand j'aurais eu une prison éternelle, ou la mort même présente à mes yeux, je n'aurais pas été le maître de mon transport, à cette affreuse nouvelle. Je me jetai sur lui avec une si furieuse rage que j'en perdis la moitié de mes forces. J'en eus assez néanmoins pour le renverser par terre, et pour le prendre à la gorge. Je l'étranglais, lorsque le bruit de sa chute, et quelques cris aigus, que je lui laissais à peine la liberté de pousser, attirèrent le supérieur et plusieurs religieux dans ma chambre. On le délivra de mes mains. J'avais presque perdu moi-même la force et la respiration. Ô Dieu ! m'écriai-je, en poussant mille soupirs ; justice du Ciel ! faut-il que je vive un moment, après une telle infamie ? Je voulus me jeter encore sur le barbare qui venait de m'assassiner. On m'arrêta. Mon désespoir, mes cris et mes larmes passaient toute imagination. Je fis des choses si étonnantes, que tous les assistants, qui en ignoraient la cause, se regardaient les uns les autres avec autant de frayeur que de surprise. M. de G… M… rajustait pendant ce temps-là sa perruque et sa cravate, et dans le dépit d'avoir été si maltraité, il ordonnait au supérieur de me resserrer plus étroitement que jamais, et de me punir par tous les châtiments qu'on sait être propres à Saint-Lazare. Non, monsieur, lui dit le supérieur ; ce n'est point avec une personne de la naissance de M. le Chevalier que nous en usons de cette manière. Il est si doux, d'ailleurs, et si honnête, que j'ai peine à comprendre qu'il se soit porté à cet excès sans de fortes raisons. Cette réponse acheva de déconcerter M. de G… M… Il sortit en disant qu'il saurait faire plier et le supérieur, et moi, et tous ceux qui oseraient lui résister.

Le supérieur, ayant ordonné à ses religieux de le conduire, demeura seul avec moi. Il me conjura de lui apprendre promptement d'où venait ce désordre. Ô mon Père, lui dis-je, en continuant de pleurer comme un enfant, figurez-vous la plus horrible cruauté, imaginez-vous la plus détestable de toutes les barbaries, c'est l'action que l'indigne G… M… a eu la lâcheté de commettre. Oh! il m'a percé le cœur. Je n'en reviendrai jamais. Je veux vous raconter tout, ajoutai-je en sanglotant. Vous êtes bon, vous aurez pitié de moi. Je lui fis un récit abrégé de la longue et insurmontable passion que j'avais pour Manon, de la situation florissante de notre fortune avant que nous eussions été dépouillés par nos propres domestiques, des offres que G… M… avait faites à ma maîtresse, de la conclusion de leur marché, et de la manière dont il avait été rompu. Je lui représentai les choses, à la vérité, du côté le plus favorable pour nous : Voilà, continuai-je, de quelle source est venu le zèle de M. de G… M… pour ma conversion. Il a eu le crédit de me faire ici renfermer, par un pur motif de vengeance. Je lui pardonne, mais, mon Père, ce n'est pas tout : il a fait enlever cruellement la plus chère moitié de moi-même, il l'a fait mettre honteusement à l'Hôpital, il a eu l'impudence de me l'annoncer aujourd'hui de sa propre bouche. À l'Hôpital, mon Père! Ô Ciel! ma charmante maîtresse, ma chère reine à l'Hôpital, comme la plus infâme de toutes les créatures! Où trouverai-je assez de force pour ne pas mourir de douleur et de honte? Le bon Père, me voyant dans cet excès d'affliction, entreprit de me consoler. Il me dit qu'il n'avait jamais compris mon aventure de la manière dont je la racontais; qu'il avait su, à la vérité, que je vivais dans le désordre, mais qu'il s'était figuré que ce qui avait obligé M. de G… M…

d'y prendre intérêt, était quelque liaison d'estime et d'amitié avec ma famille ; qu'il ne s'en était expliqué à lui-même que sur ce pied ; que ce que je venais de lui apprendre mettrait beaucoup de changement dans mes affaires, et qu'il ne doutait point que le récit fidèle qu'il avait dessein d'en faire à M. le Lieutenant général de Police ne pût contribuer à ma liberté. Il me demanda ensuite pourquoi je n'avais pas encore pensé à donner de mes nouvelles à ma famille, puisqu'elle n'avait point eu de part à ma captivité. Je satisfis à cette objection par quelques raisons prises de la douleur que j'avais appréhendé de causer à mon père, et de la honte que j'en aurais ressentie moi-même. Enfin il me promit d'aller de ce pas chez le Lieutenant de Police, ne fût-ce, ajouta-t-il, que pour prévenir quelque chose de pis, de la part de M. de G… M…, qui est sorti de cette maison fort mal satisfait, et qui est assez considéré pour se faire redouter.

J'attendis le retour du Père avec toutes les agitations d'un malheureux qui touche au moment de sa sentence. C'était pour moi un supplice inexprimable de me représenter Manon à l'Hôpital. Outre l'infamie de cette demeure, j'ignorais de quelle manière elle y était traitée, et le souvenir de quelques particularités que j'avais entendues de cette maison d'horreur renouvelait à tous moments mes transports. J'étais tellement résolu de la secourir, à quelque prix et par quelque moyen que ce pût être, que j'aurais mis le feu à Saint-Lazare, s'il m'eût été impossible d'en sortir autrement. Je réfléchis donc sur les voies que j'avais à prendre, s'il arrivait que le Lieutenant général de Police continuât de m'y retenir malgré moi. Je mis mon industrie à toutes les épreuves ; je parcourus toutes les possibilités. Je ne vis rien qui pût m'assurer d'une évasion certaine, et je craignis d'être renfermé plus étroitement si je faisais une tentative malheureuse. Je me rappelai le nom de quelques amis, de qui je pouvais espérer du secours ; mais quel moyen de leur faire savoir ma situation ?

Enfin, je crus avoir formé un plan si adroit qu'il pourrait réussir, et je remis à l'arranger encore mieux après le retour du Père supérieur, si l'inutilité de sa démarche me le rendait nécessaire. Il ne tarda point à revenir. Je ne vis pas, sur son visage, les marques de joie qui accompagnent une bonne nouvelle. J'ai parlé, me dit-il, à M. le Lieutenant général de Police, mais je lui ai parlé trop tard. M. de G... M... l'est allé voir en sortant d'ici, et l'a si fort prévenu contre vous, qu'il était sur le point de m'envoyer de nouveaux ordres pour vous resserrer davantage.

Cependant, lorsque je lui ai appris le fond de vos affaires, il a paru s'adoucir beaucoup, et riant un peu de l'incontinence du vieux M. de G... M..., il m'a dit qu'il fallait vous laisser ici six mois pour le satisfaire ; d'autant mieux, a-t-il dit, que cette demeure ne saurait vous être inutile. Il m'a recommandé de vous traiter honnêtement, et je vous réponds que vous ne vous plaindrez point de mes manières.

Cette explication du bon supérieur fut assez longue pour me donner le temps de faire une sage réflexion. Je conçus que je m'exposerais à renverser mes desseins si je lui marquais trop d'empressement pour ma liberté. Je lui témoignai, au contraire, que dans la nécessité de demeurer, c'était une douce consolation pour moi d'avoir quelque part à son estime. Je le priai ensuite, sans affectation, de m'accorder une grâce, qui n'était de nulle importance pour personne, et qui servirait beaucoup à ma tranquillité ; c'était de faire avertir un de mes amis, un saint ecclésiastique qui demeurait à Saint-Sulpice, que j'étais à Saint-Lazare, et de permettre que je reçusse quelquefois sa visite. Cette faveur me fut accordée sans délibérer. C'était mon ami Tiberge dont il était question ; non que j'espérasse de lui les secours nécessaires pour ma liberté, mais je voulais l'y faire servir comme un instrument éloigné, sans qu'il en eût même connaissance. En un mot, voici mon projet : je voulais écrire à Lescaut et le charger, lui et nos amis communs, du soin de me délivrer. La première difficulté était de lui faire tenir ma lettre ; ce devait être l'office de Tiberge. Cependant, comme il le connaissait pour le frère de ma maîtresse, je craignais qu'il n'eût peine à se charger de cette commission. Mon dessein était de renfermer ma lettre à Lescaut dans une autre lettre que je devais adresser à un honnête homme de ma connaissance, en le priant de rendre promptement la première à son adresse, et comme il était nécessaire que je visse Lescaut pour nous accorder dans nos mesures, je voulais lui marquer de venir à Saint-Lazare, et de demander à me voir sous le nom de mon frère aîné, qui était venu exprès à Paris pour prendre connaissance de mes affaires. Je remettais à convenir avec lui des moyens qui nous paraîtraient les plus expéditifs et les plus sûrs. Le Père supérieur fit avertir Tiberge du désir que j'avais de l'entretenir. Ce fidèle ami ne m'avait pas tellement perdu de vue qu'il ignorât mon aventure : il savait que j'étais à Saint-Lazare, et peut-être n'avait-il pas été fâché de cette disgrâce qu'il croyait capable de me ramener au devoir. Il accourut aussitôt à ma chambre.

Notre entretien fut plein d'amitié. Il voulut être informé de mes dispositions. Je lui ouvris mon cœur sans réserve, excepté sur le dessein de ma fuite. Ce n'est pas à vos yeux, cher ami, lui dis-je, que je veux paraître ce que je ne suis point. Si vous avez cru trouver ici un ami sage et réglé dans ses désirs, un libertin réveillé par les châtiments du Ciel, en un mot un cœur dégagé de l'amour et revenu des charmes de sa Manon, vous avez jugé trop favorablement de moi. Vous me revoyez tel que vous me laissâtes il y a quatre mois : toujours tendre, et toujours malheureux par cette fatale tendresse dans laquelle je ne me lasse point de chercher mon bonheur.

Il me répondit que l'aveu que je faisais me rendait inexcusable ; qu'on voyait bien des pécheurs qui s'enivraient du faux bonheur du vice jusqu'à le préférer hautement à celui de la vertu ; mais que c'était, du moins, à des images de bonheur qu'ils s'attachaient, et qu'ils étaient les dupes de l'apparence ; mais que, de reconnaître, comme je le faisais, que l'objet de mes attachements n'était propre qu'à me rendre coupable et malheureux, et de continuer à me précipiter volontairement dans l'infortune et dans le crime, c'était une contradiction d'idées et de conduite qui ne faisait pas honneur à ma raison.

Tiberge, repris-je, qu'il vous est aisé de vaincre, lorsqu'on n'oppose rien à vos armes ! Laissez-moi raisonner à mon tour. Pouvez-vous prétendre que ce que vous appelez le bonheur de la vertu soit exempt de peines, de traverses et d'inquiétudes ? Quel nom donnerez-vous à la prison, aux croix, aux supplices et aux tortures des tyrans ? Direz-vous, comme font les mystiques, que ce qui tourmente le corps est un bonheur pour l'âme ? Vous n'oseriez le dire ; c'est un paradoxe insoutenable. Ce bonheur, que vous relevez tant, est donc mêlé de mille peines, ou pour parler plus juste, ce n'est qu'un tissu de malheurs au travers desquels on tend à la félicité. Or si la force de l'imagination fait trouver du plaisir dans ces maux mêmes, parce qu'ils peuvent conduire à un terme heureux qu'on espère, pourquoi traitez-vous de contradictoire et d'insensée, dans ma conduite, une disposition toute semblable ? J'aime Manon ; je tends au travers de mille douleurs à vivre heureux et tranquille auprès d'elle. La voie par où je marche est malheureuse ; mais l'espérance d'arriver à mon terme y répand toujours de la douceur, et je me croirai trop bien payé, par un moment passé avec elle, de tous les chagrins que j'essuie pour l'obtenir. Toutes choses me paraissent donc égales de votre côté et du mien ; ou s'il y a quelque différence, elle est encore à mon avantage, car le bonheur que j'espère est proche, et l'autre est éloigné ; le mien est de la nature des peines, c'est-à-dire sensible au corps, et l'autre est d'une nature inconnue, qui n'est certaine que par la foi.

Tiberge parut effrayé de ce raisonnement. Il recula de deux pas, en me disant, de l'air le plus sérieux, que, non seulement ce que je venais de dire blessait le bon sens, mais que c'était un malheureux sophisme d'impiété et d'irréligion : car cette comparaison, ajouta-t-il, du terme de vos peines avec celui qui est proposé par la religion, est une idée des plus libertines et des plus monstrueuses.

J'avoue, repris-je, qu'elle n'est pas juste ; mais prenez-y garde, ce n'est pas sur elle que porte mon raisonnement. J'ai eu dessein d'expliquer ce que vous regardez comme une contradiction, dans la persévérance d'un amour malheureux, et je crois avoir fort bien prouvé que, si c'en est une, vous ne sauriez vous en sauver plus que moi. C'est à cet égard seulement que j'ai traité les choses d'égales, et je soutiens encore qu'elles le sont. Répondrez-vous que le terme de la vertu est infiniment supérieur à celui de l'amour ? Qui refuse d'en convenir ? Mais est-ce de quoi il est question ? Ne s'agit-il pas de la force qu'ils ont l'un et l'autre, pour faire supporter les peines ? Jugeons-en par l'effet. Combien trouve-t-on de déserteurs de la sévère vertu, et combien en trouverez-vous peu de l'amour ? Répondrez-vous encore que, s'il y a des peines dans l'exercice du bien, elles ne sont pas infaillibles et nécessaires ; qu'on ne trouve plus de tyrans ni de croix, et qu'on voit quantité de personnes vertueuses mener une vie douce et tranquille ? Je vous dirai de même qu'il y a des amours paisibles et fortunés, et, ce qui fait encore une différence qui m'est extrêmement avantageuse, j'ajouterai que l'amour, quoiqu'il trompe assez souvent, ne promet du moins que des satisfactions et des joies, au lieu que la religion veut qu'on s'attende à une pratique triste et mortifiante. Ne vous alarmez pas, ajoutai-je en voyant son zèle prêt à se chagriner. L'unique chose que je veux conclure ici, c'est qu'il n'y a point de plus mauvaise méthode pour dégoûter un cœur de l'amour, que de lui en décrier les douceurs et de lui promettre plus de bonheur dans l'exercice de la vertu. De la manière dont nous sommes faits, il est certain que notre félicité consiste dans le plaisir; je défie qu'on s'en forme une autre idée; or le cœur n'a pas besoin de se consulter longtemps pour sentir que, de tous les plaisirs, les plus doux sont ceux de l'amour. Il s'aperçoit bientôt qu'on le trompe lorsqu'on lui en promet ailleurs de plus charmants, et cette tromperie le dispose à se défier des promesses les plus solides. Prédicateurs, qui voulez me ramener à la vertu, dites-moi qu'elle est indispensablement nécessaire, mais ne me déguisez pas qu'elle est sévère et pénible. Établissez bien que les délices de l'amour sont passagères, qu'elles sont défendues, qu'elles seront suivies par d'éternelles peines, et ce qui fera peut-être encore plus d'impression sur moi, que, plus elles sont douces et charmantes, plus le Ciel sera magnifique à récompenser un si grand sacrifice, mais confessez qu'avec des cœurs tels que nous les avons, elles sont ici-bas nos plus parfaites félicités.

Cette fin de mon discours rendit sa bonne humeur à Tiberge. Il convint qu'il y avait quelque chose de raisonnable dans mes pensées. La seule objection qu'il ajouta fut de me demander pourquoi je n'entrais pas du moins dans mes propres principes, en sacrifiant mon amour à l'espérance de cette rémunération dont je me faisais une si grande idée. Ô cher ami! lui répondis-je, c'est ici que je reconnais ma misère et ma faiblesse. Hélas! oui, c'est mon devoir d'agir comme je raisonne! mais l'action est-elle en mon pouvoir? De quels secours n'aurais-je pas besoin pour oublier les charmes de Manon? Dieu me pardonne, reprit Tiberge, je pense que voici encore un de nos jansénistes[1]. Je ne sais ce que je suis, répliquai-je, et je ne vois pas trop clairement ce qu'il faut être ; mais je n'éprouve que trop la vérité de ce qu'ils disent.

Cette conversation servit du moins à renouveler la pitié de mon ami. Il comprit qu'il y avait plus de faiblesse que de malignité dans mes désordres. Son amitié en fut plus disposée, dans la suite, à me donner des secours, sans lesquels j'aurais péri infailliblement de misère. Cependant, je ne lui fis pas la moindre ouverture du dessein que j'avais de m'échapper de Saint-Lazare. Je le priai seulement de se charger de ma lettre. Je l'avais préparée, avant qu'il fût venu, et je ne manquai point de prétextes pour colorer la nécessité où j'étais d'écrire. Il eut la fidélité de la porter exactement, et Lescaut reçut, avant la fin du jour, celle qui était pour lui.

Il me vint voir le lendemain, et il passa heureusement sous le nom de mon frère. Ma joie fut extrême en l'apercevant dans ma chambre. J'en fermai la porte avec soin. Ne perdons pas un seul moment, lui dis-je ; apprenez-moi d'abord des nouvelles de Manon, et donnez-moi ensuite un bon conseil pour rompre mes fers. Il m'assura qu'il n'avait pas vu sa sœur depuis le jour qui avait précédé mon emprisonnement, qu'il n'avait appris son sort et le mien qu'à force d'informations et de soins ; que, s'étant présenté deux ou trois fois à l'Hôpital, on lui avait refusé la liberté de lui parler. Malheureux G... M...! m'écriai-je, que tu me le paieras cher !

Pour ce qui regarde votre délivrance, continua Lescaut, c'est une entreprise moins facile que vous ne pensez. Nous

---

1. Disciples de Jansénius, rendus célèbres par le talent polémique de Pascal, les jansénistes, qui s'opposent aux jésuites, se distinguent par une morale austère, à base augustinienne (voir note 2, p. 41), qui rappelle sans cesse la déchéance et l'impuissance humaines.

passâmes hier la soirée, deux de mes amis et moi, à observer toutes les parties extérieures de cette maison, et nous jugeâmes que, vos fenêtres étant sur une cour entourée de bâtiments, comme vous nous l'aviez marqué, il y aurait bien de la difficulté à vous tirer de là. Vous êtes d'ailleurs au troisième étage, et nous ne pouvons introduire ici ni cordes ni échelles. Je ne vois donc nulle ressource du côté du dehors. C'est dans la maison même qu'il faudrait imaginer quelque artifice. Non, repris-je ; j'ai tout examiné, surtout depuis que ma clôture est un peu moins rigoureuse, par l'indulgence du supérieur. La porte de ma chambre ne se ferme plus avec la clef, j'ai la liberté de me promener dans les galeries des religieux ; mais tous les escaliers sont bouchés par des portes épaisses, qu'on a soin de tenir fermées la nuit et le jour, de sorte qu'il est impossible que la seule adresse puisse me sauver. Attendez, repris-je, après avoir un peu réfléchi sur une idée qui me parut excellente, pourriez-vous m'apporter un pistolet ? Aisément, me dit Lescaut ; mais voulez-vous tuer quelqu'un ? Je l'assurai que j'avais si peu dessein de tuer qu'il n'était pas même nécessaire que le pistolet fût chargé. Apportez-le-moi demain, ajoutai-je, et ne manquez pas de vous trouver le soir, à onze heures, vis-à-vis de la porte de cette maison, avec deux ou trois de nos amis. J'espère que je pourrai vous y rejoindre. Il me pressa en vain de lui en apprendre davantage. Je lui dis qu'une entreprise, telle que je la méditais, ne pouvait paraître raisonnable qu'après avoir réussi. Je le priai d'abréger sa visite, afin qu'il trouvât plus de facilité à me revoir le lendemain. Il fut admis avec aussi peu de peine que la première fois. Son air était grave, il n'y a personne qui ne l'eût pris pour un homme d'honneur.

Lorsque je me trouvai muni de l'instrument de ma liberté, je ne doutai presque plus du succès de mon projet. Il était bizarre et hardi ; mais de quoi n'étais-je pas capable, avec les motifs qui m'animaient? J'avais remarqué, depuis qu'il m'était permis de sortir de ma chambre et de me promener dans les galeries, que le portier apportait chaque jour au soir les clefs de toutes les portes au supérieur, et qu'il régnait ensuite un profond silence dans la maison, qui marquait que tout le monde était retiré. Je pouvais aller sans obstacle, par une galerie de communication, de ma chambre à celle de ce Père. Ma résolution était de lui prendre ses clefs, en l'épouvantant avec mon pistolet s'il faisait difficulté de me les donner, et de m'en servir pour gagner la rue. J'en attendis le temps avec impatience. Le portier vint à l'heure ordinaire, c'est-à-dire un peu après neuf heures. J'en laissai passer encore une, pour m'assurer que tous les religieux et les domestiques étaient endormis. Je partis enfin, avec mon arme et une chandelle allumée. Je frappai d'abord doucement à la porte du Père, pour l'éveiller sans bruit. Il m'entendit au second coup, et s'imaginant, sans doute, que c'était quelque religieux qui se trouvait mal et qui avait besoin de secours, il se leva pour m'ouvrir. Il eut, néanmoins, la précaution de demander, au travers de la porte, qui c'était et ce qu'on voulait de lui. Je fus obligé de me nommer; mais j'affectai un ton plaintif, pour lui faire comprendre que je ne me trouvais pas bien. Ah! c'est vous, mon cher fils, me dit-il, en ouvrant la porte; qu'est-ce donc qui vous amène si tard? J'entrai dans sa chambre, et l'ayant tiré à l'autre bout opposé à la porte, je lui déclarai qu'il m'était impossible de demeurer plus longtemps à Saint-Lazare; que la nuit était un temps commode pour sortir sans être aperçu, et que j'attendais de son amitié qu'il consentirait à m'ouvrir les portes, ou à me prêter ses clefs pour les ouvrir moi-même.

Ce compliment devait le surprendre. Il demeura quelque temps à me considérer, sans me répondre. Comme je n'en avais pas à perdre, je repris la parole pour lui dire que j'étais fort touché de toutes ses bontés, mais que, la liberté étant

le plus cher de tous les biens, surtout pour moi à qui on la
ravissait injustement, j'étais résolu de me la procurer cette
nuit même, à quelque prix que ce fût ; et de peur qu'il ne lui
prît envie d'élever la voix pour appeler du secours, je lui fis
voir une honnête raison de silence, que je tenais sous mon
juste-au-corps. Un pistolet ! me dit-il. Quoi ! mon fils, vous
voulez m'ôter la vie, pour reconnaître la considération que
j'ai eue pour vous ? À Dieu ne plaise, lui répondis-je. Vous
avez trop d'esprit et de raison pour me mettre dans cette
nécessité ; mais je veux être libre, et j'y suis si résolu que, si
mon projet manque par votre faute, c'est fait de vous absolument. Mais, mon cher fils, reprit-il d'un air pâle et effrayé,
que vous ai-je fait ? quelle raison avez-vous de vouloir ma
mort ? Eh non ! répliquai-je avec impatience. Je n'ai pas dessein de vous tuer, si vous voulez vivre. Ouvrez-moi la porte,
et je suis le meilleur de vos amis. J'aperçus les clefs qui
étaient sur sa table. Je les pris et je le priai de me suivre, en
faisant le moins de bruit qu'il pourrait. Il fut obligé de s'y
résoudre. À mesure que nous avancions et qu'il ouvrait une
porte, il me répétait avec un soupir : Ah ! mon fils, ah ! qui
l'aurait cru ? Point de bruit, mon Père, répétais-je de mon
côté à tout moment. Enfin nous arrivâmes à une espèce de
barrière, qui est avant la grande porte de la rue. Je me
croyais déjà libre, et j'étais derrière le Père, avec ma chandelle dans une main et mon pistolet dans l'autre. Pendant
qu'il s'empressait d'ouvrir, un domestique, qui couchait dans
une petite chambre voisine, entendant le bruit de quelques
verrous, se lève et met la tête à sa porte. Le bon Père le
crut apparemment capable de m'arrêter. Il lui ordonna, avec
beaucoup d'imprudence, de venir à son secours. C'était un
puissant coquin, qui s'élança sur moi sans balancer. Je ne le
marchandai point[1] ; je lui lâchai le coup au milieu de la

_____
1. Je ne le ménageai point, je ne l'épargnai pas.

poitrine. Voilà de quoi vous êtes cause, mon Père, dis-je assez fièrement à mon guide. Mais que cela ne vous empêche point d'achever, ajoutai-je en le poussant vers la dernière porte. Il n'osa refuser de l'ouvrir. Je sortis heureusement et je trouvai, à quatre pas, Lescaut qui m'attendait avec deux amis, suivant sa promesse.

Nous nous éloignâmes. Lescaut me demanda s'il n'avait pas entendu tirer un pistolet. C'est votre faute, lui dis-je ; pourquoi me l'apportiez-vous chargé ? Cependant je le remerciai d'avoir eu cette précaution, sans laquelle j'étais sans doute à Saint-Lazare pour longtemps. Nous allâmes passer la nuit chez un traiteur[1], où je me remis un peu de la mauvaise chère que j'avais faite depuis près de trois mois. Je ne pus néanmoins m'y livrer au plaisir. Je souffrais mortellement dans Manon. Il faut la délivrer, dis-je à mes trois amis. Je n'ai souhaité la liberté que dans cette vue. Je vous demande le secours de votre adresse ; pour moi, j'y emploierai jusqu'à ma vie. Lescaut, qui ne manquait pas d'esprit et de prudence, me représenta qu'il fallait aller bride en main[2] ; que mon évasion de Saint-Lazare, et le malheur qui m'était arrivé en sortant, causeraient infailliblement du bruit ; que le Lieutenant général de Police me ferait chercher, et qu'il avait les bras longs ; enfin, que si je ne voulais pas être exposé à quelque chose de pis que S[aint]-Lazare, il était à propos de me tenir couvert et renfermé pendant quelques jours, pour laisser au premier feu de mes ennemis le temps de s'éteindre. Son conseil était sage, mais il aurait fallu l'être aussi pour le suivre. Tant de lenteur et de ménagement ne s'accordait pas avec ma passion. Toute ma complaisance se

1. Maître cuisinier donnant à manger dans son établissement, à la manière de nos actuels restaurants, inconnu à cette époque, où les cuisiniers sont attachés à des maisons et où les « cabarets » assurent l'essentiel de la restauration hors foyer.
2. Terme d'équitation pour désigner une conduite prudente.

réduisit à lui promettre que je passerais le jour suivant à dormir. Il m'enferma dans sa chambre, où je demeurai jusqu'au soir.

J'employai une partie de ce temps à former des projets et des expédients pour secourir Manon. J'étais bien persuadé que sa prison était encore plus impénétrable que n'avait été la mienne. Il n'était pas question de force et de violence, il fallait de l'artifice ; mais la déesse même de l'invention n'aurait pas su par où commencer. J'y vis si peu de jour, que je remis à considérer mieux les choses lorsque j'aurais pris quelques informations sur l'arrangement intérieur de l'Hôpital.

Aussitôt que la nuit m'eut rendu la liberté, je priai Lescaut de m'accompagner. Nous liâmes conversation avec un des portiers, qui nous parut homme de bon sens. Je feignis d'être un étranger qui avait entendu parler avec admiration de l'Hôpital général, et de l'ordre qui s'y observe. Je l'interrogeai sur les plus minces détails, et de circonstances en circonstances, nous tombâmes sur les administrateurs, dont je le priai de m'apprendre les noms et les qualités. Les réponses qu'il me fit sur ce dernier article me firent naître une pensée dont je m'applaudis aussitôt, et que je ne tardai point à mettre en œuvre. Je lui demandai, comme une chose essentielle à mon dessein, si ces messieurs avaient des enfants. Il me dit qu'il ne pouvait pas m'en rendre un compte certain, mais que, pour M. de T…, qui était un des principaux, il lui connaissait un fils en âge d'être marié, qui était venu plusieurs fois à l'Hôpital avec son père. Cette assurance me suffisait. Je rompis presque aussitôt notre entretien, et je fis part à Lescaut, en retournant chez lui, du dessein que j'avais conçu. Je m'imagine, lui dis-je, que M. de T… le fils, qui est riche et de bonne famille, est dans un certain goût de plaisirs, comme la plupart des jeunes gens de son âge. Il ne saurait être ennemi des femmes, ni ridicule au point de refuser ses services pour une affaire d'amour. J'ai formé le dessein de l'intéresser à la liberté de Manon. S'il est honnête homme, et qu'il ait des sentiments, il nous accordera son secours par générosité. S'il n'est point capable d'être conduit par ce motif, il fera du moins quelque chose pour une fille aimable, ne fût-ce que par l'espérance d'avoir part à ses faveurs. Je ne veux pas différer de le voir, ajoutai-je, plus longtemps que jusqu'à demain. Je me sens si consolé par ce projet, que j'en tire un bon augure. Lescaut convint lui-même qu'il y avait de la vraisemblance dans mes idées, et que nous pouvions espérer quelque chose par cette voie. J'en passai la nuit moins tristement.

Le matin étant venu, je m'habillai le plus proprement qu'il me fut possible, dans l'état d'indigence où j'étais, et je me fis conduire dans un fiacre à la maison de M. de T… Il fut surpris de recevoir la visite d'un inconnu. J'augurai bien de sa physionomie et de ses civilités. Je m'expliquai naturellement avec lui, et pour échauffer ses sentiments naturels, je lui parlai de ma passion et du mérite de ma maîtresse comme de deux choses qui ne pouvaient être égalées que l'une par l'autre. Il me dit que, quoiqu'il n'eût jamais vu Manon, il avait entendu parler d'elle, du moins s'il s'agissait de celle qui avait été la maîtresse du vieux G… M… Je ne doutai point qu'il ne fût informé de la part que j'avais eue à cette aventure, et pour le gagner de plus en plus, en me faisant un mérite de ma confiance, je lui racontai le détail de tout ce qui était arrivé à Manon et à moi. Vous voyez, monsieur, continuai-je, que l'intérêt de ma vie et celui de mon cœur sont maintenant entre vos mains. L'un ne m'est pas plus cher que l'autre. Je n'ai point de réserve avec vous, parce que je suis informé de votre générosité, et que la ressemblance de nos âges me fait espérer qu'il s'en trouvera quelqu'une dans nos inclinations. Il parut fort sensible à cette marque d'ouverture et de candeur. Sa réponse fut celle d'un homme qui a du monde et des sentiments ; ce que le monde ne donne pas toujours et qu'il fait perdre souvent. Il me dit qu'il mettait ma visite au rang de ses bonnes fortunes, qu'il regarderait mon amitié comme une de ses plus heureuses acquisitions, et qu'il s'efforcerait de la mériter par l'ardeur de ses services. Il ne promit pas de me rendre Manon, parce qu'il n'avait, me dit-il, qu'un crédit médiocre et mal assuré ; mais il m'offrit de me procurer le plaisir de la voir, et de faire tout ce qui serait en sa puissance pour la remettre entre mes bras. Je fus plus satisfait de cette incertitude de son crédit que je ne l'aurais été d'une pleine assurance de remplir tous mes désirs. Je trouvai, dans la modération de ses offres, une marque de franchise dont je fus charmé. En un mot, je me promis tout de ses bons offices. La seule promesse de me faire voir Manon m'aurait fait tout entreprendre pour lui. Je lui marquai quelque chose de ces sentiments, d'une manière qui le persuada aussi que je n'étais pas d'un mauvais naturel. Nous nous embrassâmes avec tendresse, et nous devînmes amis, sans autre raison que la bonté de nos cœurs et une simple disposition qui porte un homme tendre et généreux à aimer un autre homme qui lui ressemble. Il poussa les marques de son estime bien plus loin, car, ayant combiné mes aventures[1], et jugeant qu'en sortant de S[aint]-Lazare je ne devais pas me trouver à mon aise, il m'offrit sa bourse, et il me pressa de l'accepter. Je ne l'acceptai point ; mais je lui dis : C'est trop, mon cher Monsieur. Si, avec tant de bonté et d'amitié, vous me faites revoir ma chère Manon, je vous suis attaché pour toute ma vie. Si vous me rendez tout à fait cette chère créature, je ne croirai pas être quitte en versant tout mon sang pour vous servir.

Nous ne nous séparâmes qu'après être convenus du temps et du lieu où nous devions nous retrouver. Il eut la complai-

---

1. Ayant considéré mentalement le déroulement de mes aventures.

sance de ne pas me remettre plus loin que l'après-midi du même jour. Je l'attendis dans un café, où il vint me rejoindre vers les quatre heures, et nous prîmes ensemble le chemin de l'Hôpital. Mes genoux étaient tremblants en traversant les cours. Puissance d'amour! disais-je, je reverrai donc l'idole de mon cœur, l'objet de tant de pleurs et d'inquiétudes! Ciel! conservez-moi assez de vie pour aller jusqu'à elle, et disposez après cela de ma fortune et de mes jours; je n'ai plus d'autre grâce à vous demander.

M. de T... parla à quelques concierges[1] de la maison qui s'empressèrent de lui offrir tout ce qui dépendait d'eux pour sa satisfaction. Il se fit montrer le quartier où Manon avait sa chambre, et l'on nous y conduisit avec une clef d'une grandeur effroyable, qui servit à ouvrir sa porte. Je demandai au valet qui nous menait, et qui était celui qu'on avait chargé du soin de la servir, de quelle manière elle avait passé le temps dans cette demeure. Il nous dit que c'était une douceur angélique; qu'il n'avait jamais reçu d'elle un mot de dureté; qu'elle avait versé continuellement des larmes pendant les six premières semaines après son arrivée, mais que, depuis quelque temps, elle paraissait prendre son malheur avec plus de patience, et qu'elle était occupée à coudre du matin jusqu'au soir, à la réserve de quelques heures qu'elle employait à la lecture. Je lui demandai encore si elle avait été entretenue proprement. Il m'assura que le nécessaire, du moins, ne lui avait jamais manqué.

Nous approchâmes de sa porte. Mon cœur battait violemment. Je dis à M. de T...: Entrez seul et prévenez-la sur ma visite, car j'appréhende qu'elle ne soit trop saisie en me voyant tout d'un coup. La porte nous fut ouverte. Je demeurai dans la galerie. J'entendis néanmoins leurs discours. Il lui dit qu'il venait lui apporter un peu de consolation, qu'il était

---

1. C'est-à-dire ici gardiens de prison, geôliers.

de mes amis, et qu'il prenait beaucoup d'intérêt à notre
bonheur. Elle lui demanda, avec le plus vif empressement, si
elle apprendrait de lui ce que j'étais devenu. Il lui promit de
m'amener à ses pieds, aussi tendre, aussi fidèle qu'elle pouvait le désirer. Quand ? reprit-elle. Aujourd'hui même, lui
dit-il ; ce bienheureux moment ne tardera point ; il va paraître
à l'instant si vous le souhaitez. Elle comprit que j'étais à la
porte. J'entrai, lorsqu'elle y accourait avec précipitation.
Nous nous embrassâmes avec cette effusion de tendresse
qu'une absence de trois mois fait trouver si charmante à de
parfaits amants. Nos soupirs, nos exclamations interrompues, mille noms d'amour répétés languissamment de part
et d'autre, formèrent, pendant un quart d'heure, une scène
qui attendrissait M. de T... Je vous porte envie, me dit-il, en
nous faisant asseoir ; il n'y a point de sort glorieux auquel je
ne préférasse une maîtresse si belle et si passionnée. Aussi
mépriserais-je tous les empires du monde, lui répondis-je,
pour m'assurer le bonheur d'être aimé d'elle.

Tout le reste d'une conversation si désirée ne pouvait
manquer d'être infiniment tendre. La pauvre Manon me
raconta ses aventures, et je lui appris les miennes. Nous
pleurâmes amèrement en nous entretenant de l'état où elle
était, et de celui d'où je ne faisais que sortir. M. de T...
nous consola par de nouvelles promesses de s'employer
ardemment pour finir nos misères. Il nous conseilla de ne
pas rendre cette première entrevue trop longue, pour lui
donner plus de facilité à nous en procurer d'autres. Il eut
beaucoup de peine à nous faire goûter ce conseil ; Manon,
surtout, ne pouvait se résoudre à me laisser partir. Elle me
fit remettre cent fois sur ma chaise ; elle me retenait par les
habits et par les mains. Hélas ! dans quel lieu me laissez-
vous ! disait-elle. Qui peut m'assurer de vous revoir ? M. de
T... lui promit de la venir voir souvent avec moi. Pour le
lieu, ajouta-t-il agréablement, il ne faut plus l'appeler l'Hô-

pital ; c'est Versailles, depuis qu'une personne qui mérite l'empire de tous les cœurs y est renfermée.

Je fis, en sortant, quelques libéralités au valet qui la servait, pour l'engager à lui rendre ses soins avec zèle. Ce garçon avait l'âme moins basse et moins dure que ses pareils. Il avait été témoin de notre entrevue ; ce tendre spectacle l'avait touché. Un louis d'or, dont je lui fis présent, acheva de me l'attacher. Il me prit à l'écart, en descendant dans les cours. Monsieur, me dit-il, si vous me voulez prendre à votre service, ou me donner une honnête récompense pour me dédommager de la perte de l'emploi que j'occupe ici, je crois qu'il me sera facile de délivrer Mademoiselle Manon. J'ouvris l'oreille à cette proposition, et quoique je fusse dépourvu de tout, je lui fis des promesses fort au-dessus de ses désirs. Je comptais bien qu'il me serait toujours aisé de récompenser un homme de cette étoffe. Sois persuadé, lui dis-je, mon ami, qu'il n'y a rien que je ne fasse pour toi, et que ta fortune est aussi assurée que la mienne. Je voulus savoir quels moyens il avait dessein d'employer. Nul autre, me dit-il, que de lui ouvrir le soir la porte de sa chambre, et de vous la conduire jusqu'à celle de la rue, où il faudra que vous soyez prêt à la recevoir. Je lui demandai s'il n'était point à craindre qu'elle ne fût reconnue en traversant les galeries et les cours. Il confessa qu'il y avait quelque danger, mais il me dit qu'il fallait bien risquer quelque chose. Quoique je fusse ravi de le voir si résolu, j'appelai M. de T... pour lui communiquer ce projet, et la seule raison qui semblait pouvoir le rendre douteux. Il y trouva plus de difficulté que moi. Il convint qu'elle pouvait absolument s'échapper de cette manière ; mais, si elle est reconnue, continua-t-il, si elle est arrêtée en fuyant, c'est peut-être fait d'elle pour toujours. D'ailleurs, il vous faudrait donc quitter Paris sur-le-champ, car vous ne seriez jamais assez caché aux recherches. On les redoublerait, autant par rapport à vous qu'à elle. Un homme s'échappe aisément, quand il est seul, mais il est presque impossible de demeurer inconnu avec une jolie femme. Quelque solide que me parût ce raisonnement, il ne put l'emporter, dans mon esprit, sur un espoir si proche de mettre Manon en liberté. Je le dis à M. de T..., et je le priai de pardonner un peu d'imprudence et de témérité à l'amour. J'ajoutai que mon dessein était, en effet, de quitter Paris, pour m'arrêter, comme j'avais déjà fait, dans quelque village voisin. Nous convînmes donc, avec le valet, de ne pas remettre son entreprise plus loin qu'au jour suivant, et pour la rendre aussi certaine qu'il était en notre pouvoir, nous résolûmes d'apporter des habits d'homme, dans la vue de faciliter notre sortie. Il n'était pas aisé de les faire entrer, mais je ne manquai pas d'invention pour en trouver le moyen. Je priai seulement M. de T... de mettre le lendemain deux vestes légères l'une sur l'autre, et je me chargeai de tout le reste.

Nous retournâmes le matin à l'Hôpital. J'avais avec moi, pour Manon, du linge, des bas, etc., et par-dessus mon juste-au-corps, un surtout[1] qui ne laissait rien voir de trop enflé dans mes poches. Nous ne fûmes qu'un moment dans sa chambre. M. de T... lui laissa une de ses deux vestes ; je lui donnai mon juste-au-corps, le surtout me suffisant pour sortir. Il ne se trouva rien de manque à son ajustement, excepté la culotte[2] que j'avais malheureusement oubliée. L'oubli de cette pièce nécessaire nous eût, sans doute, apprêté à rire si l'embarras où il nous mettait eût été moins sérieux. J'étais au désespoir qu'une bagatelle de cette nature fût capable de nous arrêter. Cependant, je pris mon parti, qui fut de sortir moi-même sans culotte. Je laissai la mienne à Manon. Mon surtout était long, et je me mis, à l'aide de

---

1. Sorte de casaque que l'on porte sur les autres habits.
2. Équivalent de nos actuels pantalons.

quelques épingles, en état de passer décemment à la porte. Le reste du jour me parut d'une longueur insupportable. Enfin, la nuit étant venue, nous nous rendîmes un peu au-dessous de la porte de l'Hôpital, dans un carrosse. Nous n'y fûmes pas longtemps sans voir Manon paraître avec son conducteur. Notre portière étant ouverte, ils montèrent tous deux à l'instant. Je reçus ma chère maîtresse dans mes bras. Elle tremblait comme une feuille. Le cocher me demanda où il fallait toucher[1]. Touche au bout du monde, lui dis-je, et mène-moi quelque part où je ne puisse jamais être séparé de Manon.

Ce transport, dont je ne fus pas le maître, faillit de m'attirer un fâcheux embarras. Le cocher fit réflexion à mon langage, et lorsque je lui dis ensuite le nom de la rue où nous voulions être conduits, il me répondit qu'il craignait que je ne l'engageasse dans une mauvaise affaire, qu'il voyait bien que ce beau jeune homme, qui s'appelait Manon, était une fille que j'enlevais de l'Hôpital, et qu'il n'était pas d'humeur à se perdre pour l'amour de moi. La délicatesse de ce coquin n'était qu'une envie de me faire payer la voiture plus cher. Nous étions trop près de l'Hôpital pour ne pas filer doux. Tais-toi, lui dis-je, il y a un louis d'or à gagner pour toi. Il m'aurait aidé, après cela, à brûler l'Hôpital même. Nous gagnâmes la maison où demeurait Lescaut. Comme il était tard, M. de T... nous quitta en chemin, avec promesse de nous revoir le lendemain. Le valet demeura seul avec nous.

Je tenais Manon si étroitement serrée entre mes bras que nous n'occupions qu'une place dans le carrosse. Elle pleurait de joie, et je sentais ses larmes qui mouillaient mon visage mais, lorsqu'il fallut descendre pour entrer chez Lescaut, j'eus avec le cocher un nouveau démêlé, dont les

---

1. Se rendre.

suites furent funestes. Je me repentis de lui avoir promis un louis, non seulement parce que le présent était excessif, mais par une autre raison bien plus forte, qui était l'impuissance de le payer. Je fis appeler Lescaut. Il descendit de sa chambre pour venir à la porte. Je lui dis à l'oreille dans quel embarras je me trouvais. Comme il était d'une humeur brusque, et nullement accoutumé à ménager un fiacre[1], il me répondit que je me moquais. Un louis d'or! ajouta-t-il. Vingt coups de canne à ce coquin-là! J'eus beau lui représenter doucement qu'il allait nous perdre, il m'arracha ma canne, avec l'air d'en vouloir maltraiter le cocher. Celui-ci, à qui il était peut-être arrivé de tomber quelquefois sous la main d'un garde du corps ou d'un mousquetaire, s'enfuit de peur, avec son carrosse, en criant que je l'avais trompé, mais que j'aurais de ses nouvelles. Je lui répétai inutilement d'arrêter. Sa fuite me causa une extrême inquiétude. Je ne doutai point qu'il n'avertît le commissaire. Vous me perdez, dis-je à Lescaut. Je ne serais pas en sûreté chez vous; il faut nous éloigner dans le moment. Je prêtai le bras à Manon pour marcher, et nous sortîmes promptement de cette dangereuse rue. Lescaut nous tint compagnie. C'est quelque chose d'admirable que la manière dont la Providence enchaîne les événements. À peine avions-nous marché cinq ou six minutes, qu'un homme, dont je ne découvris point le visage, reconnut Lescaut. Il le cherchait sans doute aux environs de chez lui, avec le malheureux dessein qu'il exécuta. C'est Lescaut, dit-il, en lui lâchant un coup de pistolet; il ira souper ce soir avec les anges. Il se déroba aussitôt. Lescaut tomba, sans le moindre mouvement de vie. Je pressai Manon de fuir, car nos secours étaient inutiles à un cadavre, et je craignais d'être arrêté par le guet, qui ne pouvait tarder à paraître. J'enfilai, avec elle et le valet, la première petite rue

---

1. Ici, un cocher de fiacre.

qui croisait. Elle était si éperdue que j'avais de la peine à la soutenir. Enfin j'aperçus un fiacre au bout de la rue. Nous y montâmes, mais lorsque le cocher me demanda où il fallait nous conduire, je fus embarrassé à lui répondre. Je n'avais point d'asile assuré ni d'ami de confiance à qui j'osasse avoir recours. J'étais sans argent, n'ayant guère plus d'une demi-pistole dans ma bourse. La frayeur et la fatigue avaient tellement incommodé Manon qu'elle était à demi pâmée près de moi. J'avais, d'ailleurs, l'imagination remplie du meurtre de Lescaut, et je n'étais pas encore sans appréhension de la part du guet. Quel parti prendre? Je me souvins heureusement de l'auberge de Chaillot, où j'avais passé quelques jours avec Manon, lorsque nous étions allés dans ce village pour y demeurer. J'espérai non seulement d'y être en sûreté, mais d'y pouvoir vivre quelque temps sans être pressé de payer. Mène-nous à Chaillot, dis-je au cocher. Il refusa d'y aller si tard, à moins d'une pistole : autre sujet d'embarras. Enfin nous convînmes de six francs ; c'était toute la somme qui restait dans ma bourse.

Je consolais Manon, en avançant ; mais, au fond, j'avais le désespoir dans le cœur. Je me serais donné mille fois la mort, si je n'eusse pas eu, dans mes bras, le seul bien qui m'attachait à la vie. Cette seule pensée me remettait. Je la tiens du moins, disais-je ; elle m'aime, elle est à moi. Tiberge a beau dire, ce n'est pas là un fantôme de bonheur. Je verrais périr tout l'univers sans y prendre intérêt. Pourquoi ? Parce que je n'ai plus d'affection de reste[1]. Ce sentiment était vrai ; cependant, dans le temps que je faisais si peu de cas des biens du monde, je sentais que j'aurais eu besoin d'en avoir du moins une petite partie, pour mépriser encore plus souverainement tout le reste. L'amour est plus fort que l'abondance, plus fort que les trésors et les richesses,

1. En réserve.

mais il a besoin de leur secours; et rien n'est plus déses-
pérant, pour un amant délicat, que de se voir ramené par là,
malgré lui, à la grossièreté des âmes les plus basses.

Il était onze heures quand nous arrivâmes à Chaillot.
Nous fûmes reçus à l'auberge comme des personnes de
connaissance; on ne fut pas surpris de voir Manon en habit
d'homme, parce qu'on est accoutumé, à Paris et aux environs, de voir prendre aux femmes toutes sortes de formes.
Je la fis servir aussi proprement que si j'eusse été dans la
meilleure fortune. Elle ignorait que je fusse mal en argent;
je me gardai bien de lui en rien apprendre, étant résolu de
retourner seul à Paris, le lendemain, pour chercher quelque
remède à cette fâcheuse espèce de maladie.

Elle me parut pâle et maigrie, en soupant. Je ne m'en étais
point aperçu à l'Hôpital, parce que la chambre où je l'avais
vue n'était pas des plus claires. Je lui demandai si ce n'était
point encore un effet de la frayeur qu'elle avait eue en voyant
assassiner son frère. Elle m'assura que, quelque touchée
qu'elle fût de cet accident, sa pâleur ne venait que d'avoir
essuyé pendant trois mois mon absence. Tu m'aimes donc
extrêmement? lui répondis-je. Mille fois plus que je ne
puis dire, reprit-elle. Tu ne me quitteras donc plus jamais?
ajoutai-je. Non, jamais, répliqua-t-elle; et cette assurance
fut confirmée par tant de caresses et de serments, qu'il me
parut impossible, en effet, qu'elle pût jamais les oublier. J'ai
toujours été persuadé qu'elle était sincère; quelle raison
aurait-elle eue de se contrefaire jusqu'à ce point? Mais elle
était encore plus volage, ou plutôt elle n'était plus rien, et
elle ne se reconnaissait pas elle-même, lorsque, ayant devant
les yeux des femmes qui vivaient dans l'abondance, elle se
trouvait dans la pauvreté et dans le besoin. J'étais à la veille
d'en avoir une dernière preuve qui a surpassé toutes les
autres, et qui a produit la plus étrange aventure qui soit jamais
arrivée à un homme de ma naissance et de ma fortune.

Comme je la connaissais de cette humeur, je me hâtai le lendemain d'aller à Paris. La mort de son frère et la nécessité d'avoir du linge et des habits pour elle et pour moi étaient de si bonnes raisons que je n'eus pas besoin de prétextes. Je sortis de l'auberge, avec le dessein, dis-je à Manon et à mon hôte, de prendre un carrosse de louage ; mais c'était une gasconnade. La nécessité m'obligeant d'aller à pied, je marchai fort vite jusqu'au Cours-la-Reine[1], où j'avais dessein de m'arrêter. Il fallait bien prendre un moment de solitude et de tranquillité pour m'arranger et prévoir ce que j'allais faire à Paris.

Je m'assis sur l'herbe. J'entrai dans une mer de raisonnements et de réflexions, qui se réduisirent peu à peu à trois principaux articles. J'avais besoin d'un secours présent, pour un nombre infini de nécessités présentes. J'avais à chercher quelque voie qui pût, du moins, m'ouvrir des espérances pour l'avenir, et ce qui n'était pas de moindre importance, j'avais des informations et des mesures à prendre pour la sûreté de Manon et pour la mienne. Après m'être épuisé en projets et en combinaisons sur ces trois chefs, je jugeai encore à propos d'en retrancher les deux derniers. Nous n'étions pas mal à couvert, dans une chambre de Chaillot, et pour les besoins futurs, je crus qu'il serait temps d'y penser lorsque j'aurais satisfait aux présents.

Il était donc question de remplir actuellement ma bourse. M. de T... m'avait offert généreusement la sienne, mais j'avais une extrême répugnance à le remettre moi-même sur cette matière. Quel personnage, que d'aller exposer sa misère à un étranger, et de le prier de nous faire part de son bien ! Il n'y a qu'une âme lâche qui en soit capable, par une bassesse qui l'empêche d'en sentir l'indignité, ou un

---

1. Rue tracée le long de la Seine en aval des Tuileries conduisant directement à Chaillot.

chrétien humble, par un excès de générosité qui le rend supérieur à cette honte. Je n'étais ni un homme lâche, ni un bon chrétien; j'aurais donné la moitié de mon sang pour éviter cette humiliation. Tiberge, disais-je, le bon Tiberge, me refusera-t-il ce qu'il aura le pouvoir de me donner? Non, il sera touché de ma misère; mais il m'assassinera par sa morale. Il faudra essuyer ses reproches, ses exhortations, ses menaces; il me fera acheter ses secours si cher, que je donnerais encore une partie de mon sang plutôt que de m'exposer à cette scène fâcheuse qui me laissera du trouble et des remords. Bon! reprenais-je, il faut donc renoncer à tout espoir, puisqu'il ne me reste point d'autre voie, et que je suis si éloigné de m'arrêter à ces deux-là, que je verserais plus volontiers la moitié de mon sang que d'en prendre une, c'est-à-dire tout mon sang plutôt que de les prendre toutes deux? Oui, mon sang tout entier, ajoutai-je, après une réflexion d'un moment; je le donnerais plus volontiers, sans doute, que de me réduire à de basses supplications. Mais il s'agit bien ici de mon sang! Il s'agit de la vie et de l'entretien de Manon, il s'agit de son amour et de sa fidélité. Qu'ai-je à mettre en balance avec elle? Je n'y ai rien mis jusqu'à présent. Elle me tient lieu de gloire, de bonheur et de fortune. Il y a bien des choses, sans doute, que je donnerais ma vie pour obtenir ou pour éviter, mais estimer une chose plus que ma vie n'est pas une raison pour l'estimer autant que Manon. Je ne fus pas longtemps à me déterminer, après ce raisonnement. Je continuai mon chemin, résolu d'aller d'abord chez Tiberge, et de là chez M. de T...

En entrant à Paris, je pris un fiacre, quoique je n'eusse pas de quoi le payer; je comptais sur les secours que j'allais solliciter. Je me fis conduire au Luxembourg, d'où j'envoyai avertir Tiberge que j'étais à l'attendre. Il satisfit mon impatience par sa promptitude. Je lui appris l'extrémité de mes besoins, sans nul détour. Il me demanda si les cent pistoles que je lui avais rendues me suffiraient, et, sans m'opposer un seul mot de difficulté, il me les alla chercher dans le moment, avec cet air ouvert et ce plaisir à donner qui n'est connu que de l'amour et de la véritable amitié. Quoique je n'eusse pas eu le moindre doute du succès de ma demande, je fus surpris de l'avoir obtenue à si bon marché, c'est-à-dire sans qu'il m'eût querellé sur mon impénitence. Mais je me trompais, en me croyant tout à fait quitte de ses reproches, car lorsqu'il eut achevé de me compter son argent et que je me préparais à le quitter, il me pria de faire avec lui un tour d'allée. Je ne lui avais point parlé de Manon ; il ignorait qu'elle fût en liberté ; ainsi sa morale ne tomba que sur la fuite téméraire de Saint-Lazare et sur la crainte où il était qu'au lieu de profiter des leçons de sagesse que j'y avais reçues, je ne reprisse le train du désordre. Il me dit qu'étant allé pour me visiter à Saint-Lazare, le lendemain de mon évasion, il avait été frappé au-delà de toute expression en apprenant la manière dont j'en étais sorti ; qu'il avait eu là-dessus un entretien avec le supérieur ; que ce bon père n'était pas encore remis de son effroi ; qu'il avait eu néanmoins la générosité de déguiser à M. le Lieutenant général de Police les circonstances de mon départ, et qu'il avait empêché que la mort du portier ne fût connue au-dehors ; que je n'avais donc, de ce côté-là, nul sujet d'alarme, mais que, s'il me restait le moindre sentiment de sagesse, je profiterais de cet heureux tour que le Ciel donnait à mes affaires ; que je devais commencer par écrire à mon père, et me remettre bien avec lui ; et que, si je voulais suivre une fois son conseil, il était d'avis que je quittasse Paris, pour retourner dans le sein de ma famille.

J'écoutai son discours jusqu'à la fin. Il y avait là bien des choses satisfaisantes. Je fus ravi, premièrement, de n'avoir rien à craindre du côté de Saint-Lazare. Les rues de Paris me redevenaient un pays libre. En second lieu, je m'applaudis de ce que Tiberge n'avait pas la moindre idée de la délivrance de Manon et de son retour avec moi. Je remarquais même qu'il avait évité de me parler d'elle, dans l'opinion, apparemment, qu'elle me tenait moins au cœur, puisque je paraissais si tranquille sur son sujet. Je résolus, sinon de retourner dans ma famille, du moins d'écrire à mon père, comme il me le conseillait, et de lui témoigner que j'étais disposé à rentrer dans l'ordre de mes devoirs et de ses volontés. Mon espérance était de l'engager à m'envoyer de l'argent, sous prétexte de faire mes exercices à l'académie, car j'aurais eu peine à lui persuader que je fusse dans la disposition de retourner à l'état ecclésiastique. Et dans le fond, je n'avais nul éloignement pour ce que je voulais lui promettre. J'étais bien aise, au contraire, de m'appliquer à quelque chose d'honnête et de raisonnable, autant que ce dessein pourrait s'accorder avec mon amour. Je faisais mon compte de vivre avec ma maîtresse, et de faire en même temps mes exercices ; cela était fort compatible. Je fus si satisfait de toutes ces idées que je promis à Tiberge de faire partir, le jour même, une lettre pour mon père. J'entrai effectivement dans un bureau d'écriture[1], en le quittant, et j'écrivis d'une manière si tendre et si soumise, qu'en relisant ma lettre, je me flattai d'obtenir quelque chose du cœur paternel.

Quoique je fusse en état de prendre et de payer un fiacre après avoir quitté Tiberge, je me fis un plaisir de marcher fièrement à pied en allant chez M. de T... Je trouvais de la joie dans cet exercice de ma liberté, pour laquelle mon ami m'avait assuré qu'il ne me restait rien à craindre. Cependant il me revint tout d'un coup à l'esprit que ses assurances ne regardaient que Saint-Lazare, et que j'avais, outre cela, l'af-

---

1. Établissement qui disposait de tout le matériel nécessaire pour écrire et où officiaient des écrivains publics.

faire de l'Hôpital sur les bras, sans compter la mort de Lescaut, dans laquelle j'étais mêlé, du moins comme témoin. Ce souvenir m'effraya si vivement que je me retirai dans la première allée, d'où je fis appeler un carrosse. J'allai droit chez M. de T..., que je fis rire de ma frayeur. Elle me parut risible à moi-même, lorsqu'il m'eut appris que je n'avais rien à craindre du côté de l'Hôpital, ni de celui de Lescaut. Il me dit que, dans la pensée qu'on pourrait le soupçonner d'avoir eu part à l'enlèvement de Manon, il était allé le matin à l'Hôpital, et qu'il avait demandé à la voir en feignant d'ignorer ce qui était arrivé ; qu'on était si éloigné de nous accuser, ou lui, ou moi, qu'on s'était empressé, au contraire, de lui apprendre cette aventure comme une étrange nouvelle, et qu'on admirait qu'une fille aussi jolie que Manon eût pris le parti de fuir avec un valet : qu'il s'était contenté de répondre froidement qu'il n'en était pas surpris, et qu'on fait tout pour la liberté. Il continua de me raconter qu'il était allé de là chez Lescaut, dans l'espérance de m'y trouver avec ma charmante maîtresse ; que l'hôte de la maison, qui était un carrossier, lui avait protesté qu'il n'avait vu ni elle ni moi ; mais qu'il n'était pas étonnant que nous n'eussions point paru chez lui, si c'était pour Lescaut que nous devions y venir, parce que nous aurions sans doute appris qu'il venait d'être tué à peu près dans le même temps. Sur quoi, il n'avait pas refusé d'expliquer ce qu'il savait de la cause et des circonstances de cette mort. Environ deux heures auparavant, un garde du corps, des amis de Lescaut, l'était venu voir et lui avait proposé de jouer. Lescaut avait gagné si rapidement que l'autre s'était trouvé cent écus de moins en une heure, c'est-à-dire tout son argent. Ce malheureux, qui se voyait sans un sou, avait prié Lescaut de lui prêter la moitié de la somme qu'il avait perdue ; et sur quelques difficultés nées à cette occasion, ils s'étaient querellés avec une animosité extrême. Lescaut avait refusé de sortir pour mettre l'épée à la main, et l'autre avait juré, en le quittant, de lui casser la tête : ce qu'il avait exécuté le soir même. M. de T... eut l'honnêteté d'ajouter qu'il avait été fort inquiet par rapport à nous et qu'il continuait de m'offrir ses services. Je ne balançai point à lui apprendre le lieu de notre retraite. Il me pria de trouver bon qu'il allât souper avec nous.

Comme il ne me restait qu'à prendre du linge et des habits pour Manon, je lui dis que nous pouvions partir à l'heure même, s'il voulait avoir la complaisance de s'arrêter un moment avec moi chez quelques marchands. Je ne sais s'il crut que je lui faisais cette proposition dans la vue d'intéresser sa générosité, ou si ce fut par le simple mouvement d'une belle âme, mais ayant consenti à partir aussitôt, il me mena chez les marchands qui fournissaient sa maison ; il me fit choisir plusieurs étoffes d'un prix plus considérable que je ne me l'étais proposé, et lorsque je me disposais à les payer, il défendit absolument aux marchands de recevoir un sou de moi. Cette galanterie se fit de si bonne grâce que je crus pouvoir en profiter sans honte. Nous prîmes ensemble le chemin de Chaillot, où j'arrivai avec moins d'inquiétude que je n'en étais parti.

Le chevalier des Grieux ayant employé plus d'une heure à ce récit, je le priai de prendre un peu de relâche, et de nous tenir compagnie à souper. Notre attention lui fit juger que nous l'avions écouté avec plaisir. Il nous assura que nous trouverions quelque chose encore de plus intéressant dans la suite de son histoire, et lorsque nous eûmes fini de souper, il continua dans ces termes.

FIN DE LA PREMIÈRE PARTIE.

Seconde partie

Ma présence et les politesses de M. de T... dissipèrent tout ce qui pouvait rester de chagrin à Manon. Oublions nos terreurs passées, ma chère âme, lui dis-je en arrivant, et recommençons à vivre plus heureux que jamais. Après tout, l'amour est un bon maître ; la fortune ne saurait nous causer autant de peines qu'il nous fait goûter de plaisirs. Notre souper fut une vraie scène de joie. J'étais plus fier et plus content, avec Manon et mes cent pistoles, que le plus riche partisan[1] de Paris avec ses trésors entassés. Il faut compter ses richesses par les moyens qu'on a de satisfaire ses désirs. Je n'en avais pas un seul à remplir ; l'avenir même me causait peu d'embarras. J'étais presque sûr que mon père ne ferait pas difficulté de me donner de quoi vivre honorablement à Paris, parce qu'étant dans ma vingtième année, j'entrais en droit d'exiger ma part du bien de ma mère. Je ne cachai point à Manon que le fond de mes richesses n'était que de cent pistoles. C'était assez pour attendre tranquillement une meilleure fortune, qui semblait ne me pouvoir manquer, soit par mes droits naturels ou par les ressources du jeu.

Ainsi, pendant les premières semaines, je ne pensai qu'à

---

1. Équivalent de fermier général.

jouir de ma situation ; et la force de l'honneur, autant qu'un reste de ménagement pour la police, me faisant remettre de jour en jour à renouer avec les associés de l'hôtel de T…, je me réduisis à jouer dans quelques assemblées moins décriées, où la faveur du sort m'épargna l'humiliation d'avoir recours à l'industrie. J'allais passer à la ville une partie de l'après-midi, et je revenais souper à Chaillot, accompagné fort souvent de M. de T…, dont l'amitié croissait de jour en jour pour nous. Manon trouva des ressources contre l'ennui. Elle se lia, dans le voisinage, avec quelques jeunes personnes que le printemps y avait ramenées. La promenade et les petits exercices de leur sexe faisaient alternativement leur occupation. Une partie de jeu, dont elles avaient réglé les bornes, fournissait aux frais de la voiture. Elles allaient prendre l'air au bois de Boulogne, et le soir, à mon retour, je retrouvais Manon plus belle, plus contente, et plus passionnée que jamais.

Il s'éleva néanmoins quelques nuages, qui semblèrent menacer l'édifice de mon bonheur. Mais ils furent nettement dissipés, et l'humeur folâtre de Manon rendit le dénouement si comique, que je trouve encore de la douceur dans un souvenir qui me représente sa tendresse et les agréments de son esprit.

Le seul valet qui composait notre domestique me prit un jour à l'écart pour me dire, avec beaucoup d'embarras, qu'il avait un secret d'importance à me communiquer. Je l'encourageai à parler librement. Après quelques détours, il me fit entendre qu'un seigneur étranger semblait avoir pris beaucoup d'amour pour Mademoiselle Manon. Le trouble de mon sang se fit sentir dans toutes mes veines. En a-t-elle pour lui ? interrompis-je plus brusquement que la prudence ne permettait pour m'éclaircir. Ma vivacité l'effraya. Il me répondit, d'un air inquiet, que sa pénétration n'avait pas été si loin, mais qu'ayant observé, depuis plusieurs jours, que cet étranger venait assidûment au bois de Boulogne, qu'il y descendait de son carrosse, et que, s'engageant seul dans les contre-allées, il paraissait chercher l'occasion de voir ou de rencontrer mademoiselle, il lui était venu à l'esprit de faire quelque liaison avec ses gens, pour apprendre le nom de leur maître ; qu'ils le traitaient de prince italien, et qu'ils le soupçonnaient eux-mêmes de quelque aventure galante ; qu'il n'avait pu se procurer d'autres lumières, ajouta-t-il en tremblant, parce que le Prince, étant alors sorti du bois, s'était approché familièrement de lui, et lui avait demandé son nom ; après quoi, comme s'il eût deviné qu'il était à notre service, il l'avait félicité d'appartenir à la plus charmante personne du monde.

J'attendais impatiemment la suite de ce récit. Il le finit par des excuses timides, que je n'attribuai qu'à mes imprudentes agitations. Je le pressai en vain de continuer sans déguisement. Il me protesta qu'il ne savait rien de plus, et que, ce qu'il venait de me raconter étant arrivé le jour précédent, il n'avait pas revu les gens du prince. Je le rassurai, non seulement par des éloges, mais par une honnête récompense, et sans lui marquer la moindre défiance de Manon, je lui recommandai, d'un ton plus tranquille, de veiller sur toutes les démarches de l'étranger.

Au fond, sa frayeur me laissa de cruels doutes. Elle pouvait lui avoir fait supprimer une partie de la vérité. Cependant, après quelques réflexions, je revins de mes alarmes, jusqu'à regretter d'avoir donné cette marque de faiblesse. Je ne pouvais faire un crime à Manon d'être aimée. Il y avait beaucoup d'apparence qu'elle ignorait sa conquête ; et quelle vie allais-je mener si j'étais capable d'ouvrir si facilement l'entrée de mon cœur à la jalousie ? Je retournai à Paris le jour suivant, sans avoir formé d'autre dessein que de hâter le progrès de ma fortune en jouant plus gros jeu, pour me mettre en état de quitter Chaillot au premier sujet d'inquiétude. Le soir, je n'appris rien de nuisible à mon repos. L'étranger avait reparu au bois de Boulogne, et prenant droit de ce qui s'y était passé la veille pour se rapprocher de mon confident, il lui avait parlé de son amour, mais dans des termes qui ne supposaient aucune intelligence avec Manon. Il l'avait interrogé sur mille détails. Enfin, il avait tenté de le mettre dans ses intérêts par des promesses considérables, et tirant une lettre qu'il tenait prête, il lui avait offert inutilement quelques louis d'or pour la rendre à sa maîtresse.

Deux jours se passèrent sans aucun autre incident. Le troisième fut plus orageux. J'appris, en arrivant de la ville assez tard, que Manon, pendant sa promenade, s'était écartée un moment de ses compagnes, et que l'étranger, qui la suivait à peu de distance, s'étant approché d'elle au signe qu'elle lui en avait fait, elle lui avait remis une lettre qu'il avait reçue avec des transports de joie. Il n'avait eu le temps de les exprimer qu'en baisant amoureusement les caractères, parce qu'elle s'était aussitôt dérobée. Mais elle avait paru d'une gaieté extraordinaire pendant le reste du jour, et depuis qu'elle était rentrée au logis, cette humeur ne l'avait pas abandonnée. Je frémis, sans doute[1], à chaque mot. Es-tu bien sûr, dis-je tristement à mon valet, que tes yeux ne t'aient pas trompé ? Il prit le Ciel à témoin de sa bonne foi. Je ne sais à quoi les tourments de mon cœur m'auraient porté si Manon, qui m'avait entendu rentrer, ne fût venue au-devant de moi avec un air d'impatience et des plaintes de ma lenteur. Elle n'attendit point ma réponse pour m'accabler de caresses, et lorsqu'elle se vit seule avec moi, elle me fit des reproches fort vifs de l'habitude que je prenais de revenir si tard. Mon silence lui laissant la liberté de continuer, elle me dit que, depuis trois semaines, je n'avais pas passé

---

1. À coup sûr, certainement.

une journée entière avec elle ; qu'elle ne pouvait soutenir de si longues absences ; qu'elle me demandait du moins un jour, par intervalles ; et que, dès le lendemain, elle voulait me voir près d'elle du matin au soir. J'y serai, n'en doutez pas, lui répondis-je d'un ton assez brusque. Elle marqua peu d'attention pour mon chagrin, et dans le mouvement de sa joie, qui me parut en effet d'une vivacité singulière, elle me fit mille peintures plaisantes de la manière dont elle avait passé le jour. Étrange fille ! me disais-je à moi-même ; que dois-je attendre de ce prélude ? L'aventure de notre première séparation me revint à l'esprit. Cependant je croyais voir, dans le fond de sa joie et de ses caresses, un air de vérité qui s'accordait avec les apparences.

Il ne me fut pas difficile de rejeter la tristesse, dont je ne pus me défendre pendant notre souper, sur une perte que je me plaignis d'avoir faite au jeu. J'avais regardé comme un extrême avantage que l'idée de ne pas quitter Chaillot le jour suivant fût venue d'elle-même. C'était gagner du temps pour mes délibérations. Ma présence éloignait toutes sortes de craintes pour le lendemain, et si je ne remarquais rien qui m'obligeât de faire éclater mes découvertes, j'étais déjà résolu de transporter, le jour d'après, mon établissement à la ville, dans un quartier où je n'eusse rien à démêler avec les princes. Cet arrangement me fit passer une nuit plus tranquille, mais il ne m'ôtait pas la douleur d'avoir à trembler pour une nouvelle infidélité.

À mon réveil, Manon me déclara que, pour passer le jour dans notre appartement, elle ne prétendait pas que j'en eusse l'air plus négligé, et qu'elle voulait que mes cheveux fussent accommodés de ses propres mains. Je les avais fort beaux. C'était un amusement qu'elle s'était donné plusieurs fois ; mais elle y apporta plus de soins que je ne lui en avais jamais vu prendre. Je fus obligé, pour la satisfaire, de m'asseoir devant sa toilette, et d'essuyer toutes les petites recherches qu'elle imagina pour ma parure. Dans le cours de son travail, elle me faisait tourner souvent le visage vers elle, et s'appuyant des deux mains sur mes épaules, elle me regardait avec une curiosité avide. Ensuite, exprimant sa satisfaction par un ou deux baisers, elle me faisait reprendre ma situation pour continuer son ouvrage. Ce badinage nous occupa jusqu'à l'heure du dîner. Le goût qu'elle y avait pris m'avait paru si naturel, et sa gaieté sentait si peu l'artifice, que ne pouvant concilier des apparences si constantes avec le projet d'une noire trahison, je fus tenté plusieurs fois de lui ouvrir mon cœur, et de me décharger d'un fardeau qui commençait à me peser. Mais je me flattais, à chaque instant, que l'ouverture viendrait d'elle, et je m'en faisais d'avance un délicieux triomphe.

Nous rentrâmes dans son cabinet. Elle se mit à rajuster mes cheveux, et ma complaisance me faisait céder à toutes ses volontés, lorsqu'on vint l'avertir que le prince de… demandait à la voir. Ce nom m'échauffa jusqu'au transport. Quoi donc ? m'écriai-je en la repoussant. Qui ? Quel prince ? Elle ne répondit point à mes questions. Faites-le monter, dit-elle froidement au valet ; et se tournant vers moi : Cher amant, toi que j'adore, reprit-elle d'un ton enchanteur, je te demande un moment de complaisance, un moment, un seul moment. Je t'en aimerai mille fois plus. Je t'en saurai gré toute ma vie.

L'indignation et la surprise me lièrent la langue. Elle répétait ses instances, et je cherchais des expressions pour les rejeter avec mépris. Mais, entendant ouvrir la porte de l'antichambre, elle empoigna d'une main mes cheveux, qui étaient flottants sur mes épaules, elle prit de l'autre son miroir de toilette ; elle employa toute sa force pour me traîner dans cet état jusqu'à la porte du cabinet, et l'ouvrant du genou, elle offrit à l'étranger, que le bruit semblait avoir arrêté au milieu de la chambre, un spectacle qui ne dut pas lui causer peu d'étonnement. Je vis un homme fort bien mis, mais d'assez mauvaise mine. Dans l'embarras où le jetait cette scène, il ne laissa pas de faire une profonde révérence. Manon ne lui donna pas le temps d'ouvrir la bouche. Elle lui présenta son miroir : Voyez, monsieur, lui dit-elle, regardez-vous bien, et rendez-moi justice. Vous me demandez de l'amour. Voici l'homme que j'aime, et que j'ai juré d'aimer toute ma vie. Faites la comparaison vous-même. Si vous croyez lui pouvoir disputer mon cœur, apprenez-moi donc sur quel fondement, car je vous déclare qu'aux yeux de votre servante très humble, tous les princes d'Italie ne valent pas un des cheveux que je tiens.

Pendant cette folle harangue, qu'elle avait apparemment méditée, je faisais des efforts inutiles pour me dégager, et prenant pitié d'un homme de considération, je me sentais porté à réparer ce petit outrage par mes politesses. Mais, s'étant remis assez facilement, sa réponse, que je trouvai un peu grossière, me fit perdre cette disposition. Mademoiselle, mademoiselle, lui dit-il avec un sourire forcé, j'ouvre en effet les yeux, et je vous trouve bien moins novice que je ne me l'étais figuré. Il se retira aussitôt sans jeter les yeux sur elle, en ajoutant, d'une voix plus basse, que les femmes de France ne valaient pas mieux que celles d'Italie. Rien ne m'invitait, dans cette occasion, à lui faire prendre une meilleure idée du beau sexe.

Manon quitta mes cheveux, se jeta dans un fauteuil, et fit retentir la chambre de longs éclats de rire. Je ne dissimulerai pas que je fus touché, jusqu'au fond du cœur, d'un sacrifice que je ne pouvais attribuer qu'à l'amour. Cependant la plaisanterie me parut excessive. Je lui en fis des reproches. Elle me raconta que mon rival, après l'avoir obsédée pendant plusieurs jours au bois de Boulogne, et lui avoir fait deviner ses sentiments par des grimaces, avait pris le parti de lui en faire une déclaration ouverte, accompagnée de son nom et de tous ses titres, dans une lettre qu'il lui avait fait remettre par le cocher qui la conduisait avec ses compagnes ; qu'il lui promettait, au-delà des monts, une brillante fortune et des adorations éternelles ; qu'elle était revenue à Chaillot dans la résolution de me communiquer cette aventure, mais qu'ayant conçu que nous en pouvions tirer de l'amusement, elle n'avait pu résister à son imagination ; qu'elle avait offert au Prince italien, par une réponse flatteuse, la liberté de la voir chez elle, et qu'elle s'était fait un second plaisir de me faire entrer dans son plan, sans m'en avoir fait naître le moindre soupçon. Je ne lui dis pas un mot des lumières qui m'étaient venues par une autre voie, et l'ivresse de l'amour triomphant me fit tout approuver.

J'ai remarqué, dans toute ma vie, que le Ciel a toujours choisi, pour me frapper de ses plus rudes châtiments, le temps où ma fortune me semblait le mieux établie. Je me croyais si heureux, avec l'amitié de M. de T... et la tendresse de Manon, qu'on n'aurait pu me faire comprendre que j'eusse à craindre quelque nouveau malheur. Cependant, il s'en préparait un si funeste, qu'il m'a réduit à l'état où vous m'avez vu à Pacy, et par degrés à des extrémités si déplorables que vous aurez peine à croire mon récit fidèle.

Un jour que nous avions M. de T... à souper, nous entendîmes le bruit d'un carrosse qui s'arrêtait à la porte de l'hôtellerie. La curiosité nous fit désirer de savoir qui pouvait arriver à cette heure. On nous dit que c'était le jeune G... M..., c'est-à-dire le fils de notre plus cruel ennemi, de ce vieux débauché qui m'avait mis à Saint-Lazare et Manon à l'Hôpital. Son nom me fit monter la rougeur au visage. C'est le Ciel qui me l'amène, dis-je à M. de T..., pour le punir de la lâcheté de son père. Il ne m'échappera pas que nous n'ayons mesuré nos épées. M. de T..., qui le connaissait et qui était même de ses meilleurs amis, s'efforça de me faire prendre d'autres sentiments pour lui. Il m'assura que c'était un jeune homme très aimable, et si peu capable d'avoir eu part à l'action de son père que je ne le verrais pas moi-même un moment sans lui accorder mon estime et sans désirer la sienne. Après avoir ajouté mille choses à son avantage, il me pria de consentir qu'il allât lui proposer de venir prendre place avec nous, et de s'accommoder du reste de notre souper. Il prévint l'objection du péril où c'était exposer Manon que de découvrir sa demeure au fils de notre ennemi, en protestant, sur son honneur et sur sa foi, que, lorsqu'il nous connaîtrait, nous n'aurions point de plus zélé défenseur. Je ne fis difficulté de rien, après de telles assurances. M. de T... ne nous l'amena point sans avoir pris un moment pour l'informer qui nous étions. Il entra d'un air qui nous prévint effectivement en sa faveur. Il m'embrassa. Nous nous assîmes. Il admira Manon, moi, tout ce qui nous appartenait, et il mangea d'un appétit qui fit honneur à notre souper. Lorsqu'on eut desservi, la conversation devint plus sérieuse. Il baissa les yeux pour nous parler de l'excès où son père s'était porté contre nous. Il nous fit les excuses les plus soumises. Je les abrège, nous dit-il, pour ne pas renouveler un souvenir qui me cause trop de honte. Si elles étaient sincères dès le commencement, elles le devinrent bien plus dans la suite, car il n'eut pas passé une demi-heure dans cet entretien, que je m'aperçus de l'impression que les charmes de Manon faisaient sur lui. Ses regards et ses manières s'attendrirent par degrés. Il ne laissa rien échapper néanmoins dans ses discours, mais, sans être aidé de la jalousie, j'avais trop d'expérience en amour pour ne pas discerner ce qui venait de cette source. Il nous tint compagnie pendant une partie de la nuit, et il ne nous quitta qu'après s'être félicité de notre connaissance, et nous avoir demandé la permission de venir nous renouveler quelquefois l'offre de ses services. Il partit le matin avec M. de T..., qui se mit avec lui dans son carrosse.

Je ne me sentais, comme j'ai dit, aucun penchant à la jalousie. J'avais plus de crédulité que jamais pour les serments de Manon. Cette charmante créature était si absolument maîtresse de mon âme que je n'avais pas un seul petit sentiment qui ne fût de l'estime et de l'amour. Loin de lui faire un crime d'avoir plu au jeune G... M..., j'étais ravi de l'effet de ses charmes, et je m'applaudissais d'être aimé d'une fille que tout le monde trouvait aimable. Je ne jugeai pas même à propos de lui communiquer mes soupçons. Nous fûmes occupés, pendant quelques jours, du soin de faire ajuster ses habits, et à délibérer si nous pouvions aller à la comédie sans appréhender d'être reconnus. M. de T... revint nous voir avant la fin de la semaine. Nous le consultâmes là-dessus. Il vit bien qu'il fallait dire oui, pour faire plaisir à Manon. Nous résolûmes d'y aller le même soir avec lui.

Cependant cette résolution ne put s'exécuter, car m'ayant tiré aussitôt en particulier : Je suis, me dit-il, dans le dernier embarras depuis que je ne vous ai vu, et la visite que je vous fais aujourd'hui en est une suite. G... M... aime votre maîtresse. Il m'en a fait confidence. Je suis son intime ami, et disposé en tout à le servir ; mais je ne suis pas moins le vôtre. J'ai considéré que ses intentions sont injustes et je les ai condamnées. J'aurais gardé son secret s'il n'avait dessein d'employer, pour plaire, que les voies communes, mais il est bien informé de l'humeur de Manon. Il a su, je ne sais d'où, qu'elle aime l'abondance et les plaisirs, et comme il jouit déjà d'un bien considérable, il m'a déclaré qu'il veut la tenter d'abord par un très gros présent et par l'offre de dix mille livres de pension. Toutes choses égales, j'aurais peut-être eu beaucoup plus de violence à me faire pour le trahir, mais la justice s'est jointe en votre faveur à l'amitié ; d'autant plus qu'ayant été la cause imprudente de sa passion, en l'introduisant ici, je suis obligé de prévenir les effets du mal que j'ai causé.

Je remerciai M. de T... d'un service de cette importance, et je lui avouai, avec un parfait retour de confiance, que le caractère de Manon était tel que G... M... se le figurait, c'est-à-dire qu'elle ne pouvait supporter le nom de la pauvreté. Cependant, lui dis-je, lorsqu'il n'est question que du plus ou du moins, je ne la crois pas capable de m'abandonner pour un autre. Je suis en état de ne la laisser manquer de rien, et je compte que ma fortune va croître de jour en jour. Je ne crains qu'une chose, ajoutai-je, c'est que G... M... ne se serve de la connaissance qu'il a de notre demeure pour nous rendre quelque mauvais office. M. de T... m'assura que je devais être sans appréhension de ce côté-là ; que G... M... était capable d'une folie amoureuse, mais qu'il ne l'était point d'une bassesse ; que s'il avait la lâcheté d'en commettre une, il serait le premier, lui qui parlait, à l'en punir et à réparer par là le malheur qu'il avait eu d'y donner occasion. Je vous suis obligé de ce sentiment, repris-je, mais le mal serait fait et le remède fort incertain. Ainsi le parti le plus sage est de le prévenir, en quittant Chaillot pour prendre une autre demeure. Oui, reprit M. de T... Mais vous aurez peine à le faire aussi promptement qu'il faudrait, car G... M... doit être ici à midi ; il me le dit hier, et c'est ce qui m'a porté à venir si matin, pour vous informer de ses vues. Il peut arriver à tout moment.

Un avis si pressant me fit regarder cette affaire d'un œil plus sérieux. Comme il me semblait impossible d'éviter la visite de G... M..., et qu'il me le serait aussi, sans doute, d'empêcher qu'il ne s'ouvrît à Manon, je pris le parti de la prévenir moi-même sur le dessein de ce nouveau rival. Je m'imaginai que, me sachant instruit des propositions qu'il lui ferait, et les recevant à mes yeux, elle aurait assez de force pour les rejeter. Je découvris ma pensée à M. de T..., qui me répondit que cela était extrêmement délicat. Je l'avoue, lui dis-je, mais toutes les raisons qu'on peut avoir d'être sûr d'une maîtresse, je les ai de compter sur l'affection de la mienne. Il n'y aurait que la grandeur des offres qui pût l'éblouir, et je vous ai dit qu'elle ne connaît point l'intérêt. Elle aime ses aises, mais elle m'aime aussi, et, dans la situation où sont mes affaires, je ne saurais croire qu'elle me préfère le fils d'un homme qui l'a mise à l'Hôpital. En un mot, je persistai dans mon dessein, et m'étant retiré à l'écart avec Manon, je lui déclarai naturellement tout ce que je venais d'apprendre.

Elle me remercia de la bonne opinion que j'avais d'elle, et elle me promit de recevoir les offres de G... M... d'une manière qui lui ôterait l'envie de les renouveler. Non, lui dis-je, il ne faut pas l'irriter par une brusquerie. Il peut nous nuire. Mais tu sais assez, toi, friponne, ajoutai-je en riant, comment te défaire d'un amant désagréable ou incommode. Elle reprit, après avoir un peu rêvé : Il me vient un dessein admirable, s'écria-t-elle, et je suis toute glorieuse de l'invention. G... M... est le fils de notre plus cruel ennemi ; il faut nous venger du père, non pas sur le fils, mais sur sa bourse. Je veux l'écouter, accepter ses présents, et me moquer de lui. Le projet est joli, lui dis-je, mais tu ne songes pas, mon pauvre enfant, que c'est le chemin qui nous a conduits droit à l'Hôpital. J'eus beau lui représenter le péril de cette entreprise, elle me dit qu'il ne s'agissait que de bien prendre nos mesures, et elle répondit à toutes mes objections. Donnez-moi un amant qui n'entre point aveuglément dans tous les caprices d'une maîtresse adorée, et je conviendrai que j'eus tort de céder si facilement. La résolution fut prise de faire une dupe de G... M..., et par un tour bizarre de mon sort, il arriva que je devins la sienne.

Nous vîmes paraître son carrosse vers les onze heures. Il nous fit des compliments fort recherchés sur la liberté

qu'il prenait de venir dîner[1] avec nous. Il ne fut pas surpris
de trouver M. de T..., qui lui avait promis la veille de s'y
rendre aussi, et qui avait feint quelques affaires pour se
dispenser de venir dans la même voiture. Quoiqu'il n'y eût
pas un seul de nous qui ne portât la trahison dans le cœur,
nous nous mîmes à table avec un air de confiance et d'amitié.
G... M... trouva aisément l'occasion de déclarer ses sentiments à Manon. Je ne dus pas lui paraître gênant, car je
m'absentai exprès pendant quelques minutes. Je m'aperçus,
à mon retour, qu'on ne l'avait pas désespéré par un excès
de rigueur. Il était de la meilleure humeur du monde. J'affectai de le paraître aussi. Il riait intérieurement de ma
simplicité, et moi de la sienne. Pendant tout l'après-midi,
nous fûmes l'un pour l'autre une scène fort agréable. Je lui
ménageai encore, avant son départ, un moment d'entretien
particulier avec Manon, de sorte qu'il eut lieu de s'applaudir
de ma complaisance autant que de la bonne chère.

Aussitôt qu'il fut monté en carrosse avec M. de T...,
Manon accourut à moi, les bras ouverts, et m'embrassa en
éclatant de rire. Elle répéta ses discours et ses propositions, sans y changer un mot. Ils se réduisaient à ceci : il l'ado-
rait. Il voulait partager avec elle quarante mille livres de rente
dont il jouissait déjà, sans compter ce qu'il attendait après la
mort de son père. Elle allait être maîtresse de son cœur et de
sa fortune, et, pour gage de ses bienfaits, il était prêt à lui
donner un carrosse, un hôtel meublé, une femme de chambre,
trois laquais et un cuisinier. Voilà un fils, dis-je à Manon,
bien autrement généreux que son père. Parlons de bonne
foi, ajoutai-je ; cette offre ne vous tente-t-elle point ? Moi ?
répondit-elle, en ajustant à sa pensée deux vers de Racine :

---

1. Rappelons que le « dîner » correspond alors au repas du midi
(notre actuel « déjeuner ») tandis que le « souper » désigne le repas
du soir (notre actuel « dîner »).

Moi ! vous me soupçonnez de cette perfidie ?
Moi ! je pourrais souffrir un visage odieux,
Qui rappelle toujours l'Hôpital à mes yeux ?

Non, repris-je, en continuant la parodie :

J'aurais peine à penser que l'Hôpital, Madame,
Fût un trait dont l'Amour l'eût gravé dans votre âme[1].

Mais c'en est un bien séduisant qu'un hôtel meublé avec un carrosse et trois laquais ; et l'amour en a peu d'aussi forts. Elle me protesta que son cœur était à moi pour toujours, et qu'il ne recevrait jamais d'autres traits que les miens. Les promesses qu'il m'a faites, me dit-elle, sont un aiguillon de vengeance, plutôt qu'un trait d'amour. Je lui demandai si elle était dans le dessein d'accepter l'hôtel et le carrosse. Elle me répondit qu'elle n'en voulait qu'à son argent. La difficulté était d'obtenir l'un sans l'autre. Nous résolûmes d'attendre l'entière explication du projet de G… M…, dans une lettre qu'il avait promis de lui écrire. Elle la reçut en effet le lendemain, par un laquais sans livrée, qui se procura fort adroitement l'occasion de lui parler sans témoins. Elle lui dit d'attendre sa réponse et elle vint m'apporter aussitôt sa lettre. Nous l'ouvrîmes ensemble. Outre les lieux communs de tendresse, elle contenait le détail des promesses de mon rival. Il ne bornait point sa dépense. Il s'engageait à lui compter dix mille francs, en prenant possession de l'hôtel, et à réparer tellement les diminutions de cette somme,

---

1. Variation parodique sur *Iphigénie* de Racine, acte II scène 5. « Ériphile : Moi ? vous me soupçonnez de cette perfidie ? / Moi, j'aimerais, Madame, un vainqueur furieux, / Qui toujours tout sanglant se présente à mes yeux […] — Iphigénie : […] Ces morts, cette Lesbos, ces cendres, cette flamme, / Sont les traits dont l'amour l'a gravé dans son âme. »

qu'elle l'eût toujours devant elle en argent comptant. Le jour de l'inauguration n'était pas reculé trop loin : il ne lui en demandait que deux pour les préparatifs, et il lui marquait le nom de la rue et de l'hôtel, où il lui promettait de l'attendre l'après-midi du second jour, si elle pouvait se dérober de mes mains. C'était l'unique point sur lequel il la conjurait de le tirer d'inquiétude ; il paraissait sûr de tout le reste, mais il ajoutait que, si elle prévoyait de la difficulté à m'échapper, il trouverait le moyen de rendre sa fuite aisée.

G... M... était plus fin que son père ; il voulait tenir sa proie avant que de compter ses espèces. Nous délibérâmes sur la conduite que Manon avait à tenir. Je fis encore des efforts pour lui ôter cette entreprise de la tête et je lui en représentai tous les dangers. Rien ne fut capable d'ébranler sa résolution.

Elle fit une courte réponse à G... M..., pour l'assurer qu'elle ne trouverait pas de difficulté à se rendre à Paris le jour marqué, et qu'il pouvait l'attendre avec certitude. Nous réglâmes ensuite que je partirais sur-le-champ pour aller louer un nouveau logement dans quelque village, de l'autre côté de Paris, et que je transporterais avec moi notre petit équipage ; que le lendemain après-midi, qui était le temps de son assignation, elle se rendrait de bonne heure à Paris ; qu'après avoir reçu les présents de G... M..., elle le prierait instamment de la conduire à la Comédie ; qu'elle prendrait avec elle tout ce qu'elle pourrait porter de la somme, et qu'elle chargerait du reste mon valet, qu'elle voulait mener avec elle. C'était toujours le même qui l'avait délivrée de l'Hôpital, et qui nous était infiniment attaché. Je devais me trouver, avec un fiacre, à l'entrée de la rue Saint-André-des-Arcs[1], et l'y

---

1. La rue, orthographiée de nos jours « Saint-André-des-Arts », débouchait sur la Comédie-Française située alors dans ce qui correspond à notre actuelle rue de l'Ancienne-Comédie.

laisser vers les sept heures, pour m'avancer dans l'obscurité à la porte de la Comédie. Manon me promettait d'inventer des prétextes pour sortir un instant de sa loge, et de l'employer à descendre pour me rejoindre. L'exécution du reste était facile. Nous aurions regagné mon fiacre en un moment, et nous serions sortis de Paris par le faubourg Saint-Antoine, qui était le chemin de notre nouvelle demeure.

Ce dessein, tout extravagant qu'il était, nous parut assez bien arrangé. Mais il y avait, dans le fond, une folle imprudence à s'imaginer que, quand il eût réussi le plus heureusement du monde, nous eussions jamais pu nous mettre à couvert des suites. Cependant, nous nous exposâmes avec la plus téméraire confiance. Manon partit avec Marcel : c'est ainsi que se nommait notre valet. Je la vis partir avec douleur. Je lui dis en l'embrassant : Manon, ne me trompez point ; me serez-vous fidèle ? Elle se plaignit tendrement de ma défiance, et elle me renouvela tous ses serments.

Son compte était d'arriver à Paris sur les trois heures. Je partis après elle. J'allais me morfondre, le reste de l'après-midi, dans le café de Féré, au pont Saint-Michel ; j'y demeurai jusqu'à la nuit. J'en sortis alors pour prendre un fiacre, que je postai, suivant notre projet, à l'entrée de la rue Saint-André-des-Arcs ; ensuite je gagnai à pied la porte de la Comédie. Je fus surpris de n'y pas trouver Marcel, qui devait être à m'attendre. Je pris patience pendant une heure, confondu dans une foule de laquais, et l'œil ouvert sur tous les passants. Enfin, sept heures étant sonnées, sans que j'eusse rien aperçu qui eût rapport à nos desseins, je pris un billet de parterre pour aller voir si je découvrirais Manon et G… M… dans les loges. Ils n'y étaient ni l'un ni l'autre. Je retournai à la porte, où je passai encore un quart d'heure, transporté d'impatience et d'inquiétude. N'ayant rien vu paraître, je rejoignis mon fiacre, sans pouvoir m'arrêter à la moindre résolution. Le cocher, m'ayant aperçu, vint quelques pas au-devant de moi pour me dire, d'un air mystérieux, qu'une jolie demoiselle m'attendait depuis une heure dans le carrosse ; qu'elle m'avait demandé, à des signes qu'il avait bien reconnus, et qu'ayant appris que je devais revenir, elle avait dit qu'elle ne s'impatienterait point à m'attendre. Je me figurai aussitôt que c'était Manon. J'approchai ; mais je vis un joli petit visage, qui n'était pas le sien. C'était une étrangère, qui me demanda d'abord si elle n'avait pas l'honneur de parler à M. le chevalier des Grieux. Je lui dis que c'était mon nom. J'ai une lettre à vous rendre, reprit-elle, qui vous instruira du sujet qui m'amène, et par quel rapport j'ai l'avantage de connaître votre nom. Je la priai de me donner le temps de la lire dans un cabaret voisin. Elle voulut me suivre, et elle me conseilla de demander une chambre à part. De qui vient cette lettre ? lui dis-je en montant : elle me remit à la lecture.

Je reconnus la main de Manon. Voici à peu près ce qu'elle me marquait : G... M... l'avait reçue avec une politesse et une magnificence au-delà de toutes ses idées. Il l'avait comblée de présents ; il lui faisait envisager un sort de reine. Elle m'assurait néanmoins qu'elle ne m'oubliait pas dans cette nouvelle splendeur ; mais que, n'ayant pu faire consentir G... M... à la mener ce soir à la Comédie, elle remettait à un autre jour le plaisir de me voir ; et que, pour me consoler un peu de la peine qu'elle prévoyait que cette nouvelle pouvait me causer, elle avait trouvé le moyen de me procurer une des plus jolies filles de Paris, qui serait la porteuse de son billet. *Signé*, votre fidèle amante, MANON LESCAUT.

Il y avait quelque chose de si cruel et de si insultant pour moi dans cette lettre, que demeurant suspendu quelque temps entre la colère et la douleur, j'entrepris de faire un effort pour oublier éternellement mon ingrate et parjure maîtresse. Je jetai les yeux sur la fille qui était devant moi : elle était extrêmement jolie, et j'aurais souhaité qu'elle l'eût été assez pour me rendre parjure et infidèle à mon tour. Mais je n'y trouvai point ces yeux fins et languissants, ce port divin, ce teint de la composition de l'Amour, enfin ce fonds inépuisable de charmes que la nature avait prodigués à la perfide Manon. Non, non, lui dis-je en cessant de la regarder, l'ingrate qui vous envoie savait fort bien qu'elle vous faisait faire une démarche inutile. Retournez à elle, et dites-lui de ma part qu'elle jouisse de son crime, et qu'elle en jouisse, s'il se peut, sans remords. Je l'abandonne sans retour, et je renonce en même temps à toutes les femmes, qui ne sauraient être aussi aimables qu'elle, et qui sont, sans doute, aussi lâches et d'aussi mauvaise foi. Je fus alors sur le point de descendre et de me retirer, sans prétendre davantage à Manon, et la jalousie mortelle qui me déchirait le cœur se déguisant en une morne et sombre tranquillité, je me crus d'autant plus proche de ma guérison que je ne sentais nul de ces mouvements violents dont j'avais été agité dans les mêmes occasions. Hélas ! j'étais la dupe de l'amour autant que je croyais l'être de G… M… et de Manon.

Cette fille qui m'avait apporté la lettre, me voyant prêt à descendre l'escalier, me demanda ce que je voulais donc qu'elle rapportât à M. de G… M… et à la dame qui était avec lui. Je rentrai dans la chambre à cette question, et par un changement incroyable à ceux qui n'ont jamais senti de passions violentes, je me trouvai, tout d'un coup, de la tranquillité où je croyais être, dans un transport terrible de fureur. Va, lui dis-je, rapporte au traître G… M… et à sa perfide maîtresse le désespoir où ta maudite lettre m'a jeté, mais apprends-leur qu'ils n'en riront pas longtemps, et que je les poignarderai tous deux de ma propre main. Je me jetai sur une chaise. Mon chapeau tomba d'un côté, et ma canne de l'autre. Deux ruisseaux de larmes amères commencèrent à couler de mes yeux. L'accès de rage que je venais de sentir se changea dans une profonde douleur ; je ne fis

plus que pleurer, en poussant des gémissements et des soupirs. Approche, mon enfant, approche, m'écriai-je en parlant
à la jeune fille; approche, puisque c'est toi qu'on envoie
pour me consoler. Dis-moi si tu sais des consolations
contre la rage et de désespoir, contre l'envie de se donner
la mort à soi-même, après avoir tué deux perfides qui ne
méritent pas de vivre. Oui, approche, continuai-je, en voyant
qu'elle faisait vers moi quelques pas timides et incertains.
Viens essuyer mes larmes, viens rendre la paix à mon cœur,
viens me dire que tu m'aimes, afin que je m'accoutume à
l'être d'une autre que de mon infidèle. Tu es jolie, je pourrai peut-être t'aimer à mon tour. Cette pauvre enfant, qui
n'avait pas seize ou dix-sept ans, et qui paraissait avoir plus
de pudeur que ses pareilles, était extraordinairement surprise d'une si étrange scène. Elle s'approcha néanmoins pour
me faire quelques caresses, mais je l'écartai aussitôt, en la
repoussant de mes mains. Que veux-tu de moi? lui dis-je.
Ah! tu es une femme, tu es d'un sexe que je déteste et que
je ne puis plus souffrir. La douceur de ton visage me menace
encore de quelque trahison. Va-t'en et laisse-moi seul ici.
Elle me fit une révérence, sans oser rien dire, et elle se
tourna pour sortir. Je lui criai de s'arrêter. Mais apprends-
moi du moins, repris-je, pourquoi, comment, à quel dessein
tu as été envoyée ici. Comment as-tu découvert mon nom
et le lieu où tu pouvais me trouver?

Elle me dit qu'elle connaissait de longue main M. de
G... M...; qu'il l'avait envoyé chercher à cinq heures, et
qu'ayant suivi le laquais qui l'avait avertie, elle était allée
dans une grande maison, où elle l'avait trouvé qui jouait au
piquet avec une jolie dame, et qu'ils l'avaient chargée tous
deux de me rendre la lettre qu'elle m'avait apportée, après
lui avoir appris qu'elle me trouverait dans un carrosse au
bout de la rue Saint-André. Je lui demandai s'ils ne lui avaient
rien dit de plus. Elle me répondit, en rougissant, qu'ils lui

avaient fait espérer que je la prendrais pour me tenir compagnie. On t'a trompée, lui dis-je ; ma pauvre fille, on t'a trompée. Tu es une femme, il te faut un homme ; mais il t'en faut un qui soit riche et heureux, et ce n'est pas ici que tu le peux trouver. Retourne, retourne à M. de G… M… Il a tout ce qu'il faut pour être aimé des belles ; il a des hôtels meublés et des équipages à donner. Pour moi, qui n'ai que de l'amour et de la constance à offrir, les femmes méprisent ma misère et font leur jouet de ma simplicité.

J'ajoutai mille choses, ou tristes ou violentes, suivant que les passions qui m'agitaient tour à tour cédaient ou emportaient le dessus. Cependant, à force de me tourmenter, mes transports diminuèrent assez pour faire place à quelques réflexions. Je comparai cette dernière infortune à celles que j'avais déjà essuyées dans le même genre, et je ne trouvai pas qu'il y eût plus à désespérer que dans les premières. Je connaissais Manon ; pourquoi m'affliger tant d'un malheur que j'avais dû prévoir ? Pourquoi ne pas m'employer plutôt à chercher du remède ? Il était encore temps. Je devais du moins n'y pas épargner mes soins, si je ne voulais avoir à me reprocher d'avoir contribué, par ma négligence, à mes propres peines. Je me mis là-dessus à considérer tous les moyens qui pouvaient m'ouvrir un chemin à l'espérance.

Entreprendre de l'arracher avec violence des mains de G… M…, c'était un parti désespéré, qui n'était propre qu'à me perdre, et qui n'avait pas la moindre apparence de succès. Mais il me semblait que si j'eusse pu me procurer le moindre entretien avec elle, j'aurais gagné infailliblement quelque chose sur son cœur. J'en connaissais si bien tous les endroits sensibles ! J'étais si sûr d'être aimé d'elle ! Cette bizarrerie même de m'avoir envoyé une jolie fille pour me consoler, j'aurais parié qu'elle venait de son invention, et que c'était un effet de sa compassion pour mes peines. Je résolus d'employer toute mon industrie pour la voir. Parmi quantité de voies que j'examinai l'une après l'autre, je m'arrêtai à celle-ci. M. de T… avait commencé à me rendre service avec trop d'affection pour me laisser le moindre doute de sa sincérité et de son zèle. Je me proposai d'aller chez lui sur-le-champ, et de l'engager à faire appeler G… M…, sous le prétexte d'une affaire importante. Il ne me fallait qu'une demi-heure pour parler à Manon. Mon dessein était de me faire introduire dans sa chambre même, et je crus que cela me serait aisé dans l'absence de G… M… Cette résolution m'ayant rendu plus tranquille, je payai libéralement la jeune fille, qui était encore avec moi, et pour lui ôter l'envie de retourner chez ceux qui me l'avaient envoyée, je pris son adresse, en lui faisant espérer que j'irais passer la nuit avec elle. Je montai dans mon fiacre, et je me fis conduire à grand train chez M. de T… Je fus assez heureux pour l'y trouver. J'avais eu, là-dessus, de l'inquiétude en chemin. Un mot le mit au fait de mes peines et du service que je venais lui demander. Il fut si étonné d'apprendre que G… M… avait pu séduire Manon, qu'ignorant que j'avais eu part moi-même à mon malheur, il m'offrit généreusement de rassembler tous ses amis, pour employer leurs bras et leurs épées à la délivrance de ma maîtresse. Je lui fis comprendre que cet éclat pouvait être pernicieux à Manon et à moi. Réservons notre sang, lui dis-je, pour l'extrémité. Je médite une voie plus douce et dont je n'espère pas moins de succès. Il s'engagea, sans exception, à faire tout ce que je demanderais de lui ; et lui ayant répété qu'il ne s'agissait que de faire avertir G… M… qu'il avait à lui parler, et de le tenir dehors une heure ou deux, il partit aussitôt avec moi pour me satisfaire.

Nous cherchâmes de quel expédient il pourrait se servir pour l'arrêter si longtemps. Je lui conseillai de lui écrire d'abord un billet simple, daté d'un cabaret, par lequel il le prierait de s'y rendre aussitôt, pour une affaire si importante qu'elle ne pouvait souffrir de délai. J'observerai, ajoutai-je, le moment de sa sortie, et je m'introduirai sans peine dans la maison, n'y étant connu que de Manon et de Marcel, qui est mon valet. Pour vous, qui serez pendant ce temps-là avec G... M..., vous pourrez lui dire que cette affaire importante, pour laquelle vous souhaitez de lui parler, est un besoin d'argent, que vous venez de perdre le vôtre au jeu, et que vous avez joué beaucoup plus sur votre parole, avec le même malheur. Il lui faudra du temps pour vous mener à son coffre-fort, et j'en aurai suffisamment pour exécuter mon dessein.

M. de T... suivit cet arrangement de point en point. Je le laissai dans un cabaret, où il écrivit promptement sa lettre. J'allai me placer à quelques pas de la maison de Manon. Je vis arriver le porteur du message, et G... M... sortir à pied, un moment après, suivi d'un laquais. Lui ayant laissé le temps de s'éloigner de la rue, je m'avançai à la porte de mon infidèle, et malgré toute ma colère, je frappai avec le respect qu'on a pour un temple. Heureusement, ce fut Marcel qui vint m'ouvrir. Je lui fis signe de se taire. Quoique je n'eusse rien à craindre des autres domestiques, je lui demandai tout bas s'il pouvait me conduire dans la chambre où était Manon, sans que je fusse aperçu. Il me dit que cela était aisé en montant doucement par le grand escalier. Allons donc promptement, lui dis-je, et tâche d'empêcher, pendant que j'y serai, qu'il n'y monte personne. Je pénétrai sans obstacle jusqu'à l'appartement.

Manon était occupée à lire. Ce fut là que j'eus lieu d'admirer le caractère de cette étrange fille. Loin d'être effrayée et de paraître timide en m'apercevant, elle ne donna que ces marques légères de surprise dont on n'est pas le maître à la vue d'une personne qu'on croit éloignée. Ah ! c'est vous, mon amour, me dit-elle en venant m'embrasser avec sa tendresse ordinaire. Bon Dieu ! que vous êtes hardi ! Qui

vous aurait attendu aujourd'hui dans ce lieu ? Je me déga-
geai de ses bras, et loin de répondre à ses caresses, je la
repoussai avec dédain, et je fis deux ou trois pas en arrière
pour m'éloigner d'elle. Ce mouvement ne laissa pas de la
déconcerter. Elle demeura dans la situation où elle était et
elle jeta les yeux sur moi et changeant de couleur. J'étais,
dans le fond, si charmé de la revoir, qu'avec tant de justes
sujets de colère, j'avais à peine la force d'ouvrir la bouche
pour la quereller. Cependant mon cœur saignait du cruel
outrage qu'elle m'avait fait. Je le rappelais vivement à ma
mémoire, pour exciter mon dépit, et je tâchais de faire
briller dans mes yeux un autre feu que celui de l'amour.
Comme je demeurai quelque temps en silence, et qu'elle
remarqua mon agitation, je la vis trembler, apparemment
par un effet de sa crainte.

Je ne pus soutenir ce spectacle. Ah ! Manon, lui dis-je
d'un ton tendre, infidèle et parjure Manon ! par où commen-
cerai-je à me plaindre ? Je vous vois pâle et tremblante, et je
suis encore si sensible à vos moindres peines, que je crains
de vous affliger trop par mes reproches. Mais, Manon, je
vous le dis, j'ai le cœur percé de la douleur de votre trahison. Ce sont là des coups qu'on ne porte point à un
amant, quand on n'a pas résolu sa mort. Voici la troisième
fois, Manon, je les ai bien comptées ; il est impossible que
cela s'oublie. C'est à vous de considérer, à l'heure même,
quel parti vous voulez prendre, car mon triste cœur n'est
plus à l'épreuve d'un si cruel traitement. Je sens qu'il succombe et qu'il est prêt à se fendre de douleur. Je n'en puis
plus, ajoutai-je en m'asseyant sur une chaise ; j'ai à peine la
force de parler et de me soutenir.

Elle ne me répondit point, mais, lorsque je fus assis, elle
se laissa tomber à genoux et elle appuya sa tête sur les
miens, en cachant son visage de mes mains. Je sentis en un
instant qu'elle les mouillait de ses larmes. Dieux ! de quels

mouvements n'étais-je point agité! Ah! Manon, Manon, repris-je avec un soupir, il est bien tard de me donner des larmes, lorsque vous avez causé ma mort. Vous affectez une tristesse que vous ne sauriez sentir. Le plus grand de vos maux est sans doute ma présence, qui a toujours été importune à vos plaisirs. Ouvrez les yeux, voyez qui je suis; on ne verse pas des pleurs si tendres pour un malheureux qu'on a trahi, et qu'on abandonne cruellement. Elle baisait mes mains sans changer de posture. Inconstante Manon, repris-je encore, fille ingrate et sans foi, où sont vos promesses et vos serments? Amante mille fois volage et cruelle, qu'as-tu fait de cet amour que tu me jurais encore aujourd'hui? Juste Ciel, ajoutai-je, est-ce ainsi qu'une infidèle se rit de vous, après vous avoir attesté si saintement? C'est donc le parjure qui est récompensé! Le désespoir et l'abandon sont pour la constance et la fidélité.

Ces paroles furent accompagnées d'une réflexion si amère, que j'en laissai échapper malgré moi quelques larmes. Manon s'en aperçut au changement de ma voix. Elle rompit enfin le silence. Il faut bien que je sois coupable, me dit-elle tristement, puisque j'ai pu vous causer tant de douleur et d'émotion; mais que le Ciel me punisse si j'ai cru l'être, ou si j'ai eu la pensée de le devenir! Ce discours me parut si dépourvu de sens et de bonne foi, que je ne pus me défendre d'un vif mouvement de colère. Horrible dissimulation! m'écriai-je. Je vois mieux que jamais que tu n'es qu'une coquine et une perfide. C'est à présent que je connais ton misérable caractère. Adieu, lâche créature, continuai-je en me levant; j'aime mieux mourir mille fois que d'avoir désormais le moindre commerce avec toi. Que le Ciel me punisse moi-même si je t'honore jamais du moindre regard! Demeure avec ton nouvel amant, aime-le, déteste-moi, renonce à l'honneur, au bon sens; je m'en ris, tout m'est égal.

Elle fut si épouvantée de ce transport, que, demeurant à

genoux près de la chaise d'où je m'étais levé, elle me regardait en tremblant et sans oser respirer. Je fis encore quelques pas vers la porte, en tournant la tête, et tenant les yeux fixés sur elle. Mais il aurait fallu que j'eusse perdu tous sentiments d'humanité pour m'endurcir contre tant de charmes. J'étais si éloigné d'avoir cette force barbare que, passant tout d'un coup à l'extrémité opposée, je retournai vers elle, ou plutôt, je m'y précipitai sans réflexion. Je la pris entre mes bras, je lui donnai mille tendres baisers. Je lui demandai pardon de mon emportement. Je confessai que j'étais un brutal, et que je ne méritais pas le bonheur d'être aimé d'une fille comme elle. Je la fis asseoir, et, m'étant mis à genoux à mon tour, je la conjurai de m'écouter en cet état. Là, tout ce qu'un amant soumis et passionné peut imaginer de plus respectueux et de plus tendre, je le renfermai en peu de mots dans mes excuses. Je lui demandai en grâce de prononcer qu'elle me pardonnait. Elle laissa tomber ses bras sur mon cou, en disant que c'était elle-même qui avait besoin de ma bonté pour me faire oublier les chagrins qu'elle me causait, et qu'elle commençait à craindre avec raison que je ne goûtasse point ce qu'elle avait à me dire pour se justifier. Moi ! interrompis-je aussitôt, ah ! je ne vous demande point de justification. J'approuve tout ce que vous avez fait. Ce n'est point à moi d'exiger des raisons de votre conduite ; trop content, trop heureux, si ma chère Manon ne m'ôte point la tendresse de son cœur ! Mais, continuai-je, en réfléchissant sur l'état de mon sort, toute-puissante Manon ! vous qui faites à votre gré mes joies et mes douleurs, après vous avoir satisfaite par mes humiliations et par les marques de mon repentir, ne me sera-t-il point permis de vous parler de ma tristesse et de mes peines ? Apprendrai-je de vous ce qu'il faut que je devienne aujourd'hui, et si c'est sans retour que vous allez signer ma mort, en passant la nuit avec mon rival ?

Elle fut quelque temps à méditer sa réponse : Mon Chevalier, me dit-elle, en reprenant un air tranquille, si vous vous étiez d'abord expliqué si nettement, vous vous seriez épargné bien du trouble et à moi une scène bien affligeante. Puisque votre peine ne vient que de votre jalousie, je l'aurais guérie en m'offrant à vous suivre sur-le-champ au bout du monde. Mais je me suis figuré que c'était la lettre que je vous ai écrite sous les yeux de M. de G… M… et la fille que nous vous avons envoyée qui causaient votre chagrin. J'ai cru que vous auriez pu regarder ma lettre comme une raillerie et cette fille, en vous imaginant qu'elle était allée vous trouver de ma part, comme une déclaration que je renonçais à vous pour m'attacher à G… M… C'est cette pensée qui m'a jetée tout d'un coup dans la consternation, car, quelque innocente que je fusse, je trouvais, en y pensant, que les apparences ne m'étaient pas favorables. Cependant, continua-t-elle, je veux que vous soyez mon juge, après que je vous aurai expliqué la vérité du fait.

Elle m'apprit alors tout ce qui lui était arrivé depuis qu'elle avait trouvé G… M…, qui l'attendait dans le lieu où nous étions. Il l'avait reçue effectivement comme la première princesse du monde. Il lui avait montré tous les appartements, qui étaient d'un goût et d'une propreté admirables. Il lui avait compté dix mille livres dans son cabinet, et il y avait ajouté quelques bijoux, parmi lesquels étaient le collier et les bracelets de perles qu'elle avait déjà eus de son père. Il l'avait menée de là dans un salon qu'elle n'avait pas encore vu, où elle avait trouvé une collation exquise. Il l'avait fait servir par les nouveaux domestiques qu'il avait pris pour elle, en leur ordonnant de la regarder désormais comme leur maîtresse. Enfin, il lui avait fait voir le carrosse, les chevaux et tout le reste de ses présents ; après quoi, il lui avait proposé une partie de jeu, pour attendre le souper. Je vous avoue, continua-t-elle, que j'ai été frappée de cette magnificence. J'ai fait réflexion que ce serait dommage de nous priver tout d'un coup de tant de biens, en me contentant d'emporter les dix mille francs et les bijoux, que c'était une fortune toute faite pour vous et pour moi, et que nous pourrions vivre agréablement aux dépens de G… M… Au lieu de lui proposer la Comédie, je me suis mis dans la tête de le sonder sur votre sujet, pour pressentir quelles facilités nous aurions à nous voir, en supposant l'exécution de mon système. Je l'ai trouvé d'un caractère fort traitable. Il m'a demandé ce que je pensais de vous, et si je n'avais pas eu quelque regret à vous quitter. Je lui ai dit que vous étiez si aimable et que vous en aviez toujours usé si honnêtement avec moi, qu'il n'était pas naturel que je pusse vous haïr. Il a confessé que vous aviez du mérite, et qu'il s'était senti porté à désirer votre amitié. Il a voulu savoir de quelle manière je croyais que vous prendriez mon départ, surtout lorsque vous viendriez à savoir que j'étais entre ses mains. Je lui ai répondu que la date de notre amour était déjà si ancienne qu'il avait eu le temps de se refroidir un peu, que vous n'étiez pas d'ailleurs fort à votre aise, et que vous ne regarderiez peut-être pas ma perte comme un grand malheur, parce qu'elle vous déchargerait d'un fardeau qui vous pesait sur les bras. J'ai ajouté qu'étant tout à fait convaincue que vous agiriez pacifiquement, je n'avais pas fait difficulté de vous dire que je venais à Paris pour quelques affaires, que vous y aviez consenti et qu'y étant venu vous-même, vous n'aviez pas paru extrêmement inquiet, lorsque je vous avais quitté. Si je croyais, m'a-t-il dit, qu'il fût d'humeur à bien vivre avec moi, je serais le premier à lui offrir mes services et mes civilités. Je l'ai assuré que, du caractère dont je vous connaissais, je ne doutais point que vous n'y répondissiez honnêtement, surtout, lui ai-je dit, s'il pouvait vous servir dans vos affaires, qui étaient fort dérangées depuis que vous étiez mal avec votre famille. Il m'a interrompue, pour me protester qu'il vous rendrait tous les services qui dépendraient de lui, et que, si vous vouliez même vous embarquer dans un autre amour, il vous procurerait une jolie maîtresse, qu'il avait quittée pour s'attacher à moi. J'ai applaudi à son idée, ajouta-t-elle, pour prévenir plus parfaitement tous ses soupçons, et me confirmant de plus en plus dans mon projet, je ne souhaitais que de pouvoir trouver le moyen de vous en informer, de peur que vous ne fussiez trop alarmé lorsque vous me verriez manquer à notre assignation. C'est dans cette vue que je lui ai proposé de vous envoyer cette nouvelle maîtresse dès le soir même, afin d'avoir une occasion de vous écrire ; j'étais obligée d'avoir recours à cette adresse, parce que je ne pouvais espérer qu'il me laissât libre un moment. Il a ri de ma proposition. Il a appelé son laquais et lui ayant demandé s'il pourrait retrouver sur-le-champ son ancienne maîtresse, il l'a envoyé de côté et d'autre pour la chercher. Il s'imaginait que c'était à Chaillot qu'il fallait qu'elle allât vous trouver, mais je lui ai appris qu'en vous quittant je vous avais promis de vous rejoindre à la Comédie, ou que, si quelque raison m'empêchait d'y aller, vous vous étiez engagé à m'attendre dans un carrosse au bout de la rue S[aint]-André ; qu'il valait mieux, par conséquent, vous envoyer là votre nouvelle amante, ne fût-ce que pour vous empêcher de vous y morfondre pendant toute la nuit. Je lui ai dit encore qu'il était à propos de vous écrire un mot pour vous avertir de cet échange, que vous auriez peine à comprendre sans cela. Il y a consenti, mais j'ai été obligée d'écrire en sa présence, et je me suis bien gardée de m'expliquer trop ouvertement dans ma lettre. Voilà, ajouta Manon, de quelle manière les choses se sont passées. Je ne vous déguise rien, ni de ma conduite, ni de mes desseins. La jeune fille est venue, je l'ai trouvée jolie, et comme je ne doutais point que mon absence ne vous causât de la peine, c'était sincèrement que je souhaitais qu'elle pût servir à vous désennuyer quelques moments, car la fidélité que je souhaite de vous est celle du cœur. J'aurais été ravie de pouvoir vous envoyer Marcel, mais je n'ai pu me procurer un moment pour l'instruire de ce que j'avais à vous faire savoir. Elle conclut enfin son récit, en m'apprenant l'embarras où G… M… s'était trouvé en recevant le billet de M. de T… Il a balancé, me dit-elle, s'il devait me quitter, et il m'a assuré que son retour ne tarderait point. C'est ce qui fait que je ne vous vois point ici sans inquiétude, et que j'ai marqué de la surprise à votre arrivée.

J'écoutai ce discours avec beaucoup de patience. J'y trouvais assurément quantité de traits cruels et mortifiants pour moi, car le dessein de son infidélité était si clair qu'elle n'avait pas même eu le soin de me le déguiser. Elle ne pouvait espérer que G… M… la laissât, toute la nuit, comme une vestale. C'était donc avec lui qu'elle comptait de la passer. Quel aveu pour un amant ! Cependant, je considérai que j'étais cause en partie de sa faute, par la connaissance que je lui avais donnée d'abord des sentiments que G… M… avait pour elle, et par la complaisance que j'avais eue d'entrer aveuglément dans le plan téméraire de son aventure. D'ailleurs, par un tour naturel de génie qui m'est particulier, je fus touché de l'ingénuité de son récit, et de cette manière bonne et ouverte avec laquelle elle me racontait jusqu'aux circonstances dont j'étais le plus offensé. Elle pèche sans malice, disais-je en moi-même ; elle est légère et imprudente, mais elle est droite et sincère. Ajoutez que l'amour suffisait seul pour me fermer les yeux sur toutes ses fautes. J'étais trop satisfait de l'espérance de l'enlever le soir même à mon rival. Je lui dis néanmoins : Et la nuit, avec qui l'auriez-vous passée ? Cette question, que je lui fis tristement, l'embarrassa. Elle ne me répondit que par des mais et des si interrompus. J'eus pitié de sa peine, et rompant ce discours, je lui déclarai naturellement que j'attendais d'elle qu'elle me suivît à l'heure même. Je le veux bien, me dit-elle; mais vous n'approuvez donc pas mon projet? Ah! n'est-ce pas assez, repartis-je, que j'approuve tout ce que vous avez fait jusqu'à présent? Quoi! nous n'emporterons pas même les dix mille francs? répliqua-t-elle. Il me les a donnés. Ils sont à moi. Je lui conseillai d'abandonner tout, et de ne penser qu'à nous éloigner promptement, car, quoiqu'il y eût à peine une demi-heure que j'étais avec elle, je craignais le retour de G... M... Cependant, elle me fit de si pressantes instances pour me faire consentir à ne pas sortir les mains vides, que je crus lui devoir accorder quelque chose après avoir tant obtenu d'elle.

Dans le temps que nous nous préparions au départ, j'entendis frapper à la porte de la rue. Je ne doutai nullement que ce ne fût G... M..., et dans le trouble où cette pensée me jeta, je dis à Manon que c'était un homme mort s'il paraissait. Effectivement, je n'étais pas assez revenu de mes transports pour me modérer à sa vue. Marcel finit ma peine en m'apportant un billet qu'il avait reçu pour moi à la porte. Il était de M. de T... Il me marquait que, G... M... étant allé lui chercher de l'argent à sa maison, il profitait de son absence pour me communiquer une pensée fort plaisante: qu'il lui semblait que je ne pouvais me venger plus agréablement de mon rival qu'en mangeant son souper et en couchant, cette nuit même, dans le lit qu'il espérait d'occuper avec ma maîtresse; que cela lui paraissait assez facile, si je pouvais m'assurer de trois ou quatre hommes qui eussent assez de résolution pour l'arrêter dans la rue, et de fidélité pour le garder à vue jusqu'au lendemain; que, pour lui, il promettait de l'amuser encore une heure pour le moins, par des raisons qu'il tenait prêtes pour son retour. Je montrai ce billet à Manon, et je lui appris de quelle ruse je m'étais servi pour m'introduire librement chez elle. Mon invention et celle de M. de T... lui parurent admirables.

Nous en rîmes à notre aise pendant quelques moments. Mais, lorsque je lui parlai de la dernière comme d'un badinage, je fus surpris qu'elle insistât sérieusement à me la proposer comme une chose dont l'idée la ravissait. En vain lui demandai-je où elle voulait que je trouvasse, tout d'un coup, des gens propres à arrêter G… M… et à le garder fidèlement. Elle me dit qu'il fallait du moins tenter, puisque M. de T… nous garantissait encore une heure, et pour réponse à mes autres objections, elle me dit que je faisais le tyran et que je n'avais pas de complaisance pour elle. Elle ne trouvait rien de si joli que ce projet. Vous aurez son couvert à souper, me répétait-elle, vous coucherez dans ses draps, et, demain, de grand matin, vous enlèverez sa maîtresse et son argent. Vous serez bien vengé du père et du fils.

Je cédai à ses instances, malgré les mouvements secrets de mon cœur qui semblaient me présager une catastrophe malheureuse. Je sortis, dans le dessein de prier deux ou trois gardes du corps, avec lesquels Lescaut m'avait mis en liaison, de se charger du soin d'arrêter G… M… Je n'en trouvai qu'un au logis, mais c'était un homme entreprenant, qui n'eut pas plutôt su de quoi il était question qu'il m'assura du succès. Il me demanda seulement dix pistoles, pour récompenser trois soldats aux gardes, qu'il prit la résolution d'employer, en se mettant à leur tête. Je le priai de ne pas perdre de temps. Il les assembla en moins d'un quart d'heure. Je l'attendais à sa maison, et lorsqu'il fut de retour avec ses associés, je le conduisis moi-même au coin d'une rue par laquelle G… M… devait nécessairement rentrer dans celle de Manon. Je lui recommandai de ne le pas maltraiter, mais de le garder si étroitement jusqu'à sept heures du matin, que je pusse être assuré qu'il ne lui échapperait pas. Il me dit que son dessein était de le conduire à sa chambre et de l'obliger à se déshabiller, ou même à se coucher dans son lit, tandis que lui et ses trois braves[1] passeraient la nuit à boire et à jouer. Je demeurai avec eux jusqu'au moment où je vis paraître G… M…, et je me retirai alors quelques pas au-dessous, dans un endroit obscur, pour être témoin d'une scène si extraordinaire. Le garde du corps l'aborda, le pistolet au poing, et lui expliqua civilement qu'il n'en voulait ni à sa vie ni à son argent, mais que, s'il faisait la moindre difficulté de le suivre, ou s'il jetait le moindre cri, il allait lui brûler la cervelle. G… M…, le voyant soutenu par trois soldats, et craignant sans doute la bourre du pistolet[2], ne fit pas de résistance. Je le vis emmener comme un mouton.

Je retournai aussitôt chez Manon, et pour ôter tout soupçon aux domestiques, je lui dis, en entrant, qu'il ne fallait pas attendre M. de G… M… pour souper, qu'il lui était survenu des affaires qui le retenaient malgré lui, et qu'il m'avait prié de venir lui en faire ses excuses et souper avec elle, ce que je regardais comme une grande faveur auprès d'une si belle dame. Elle seconda fort adroitement mon dessein. Nous nous mîmes à table. Nous y prîmes un air grave, pendant que les laquais demeurèrent à nous servir. Enfin, les ayant congédiés, nous passâmes une des plus charmantes soirées de notre vie. J'ordonnai en secret à Marcel de chercher un fiacre et de l'avertir de se trouver le lendemain à la porte, avant six heures du matin. Je feignis de quitter Manon vers minuit ; mais étant rentré doucement, par le secours de Marcel, je me préparai à occuper le lit de G… M…, comme j'avais rempli sa place à table. Pendant ce temps-là, notre mauvais génie travaillait à nous perdre. Nous étions dans le délire du plaisir, et le glaive était suspendu sur nos têtes. Le fil qui le soutenait allait se rompre. Mais,

---

1. Hommes de main.
2. Chargé à bourre, c'est-à-dire à blanc, et non à balle.

pour faire mieux entendre toutes les circonstances de notre ruine, il faut en éclaircir la cause.

G… M… était suivi d'un laquais, lorsqu'il avait été arrêté par le garde du corps. Ce garçon, effrayé de l'aventure de son maître, retourna en fuyant sur ses pas, et la première démarche qu'il fit, pour le secourir, fut d'aller avertir le vieux G… M… de ce qui venait d'arriver. Une si fâcheuse nouvelle ne pouvait manquer de l'alarmer beaucoup : il n'avait que ce fils, et sa vivacité était extrême pour son âge. Il voulut savoir d'abord du laquais tout ce que son fils avait fait l'après-midi, s'il s'était querellé avec quelqu'un, s'il avait pris part au démêlé d'un autre, s'il s'était trouvé dans quelque maison suspecte. Celui-ci, qui croyait son maître dans le dernier danger et qui s'imaginait ne devoir plus rien ménager pour lui procurer du secours, découvrit tout ce qu'il savait de son amour pour Manon et la dépense qu'il avait faite pour elle, la manière dont il avait passé l'après-midi dans sa maison jusqu'aux environs de neuf heures, sa sortie et le malheur de son retour. C'en fut assez pour faire soupçonner au vieillard que l'affaire de son fils était une querelle d'amour. Quoiqu'il fût au moins dix heures et demie du soir, il ne balança point à se rendre aussitôt chez M. le Lieutenant de Police. Il le pria de faire donner des ordres particuliers à toutes les escouades du guet, et lui en ayant demandé une pour se faire accompagner, il courut lui-même vers la rue où son fils avait été arrêté. Il visita tous les endroits de la ville où il espérait de le pouvoir trouver, et n'ayant pu découvrir ses traces, il se fit conduire enfin à la maison de sa maîtresse, où il se figura qu'il pouvait être retourné.

J'allais me mettre au lit, lorsqu'il arriva. La porte de la chambre étant fermée, je n'entendis point frapper à celle de la rue ; mais il entra suivi de deux archers, et s'étant informé inutilement de ce qu'était devenu son fils, il lui prit envie de

voir sa maîtresse, pour tirer d'elle quelque lumière. Il monte
à l'appartement, toujours accompagné de ses archers. Nous
étions prêts à nous mettre au lit. Il ouvre la porte, et il nous
glace le sang par sa vue. Ô Dieu ! c'est le vieux G... M...,
dis-je à Manon. Je saute sur mon épée ; elle était malheureusement embarrassée dans mon ceinturon. Les archers, qui
virent mon mouvement, s'approchèrent aussitôt pour me la
saisir. Un homme en chemise est sans résistance. Ils m'ôtè-
rent tous les moyens de me défendre.

G... M..., quoique troublé par ce spectacle, ne tarda
point à me reconnaître. Il remit encore plus aisément Manon.
Est-ce une illusion ? nous dit-il gravement ; ne vois-je point
le chevalier des Grieux et Manon Lescaut ? J'étais si enragé
de honte et de douleur, que je ne lui fis pas de réponse. Il
parut rouler, pendant quelque temps, diverses pensées dans
sa tête, et comme si elles eussent allumé tout d'un coup sa
colère, il s'écria en s'adressant à moi : Ah ! malheureux,
je suis sûr que tu as tué mon fils ! Cette injure me piqua
vivement. Vieux scélérat, lui répondis-je avec fierté, si j'avais
eu à tuer quelqu'un de ta famille, c'est par toi que j'aurais
commencé. Tenez-le bien, dit-il aux archers. Il faut qu'il me
dise des nouvelles de mon fils ; je le ferai pendre demain, s'il
ne m'apprend tout à l'heure ce qu'il en a fait. Tu me feras
pendre ? repris-je. Infâme ! ce sont tes pareils qu'il faut chercher au gibet. Apprends que je suis d'un sang plus noble et
plus pur que le tien[1]. Oui, ajoutai-je, je sais ce qui est arrivé à
ton fils, et si tu m'irrites davantage, je le ferai étrangler avant
qu'il soit demain, et je te promets le même sort après lui.

Je commis une imprudence en lui confessant que je savais
où était son fils ; mais l'excès de ma colère me fit faire cette
indiscrétion. Il appela aussitôt cinq ou six autres archers,

---

1. La pendaison était réservée aux roturiers comme G... M..., le
chevalier, en homme de condition, avait le privilège d'être décapité.

qui l'attendaient à la porte, et il leur ordonna de s'assurer de tous les domestiques de la maison. Ah! monsieur le chevalier, reprit-il d'un ton railleur, vous savez où est mon fils et vous le ferez étrangler, dites-vous? Comptez que nous y mettrons bon ordre. Je sentis aussitôt la faute que j'avais commise. Il s'approcha de Manon, qui était assise sur le lit en pleurant; il lui dit quelques galanteries ironiques sur l'empire qu'elle avait sur le père et sur le fils, et sur le bon usage qu'elle en faisait. Ce vieux monstre d'incontinence voulut prendre quelques familiarités avec elle. Garde-toi de la toucher! m'écriai-je, il n'y aurait rien de sacré qui te pût sauver de mes mains. Il sortit en laissant trois archers dans la chambre, auxquels il ordonna de nous faire prendre promptement nos habits.

Je ne sais quels étaient alors ses desseins sur nous. Peut-être eussions-nous obtenu la liberté en lui apprenant où était son fils. Je méditais, en m'habillant, si ce n'était pas le meilleur parti. Mais, s'il était dans cette disposition en quittant notre chambre, elle était bien changée lorsqu'il y revint. Il était allé interroger les domestiques de Manon, que les archers avaient arrêtés. Il ne put rien apprendre de ceux qu'elle avait reçus de son fils, mais, lorsqu'il sut que Marcel nous avait servis auparavant, il résolut de le faire parler en l'intimidant par des menaces.

C'était un garçon fidèle, mais simple et grossier. Le souvenir de ce qu'il avait fait à l'Hôpital, pour délivrer Manon, joint à la terreur que G... M... lui inspirait, fit tant d'impression sur son esprit faible qu'il s'imagina qu'on allait le conduire à la potence ou sur la roue[1]. Il promit de découvrir tout ce qui était venu à sa connaissance, si l'on voulait lui sauver la vie. G... M... se persuada là-dessus qu'il y avait quelque chose, dans nos affaires, de plus sérieux et de plus

---

1. C'est-à-dire qu'il serait pendu ou torturé.

criminel qu'il n'avait eu lieu jusque-là de se le figurer. Il offrit
à Marcel, non seulement la vie, mais des récompenses pour
sa confession. Ce malheureux lui apprit une partie de notre
dessein, sur lequel nous n'avions pas fait difficulté de nous
entretenir devant lui, parce qu'il devait y entrer pour quelque
chose. Il est vrai qu'il ignorait entièrement les changements
que nous y avions faits à Paris ; mais il avait été informé, en
partant de Chaillot, du plan de l'entreprise et du rôle qu'il
y devait jouer. Il lui déclara donc que notre vue était de
duper son fils, et que Manon devait recevoir, ou avait déjà
reçu, dix mille francs, qui, selon notre projet, ne retourne-
raient jamais aux héritiers de la maison de G… M…

Après cette découverte, le vieillard emporté remonta
brusquement dans notre chambre. Il passa, sans parler, dans
le cabinet, où il n'eut pas de peine à trouver la somme et
les bijoux. Il revint à nous avec un visage enflammé, et, nous
montrant ce qu'il lui plut de nommer notre larcin, il nous
accabla de reproches outrageants. Il fit voir de près, à Manon,
le collier de perles et les bracelets. Les reconnaissez-vous ?
lui dit-il avec un sourire moqueur. Ce n'était pas la première
fois que vous les eussiez vus. Les mêmes, sur ma foi. Ils
étaient de votre goût, ma belle ; je me le persuade aisément.
Les pauvres enfants ! ajouta-t-il. Ils sont bien aimables, en
effet, l'un et l'autre ; mais ils sont un peu fripons. Mon cœur
crevait de rage à ce discours insultant. J'aurais donné, pour
être libre un moment… Juste Ciel ! que n'aurais-je pas donné !
Enfin, je me fis violence pour lui dire, avec une modération
qui n'était qu'un raffinement de fureur : Finissons, monsieur,
ces insolentes railleries. De quoi est-il question ? Voyons,
que prétendez-vous faire de nous ? Il est question, monsieur
le chevalier, me répondit-il, d'aller de ce pas au Châtelet[1]. Il

---

1. En fait le Petit Châtelet, comme il est précisé plus loin (voir
p. 145), chambre de police qui accueille les prisonniers pour simples

fera jour demain ; nous verrons plus clair dans nos affaires, et j'espère que vous me ferez la grâce, à la fin, de m'apprendre où est mon fils.

Je compris, sans beaucoup de réflexions, que c'était une chose d'une terrible conséquence pour nous d'être une fois renfermés au Châtelet. J'en prévis, en tremblant, tous les dangers. Malgré toute ma fierté, je reconnus qu'il fallait plier sous le poids de ma fortune et flatter mon plus cruel ennemi, pour en obtenir quelque chose par la soumission. Je le priai, d'un ton honnête, de m'écouter un moment. Je me rends justice, monsieur, lui dis-je. Je confesse que la jeunesse m'a fait commettre de grandes fautes, et que vous en êtes assez blessé pour vous plaindre. Mais, si vous connaissez la force de l'amour, si vous pouvez juger de ce que souffre un malheureux jeune homme à qui l'on enlève tout ce qu'il aime, vous me trouverez peut-être pardonnable d'avoir cherché le plaisir d'une petite vengeance, ou du moins, vous me croirez assez puni par l'affront que je viens de recevoir. Il n'est besoin ni de prison ni de supplice pour me forcer de vous découvrir où est Monsieur votre fils. Il est en sûreté. Mon dessein n'a pas été de lui nuire ni de vous offenser. Je suis prêt à vous nommer le lieu où il passe tranquillement la nuit, si vous me faites la grâce de nous accorder la liberté. Ce vieux tigre, loin d'être touché de ma prière, me tourna le dos en riant. Il lâcha seulement quelques mots, pour me faire comprendre qu'il savait notre dessein jusqu'à l'origine. Pour ce qui regardait son fils, il ajouta brutalement qu'il se retrouverait assez, puisque je ne l'avais pas assassiné. Conduisez-les au Petit-Châtelet, dit-il aux archers, et prenez garde que le Chevalier ne vous échappe. C'est un rusé, qui s'est déjà sauvé de Saint-Lazare.

---

délits. Elle avait mauvaise réputation. Ses décisions étaient sans appel et immédiatement exécutoires.

Il sortit, et me laissa dans l'état que vous pouvez vous imaginer. Ô Ciel! m'écriai-je, je recevrai avec soumission tous les coups qui viennent de ta main, mais qu'un malheureux coquin ait le pouvoir de me traiter avec cette tyrannie, c'est ce qui me réduit au dernier désespoir. Les archers nous prièrent de ne pas les faire attendre plus longtemps. Ils avaient un carrosse à la porte. Je tendis la main à Manon pour descendre. Venez, ma chère reine, lui dis-je, venez vous soumettre à toute la rigueur de notre sort. Il plaira peut-être au Ciel de nous rendre quelque jour plus heureux.

Nous partîmes dans le même carrosse. Elle se mit dans mes bras. Je ne lui avais pas entendu prononcer un mot depuis le premier moment de l'arrivée de G… M…; mais, se trouvant seule alors avec moi, elle me dit mille tendresses en se reprochant d'être la cause de mon malheur. Je l'assurai que je ne me plaindrais jamais de mon sort, tant qu'elle ne cesserait pas de m'aimer. Ce n'est pas moi qui suis à plaindre, continuai-je. Quelques mois de prison ne m'effraient nullement, et je préférerai toujours le Châtelet à Saint-Lazare. Mais c'est pour toi, ma chère âme, que mon cœur s'intéresse. Quel sort pour une créature si charmante! Ciel, comment traitez-vous avec tant de rigueur le plus parfait de vos ouvrages? Pourquoi ne sommes-nous pas nés, l'un et l'autre, avec des qualités conformes à notre misère? Nous avons reçu de l'esprit, du goût, des sentiments. Hélas! quel triste usage en faisons-nous, tandis que tant d'âmes basses et dignes de notre sort jouissent de toutes les faveurs de la fortune! Ces réflexions me pénétraient de douleur; mais ce n'était rien en comparaison de celles qui regardaient l'avenir, car je séchais de crainte pour Manon. Elle avait déjà été à l'Hôpital, et, quand elle en fût sortie par la bonne porte, je savais que les rechutes en ce genre étaient d'une conséquence extrêmement dangereuse. J'aurais voulu lui exprimer mes frayeurs; j'appréhendais de lui en causer trop. Je tremblais pour elle, sans oser l'avertir du danger, et je l'embrassais en soupirant, pour l'assurer, du moins, de mon amour, qui était presque le seul sentiment que j'osasse exprimer. Manon, lui dis-je, parlez sincèrement; m'aimerez-vous toujours? Elle me répondit qu'elle était bien malheureuse que j'en pusse douter. Hé bien, repris-je, je n'en doute point, et je veux braver tous nos ennemis avec cette assurance. J'emploierai ma famille pour sortir du Châtelet; et tout mon sang ne sera utile à rien si je ne vous en tire pas aussitôt que je serai libre.

Nous arrivâmes à la prison. On nous mit chacun dans un lieu séparé. Ce coup me fut moins rude, parce que je l'avais prévu. Je recommandai Manon au concierge, en lui apprenant que j'étais un homme de quelque distinction, et lui promettant une récompense considérable. J'embrassai ma chère maîtresse, avant que de la quitter. Je la conjurai de ne pas s'affliger excessivement et de ne rien craindre tant que je serais au monde. Je n'étais pas sans argent; je lui en donnai une partie et je payai au concierge, sur ce qui me restait, un mois de grosse pension d'avance pour elle et pour moi.

Mon argent eut un fort bon effet. On me mit dans une chambre proprement meublée, et l'on m'assura que Manon en avait une pareille. Je m'occupai aussitôt des moyens de hâter ma liberté. Il était clair qu'il n'y avait rien d'absolument criminel dans mon affaire, et supposant même que le dessein de notre vol fût prouvé par la déposition de Marcel, je savais fort bien qu'on ne punit point les simples volontés. Je résolus d'écrire promptement à mon père, pour le prier de venir en personne à Paris. J'avais bien moins de honte, comme je l'ai dit, d'être au Châtelet qu'à Saint-Lazare; d'ailleurs, quoique je conservasse tout le respect dû à l'autorité paternelle, l'âge et l'expérience avaient diminué beaucoup ma timidité. J'écrivis donc, et l'on ne fit pas difficulté, au Châtelet, de laisser sortir ma lettre; mais c'était une peine

que j'aurais pu m'épargner, si j'avais su que mon père devait
arriver le lendemain à Paris.

Il avait reçu celle que je lui avais écrite huit jours auparavant. Il en avait ressenti une joie extrême ; mais, de quelque
espérance que je l'eusse flatté au sujet de ma conversion, il
n'avait pas cru devoir s'arrêter tout à fait à mes promesses.
Il avait pris le parti de venir s'assurer de mon changement
par ses yeux, et de régler sa conduite sur la sincérité de
mon repentir. Il arriva le lendemain de mon emprisonnement. Sa première visite fut celle qu'il rendit à Tiberge, à
qui je l'avais prié d'adresser sa réponse. Il ne put savoir de
lui ni ma demeure ni ma condition présente ; il en apprit
seulement mes principales aventures, depuis que je m'étais
échappé de Saint-Sulpice. Tiberge lui parla fort avantageusement des dispositions que je lui avais marquées pour le
bien, dans notre dernière entrevue. Il ajouta qu'il me croyait
entièrement dégagé de Manon, mais qu'il était surpris, néanmoins, que je ne lui eusse pas donné de mes nouvelles
depuis huit jours. Mon père n'était pas dupe ; il comprit qu'il
y avait quelque chose qui échappait à la pénétration de
Tiberge, dans le silence dont il se plaignait, et il employa
tant de soins pour découvrir mes traces que, deux jours
après son arrivée, il apprit que j'étais au Châtelet.

Avant que de recevoir sa visite, à laquelle j'étais fort éloigné de m'attendre sitôt, je reçus celle de M. le Lieutenant
général de Police, ou pour expliquer les choses par leur
nom, je subis l'interrogatoire. Il me fit quelques reproches,
mais ils n'étaient ni durs ni désobligeants. Il me dit, avec
douceur, qu'il plaignait ma mauvaise conduite ; que j'avais
manqué de sagesse en me faisant un ennemi tel que M. de
G… M… ; qu'à la vérité il était aisé de remarquer qu'il y
avait, dans mon affaire, plus d'imprudence et de légèreté
que de malice ; mais que c'était néanmoins la seconde fois
que je me trouvais sujet à son tribunal, et qu'il avait espéré

que je fusse devenu plus sage, après avoir pris deux ou trois mois de leçons à Saint-Lazare. Charmé d'avoir affaire à un juge raisonnable, je m'expliquai avec lui d'une manière si respectueuse et si modérée, qu'il parut extrêmement satisfait de mes réponses. Il me dit que je ne devais pas me livrer trop au chagrin, et qu'il se sentait disposé à me rendre service, en faveur de ma naissance et de ma jeunesse. Je me hasardai à lui recommander Manon, et à lui faire l'éloge de sa douceur et de son bon naturel. Il me répondit, en riant, qu'il ne l'avait point encore vue, mais qu'on la représentait comme une dangereuse personne. Ce mot excita tellement ma tendresse que je lui dis mille choses passionnées pour la défense de ma pauvre maîtresse, et je ne pus m'empêcher de répandre quelques larmes. Il ordonna qu'on me reconduisît à ma chambre. Amour, amour ! s'écria ce grave magistrat en me voyant sortir, ne te réconcilieras-tu jamais avec la sagesse ?

J'étais à m'entretenir tristement de mes idées, et à réfléchir sur la conversation que j'avais eue avec M. le Lieutenant général de Police, lorsque j'entendis ouvrir la porte de ma chambre : c'était mon père. Quoique je dusse être à demi préparé à cette vue, puisque je m'y attendais quelques jours plus tard, je ne laissai pas d'en être frappé si vivement que je me serais précipité au fond de la terre, si elle s'était entr'ouverte à mes pieds. J'allai l'embrasser, avec toutes les marques d'une extrême confusion. Il s'assit sans que ni lui ni moi eussions encore ouvert la bouche.

Comme je demeurais debout, les yeux baissés et la tête découverte : Asseyez-vous, monsieur, me dit-il gravement, asseyez-vous. Grâce au scandale de votre libertinage et de vos friponneries, j'ai découvert le lieu de votre demeure. C'est l'avantage d'un mérite tel que le vôtre de ne pouvoir demeurer caché. Vous allez à la renommée par un chemin infaillible. J'espère que le terme en sera bientôt la Grève[1], et que vous aurez, effectivement, la gloire d'y être exposé à l'admiration de tout le monde.

Je ne répondis rien. Il continua : Qu'un père est malheureux, lorsque, après avoir aimé tendrement un fils et n'avoir rien épargné pour en faire un honnête homme, il n'y trouve, à la fin, qu'un fripon qui le déshonore ! On se console d'un malheur de fortune : le temps l'efface, et le chagrin diminue ; mais quel remède contre un mal qui augmente tous les jours, tel que les désordres d'un fils vicieux qui a perdu tous sentiments d'honneur ? Tu ne dis rien, malheureux, ajouta-t-il ; voyez cette modestie contrefaite et cet air de douceur hypocrite ; ne le prendrait-on pas pour le plus honnête homme de sa race ?

Quoique je fusse obligé de reconnaître que je méritais une partie de ces outrages, il me parut néanmoins que c'était les porter à l'excès. Je crus qu'il m'était permis d'expliquer naturellement ma pensée. Je vous assure, monsieur, lui dis-je, que la modestie où vous me voyez devant vous n'est nullement affectée ; c'est la situation naturelle d'un fils bien né, qui respecte infiniment son père, et surtout un père irrité. Je ne prétends pas non plus passer pour l'homme le plus réglé de notre race. Je me connais digne de vos reproches, mais je vous conjure d'y mettre un peu plus de bonté et de ne pas me traiter comme le plus infâme de tous les hommes. Je ne mérite pas des noms si durs. C'est l'amour, vous le savez, qui a causé toutes mes fautes. Fatale passion ! Hélas ! n'en connaissez-vous pas la force, et se peut-il que votre sang, qui est la source du mien, n'ait jamais ressenti les mêmes ardeurs ? L'amour m'a rendu trop tendre, trop passionné, trop fidèle et, peut-être, trop complaisant pour les désirs

---

1. Plage de sable en bord de Seine, sur l'emplacement de l'actuelle place de l'Hôtel-de-Ville, où avaient lieu les exécutions capitales.

d'une maîtresse toute charmante ; voilà mes crimes. En voyez-vous là quelqu'un qui vous déshonore ? Allons, mon cher père, ajoutai-je tendrement, un peu de pitié pour un fils qui a toujours été plein de respect et d'affection pour vous, qui n'a pas renoncé, comme vous pensez, à l'honneur et au devoir, et qui est mille fois plus à plaindre que vous ne sauriez vous l'imaginer. Je laissai tomber quelques larmes en finissant ces paroles.

Un cœur de père est le chef-d'œuvre de la nature ; elle y règne, pour ainsi parler, avec complaisance, et elle en règle elle-même tous les ressorts. Le mien, qui était avec cela homme d'esprit et de goût, fut si touché du tour que j'avais donné à mes excuses qu'il ne fut pas le maître de me cacher ce changement. Viens, mon pauvre chevalier, me dit-il, viens m'embrasser ; tu me fais pitié. Je l'embrassai ; il me serra d'une manière qui me fit juger de ce qui se passait dans son cœur. Mais quel moyen prendrons-nous donc, reprit-il, pour te tirer d'ici ? Explique-moi toutes tes affaires sans déguisement. Comme il n'y avait rien, après tout, dans le gros de ma conduite, qui pût me déshonorer absolument, du moins en la mesurant sur celle des jeunes gens d'un certain monde, et qu'une maîtresse ne passe point pour une infamie dans le siècle où nous sommes, non plus qu'un peu d'adresse à s'attirer la fortune du jeu, je fis sincèrement à mon père le détail de la vie que j'avais menée. À chaque faute dont je lui faisais l'aveu, j'avais soin de joindre des exemples célèbres, pour en diminuer la honte. Je vis avec une maîtresse, lui disais-je, sans être lié par les cérémonies du mariage : M. le duc de... en entretient deux, aux yeux de tout Paris ; M. de... en a une depuis dix ans, qu'il aime avec une fidélité qu'il n'a jamais eue pour sa femme ; les deux tiers des honnêtes gens de France se font honneur d'en avoir. J'ai usé de quelque supercherie au jeu : M. le marquis de... et le comte de... n'ont point d'autres revenus ; M. le prince de... et

M. le duc de… sont les chefs d'une bande de chevaliers du même Ordre. Pour ce qui regardait mes desseins sur la bourse des deux G… M…, j'aurais pu prouver aussi facilement que je n'étais pas sans modèles ; mais il me restait trop d'honneur pour ne pas me condamner moi-même, avec tous ceux dont j'aurais pu me proposer l'exemple, de sorte que je priai mon père de pardonner cette faiblesse aux deux violentes passions qui m'avaient agité, la vengeance et l'amour. Il me demanda si je pouvais lui donner quelques ouvertures sur les plus courts moyens d'obtenir ma liberté, et d'une manière qui pût lui faire éviter l'éclat. Je lui appris les sentiments de bonté que le Lieutenant général de Police avait pour moi. Si vous trouvez quelques difficultés, lui dis-je, elles ne peuvent venir que de la part des G… M… ; ainsi, je crois qu'il serait à propos que vous prissiez la peine de les voir. Il me le promit. Je n'osai le prier de solliciter pour Manon. Ce ne fut point un défaut de hardiesse, mais un effet de la crainte où j'étais de le révolter par cette proposition, et de lui faire naître quelque dessein funeste à elle et à moi. Je suis encore à savoir si cette crainte n'a pas causé mes plus grandes infortunes en m'empêchant de tenter les dispositions de mon père, et de faire des efforts pour lui en inspirer de favorables à ma malheureuse maîtresse. J'aurais peut-être excité encore une fois sa pitié. Je l'aurais mis en garde contre les impressions qu'il allait recevoir trop facilement du vieux G… M… Que sais-je ? Ma mauvaise destinée l'aurait peut-être emporté sur tous mes efforts, mais je n'aurais eu qu'elle, du moins, et la cruauté de mes ennemis, à accuser de mon malheur.

En me quittant, mon père alla faire une visite à M. de G… M… Il le trouva avec son fils à qui le garde du corps avait honnêtement rendu la liberté. Je n'ai jamais su les particularités de leur conversation, mais il ne m'a été que trop facile d'en juger par ses mortels effets. Ils allèrent

ensemble, je dis les deux pères, chez M. le Lieutenant général de Police, auquel ils demandèrent deux grâces : l'une, de
me faire sortir sur-le-champ du Châtelet ; l'autre, d'enfer-
mer Manon pour le reste de ses jours, ou de l'envoyer en
Amérique. On commençait, dans le même temps, à embarquer quantité de gens sans aveu pour le Mississippi[1]. M. le
Lieutenant général de Police leur donna sa parole de faire
partir Manon par le premier vaisseau. M. de G... M... et
mon père vinrent aussitôt m'apporter ensemble la nouvelle
de ma liberté. M. de G... M... me fit un compliment civil
sur le passé, et m'ayant félicité sur le bonheur que j'avais
d'avoir un tel père, il m'exhorta à profiter désormais de ses
leçons et de ses exemples. Mon père m'ordonna de lui faire
des excuses de l'injure prétendue que j'avais faite à sa
famille, et de le remercier de s'être employé avec lui pour
mon élargissement. Nous sortîmes ensemble, sans avoir dit
un mot de ma maîtresse. Je n'osai même parler d'elle aux
guichetiers en leur présence. Hélas ! mes tristes recomman-
dations eussent été bien inutiles ! L'ordre cruel était venu
en même temps que celui de ma délivrance. Cette fille infor-
tunée fut conduite, une heure après, à l'Hôpital, pour y être
associée à quelques malheureuses qui étaient condamnées
à subir le même sort. Mon père m'ayant obligé de le suivre
à la maison où il avait pris sa demeure, il était presque six
heures du soir lorsque je trouvai le moment de me dérober
de ses yeux pour retourner au Châtelet. Je n'avais dessein
que de faire tenir quelques rafraîchissements à Manon, et
de la recommander au concierge, car je ne me promettais
pas que la liberté de la voir me fût accordée. Je n'avais point
encore eu le temps, non plus, de réfléchir aux moyens de la
délivrer.

---

1. En fait ces tentatives de déportations massives pour peupler les
colonies n'ont débuté qu'en 1719-1720.

Je demandai à parler au concierge. Il avait été content de ma libéralité et de ma douceur, de sorte qu'ayant quelque disposition à me rendre service, il me parla du sort de Manon comme d'un malheur dont il avait beaucoup de regret parce qu'il pouvait m'affliger. Je ne compris point ce langage. Nous nous entretînmes quelques moments sans nous entendre. À la fin, s'apercevant que j'avais besoin d'une explication, il me la donna, telle que j'ai déjà eu horreur de vous la dire, et que j'ai encore de la répéter. Jamais apoplexie violente ne causa d'effet plus subit et plus terrible. Je tombai, avec une palpitation de cœur si douloureuse, qu'à l'instant que je perdis la connaissance, je me crus délivré de la vie pour toujours. Il me resta même quelque chose de cette pensée lorsque je revins à moi. Je tournai mes regards vers toutes les parties de la chambre et sur moi-même, pour m'assurer si je portais encore la malheureuse qualité d'homme vivant. Il est certain qu'en ne suivant que le mouvement naturel qui fait chercher à se délivrer de ses peines, rien ne pouvait me paraître plus doux que la mort, dans ce moment de désespoir et de consternation. La religion même ne pouvait me faire envisager rien de plus insupportable, après la vie, que les convulsions cruelles dont j'étais tourmenté. Cependant, par un miracle propre à l'amour, je retrouvai bientôt assez de force pour remercier le Ciel de m'avoir rendu la connaissance et la raison. Ma mort n'eût été utile qu'à moi. Manon avait besoin de ma vie pour la délivrer, pour la secourir, pour la venger. Je jurai de m'y employer sans ménagement.

Le concierge me donna toute l'assistance que j'eusse pu attendre du meilleur de mes amis. Je reçus ses services avec une vive reconnaissance. Hélas ! lui dis-je, vous êtes donc touché de mes peines ? Tout le monde m'abandonne. Mon père même est sans doute un de mes plus cruels persécuteurs. Personne n'a pitié de moi. Vous seul, dans le séjour

de la dureté et de la barbarie, vous marquez de la compassion
pour le plus misérable de tous les hommes ! Il me conseillait
de ne point paraître dans la rue sans être un peu remis du
trouble où j'étais. Laissez, laissez, répondis-je en sortant ; je
vous reverrai plus tôt que vous ne pensez. Préparez-moi le
plus noir de vos cachots ; je vais travailler à le mériter. En
effet, mes premières résolutions n'allaient à rien moins qu'à
me défaire des deux G... M... et du Lieutenant général de
Police, et fondre ensuite à main armée sur l'Hôpital, avec
tous ceux que je pourrais engager dans ma querelle. Mon
père lui-même eût à peine été respecté, dans une vengeance
qui me paraissait si juste, car le concierge ne m'avait pas
caché que lui et G... M... étaient les auteurs de ma perte.
Mais, lorsque j'eus fait quelques pas dans les rues, et que
l'air eut un peu rafraîchi mon sang et mes humeurs, ma
fureur fit place peu à peu à des sentiments plus raison-
nables. La mort de nos ennemis eût été d'une faible utilité
pour Manon, et elle m'eût exposé sans doute à me voir
ôter tous les moyens de la secourir. D'ailleurs, aurais-je eu
recours à un lâche assassinat ? Quelle autre voie pouvais-je
m'ouvrir à la vengeance ? Je recueillis toutes mes forces et
tous mes esprits pour travailler d'abord à la délivrance de
Manon, remettant tout le reste après le succès de cette
importante entreprise. Il me restait peu d'argent. C'était,
néanmoins, un fondement nécessaire, par lequel il fallait
commencer. Je ne voyais que trois personnes de qui j'en
pusse attendre : M. de T..., mon père et Tiberge. Il y avait
peu d'apparence d'obtenir quelque chose des deux derniers,
et j'avais honte de fatiguer l'autre par mes importunités.
Mais ce n'est point dans le désespoir qu'on garde des ména-
gements. J'allai sur-le-champ au Séminaire de Saint-Sulpice,
sans m'embarrasser si j'y serais reconnu. Je fis appeler
Tiberge. Ses premières paroles me firent comprendre qu'il
ignorait encore mes dernières aventures. Cette idée me fit

changer le dessein que j'avais, de l'attendrir par la compassion. Je lui parlai, en général, du plaisir que j'avais eu de revoir mon père, et je le priai ensuite de me prêter quelque argent, sous prétexte de payer, avant mon départ de Paris, quelques dettes que je souhaitais de tenir inconnues. Il me présenta aussitôt sa bourse. Je pris cinq cents francs sur six cents que j'y trouvai. Je lui offris mon billet[1]; il était trop généreux pour l'accepter.

Je tournai de là chez M. de T... Je n'eus point de réserve avec lui. Je lui fis l'exposition de mes malheurs et de mes peines : il en savait déjà jusqu'aux moindres circonstances, par le soin qu'il avait eu de suivre l'aventure du jeune G... M... ; il m'écouta néanmoins, et il me plaignit beaucoup. Lorsque je lui demandai ses conseils sur les moyens de délivrer Manon, il me répondit tristement qu'il y voyait si peu de jour, qu'à moins d'un secours extraordinaire du Ciel, il fallait renoncer à l'espérance, qu'il avait passé exprès à l'Hôpital, depuis qu'elle y était renfermée, qu'il n'avait pu obtenir lui-même la liberté de la voir ; que les ordres du Lieutenant général de Police étaient de la dernière rigueur, et que, pour comble d'infortune, la malheureuse bande où elle devait entrer était destinée à partir le surlendemain du jour où nous étions. J'étais si consterné de son discours qu'il eût pu parler une heure sans que j'eusse pensé à l'interrompre. Il continua de me dire qu'il ne m'était point allé voir au Châtelet, pour se donner plus de facilité à me servir lorsqu'on le croirait sans liaison avec moi ; que, depuis quelques heures que j'en étais sorti, il avait eu le chagrin d'ignorer où je m'étais retiré, et qu'il avait souhaité de me voir promptement pour me donner le seul conseil dont il semblait que je pusse espérer du changement dans le sort

---

1. Billet de reconnaissance de dette par lequel on s'engage à rembourser à une date donnée.

de Manon, mais un conseil dangereux, auquel il me priait de cacher éternellement qu'il eût part : c'était de choisir quelques braves qui eussent le courage d'attaquer les gardes de Manon lorsqu'ils seraient sortis de Paris avec elle. Il n'attendit point que je lui parlasse de mon indigence. Voilà cent pistoles, me dit-il, en me présentant une bourse, qui pourront vous être de quelque usage. Vous me les remettrez, lorsque la fortune aura rétabli vos affaires. Il ajouta que, si le soin de sa réputation lui eût permis d'entreprendre lui-même la délivrance de ma maîtresse, il m'eût offert son bras et son épée.

Cette excessive générosité me toucha jusqu'aux larmes. J'employai, pour lui marquer ma reconnaissance, toute la vivacité que mon affliction me laissait de reste. Je lui demandai s'il n'y avait rien à espérer, par la voie des intercessions, auprès du Lieutenant général de Police. Il me dit qu'il y avait pensé, mais qu'il croyait cette ressource inutile, parce qu'une grâce de cette nature ne pouvait se demander sans motif, et qu'il ne voyait pas bien quel motif on pouvait employer pour se faire un intercesseur d'une personne grave et puissante ; que, si l'on pouvait se flatter de quelque chose de ce côté-là, ce ne pouvait être qu'en faisant changer de sentiment à M. de G... M... et à mon père, et en les engageant à prier eux-mêmes M. le Lieutenant général de Police de révoquer sa sentence. Il m'offrit de faire tous ses efforts pour gagner le jeune G... M..., quoiqu'il le crût un peu refroidi à son égard par quelques soupçons qu'il avait conçus de lui à l'occasion de notre affaire, et il m'exhorta à ne rien omettre, de mon côté, pour fléchir l'esprit de mon père.

Ce n'était pas une légère entreprise pour moi, je ne dis pas seulement par la difficulté que je devais naturellement trouver à le vaincre, mais par une autre raison qui me faisait même redouter ses approches : je m'étais dérobé de son logement contre ses ordres, et j'étais fort résolu de n'y pas retourner depuis que j'avais appris la triste destinée de Manon. J'appréhendais avec sujet qu'il ne me fît retenir malgré moi, et qu'il ne me reconduisît de même en province. Mon frère aîné avait usé autrefois de cette méthode. Il est vrai que j'étais devenu plus âgé, mais l'âge était une faible raison contre la force. Cependant je trouvai une voie qui me sauvait du danger ; c'était de le faire appeler dans un endroit public, et de m'annoncer à lui sous un autre nom. Je pris aussitôt ce parti. M. de T... s'en alla chez G... M... et moi au Luxembourg, d'où j'envoyai avertir mon père qu'un gentilhomme de ses serviteurs était à l'attendre. Je craignais qu'il n'eût quelque peine à venir, parce que la nuit approchait. Il parut néanmoins peu après, suivi de son laquais. Je le priai de prendre une allée où nous puissions être seuls. Nous fîmes cent pas, pour le moins, sans parler. Il s'imaginait bien, sans doute, que tant de préparations ne s'étaient pas faites sans un dessein d'importance. Il attendait ma harangue, et je la méditais.

Enfin, j'ouvris la bouche. Monsieur, lui dis-je en tremblant, vous êtes un bon père. Vous m'avez comblé de grâces et vous m'avez pardonné un nombre infini de fautes. Aussi le Ciel m'est-il témoin que j'ai pour vous tous les sentiments du fils le plus tendre et le plus respectueux. Mais il me semble... que votre rigueur... Hé bien ! ma rigueur ? interrompit mon père, qui trouvait sans doute que je parlais lentement pour son impatience. Ah ! monsieur, repris-je, il me semble que votre rigueur est extrême, dans le traitement que vous avez fait à la malheureuse Manon. Vous vous en êtes rapporté à M. de G... M... Sa haine vous l'a représentée sous les plus noires couleurs. Vous vous êtes formé d'elle une affreuse idée. Cependant, c'est la plus douce et la plus aimable créature qui fût jamais. Que n'a-t-il plu au Ciel de vous inspirer l'envie de la voir un moment ! Je ne suis pas plus sûr qu'elle est charmante, que je le suis qu'elle vous l'aurait paru. Vous auriez pris parti pour elle ; vous auriez détesté les noirs artifices de G... M... ; vous auriez eu compassion d'elle et de moi. Hélas ! j'en suis sûr. Votre cœur n'est pas insensible ; vous vous seriez laissé attendrir. Il m'interrompit encore, voyant que je parlais avec une ardeur qui ne m'aurait pas permis de finir sitôt. Il voulut savoir à quoi j'avais dessein d'en venir par un discours si passionné. À vous demander la vie, répondis-je, que je ne puis conserver un moment si Manon part une fois pour l'Amérique. Non, non, me dit-il d'un ton sévère ; j'aime mieux te voir sans vie que sans sagesse et sans honneur. N'allons donc pas plus loin ! m'écriai-je en l'arrêtant par le bras. Ôtez-la-moi, cette vie odieuse et insupportable, car, dans le désespoir où vous me jetez, la mort sera une faveur pour moi. C'est un présent digne de la main d'un père.

Je ne te donnerais que ce que tu mérites, répliqua-t-il. Je connais bien des pères qui n'auraient pas attendu si long-temps pour être eux-mêmes tes bourreaux, mais c'est ma bonté excessive qui t'a perdu.

Je me jetai à ses genoux. Ah ! s'il vous en reste encore, lui dis-je en les embrassant, ne vous endurcissez donc pas contre mes pleurs. Songez que je suis votre fils... Hélas ! souvenez-vous de ma mère. Vous l'aimiez si tendrement ! Auriez-vous souffert qu'on l'eût arrachée de vos bras ? Vous l'auriez défendue jusqu'à la mort. Les autres n'ont-ils pas un cœur comme vous ? Peut-on être barbare, après avoir une fois éprouvé ce que c'est que la tendresse et la douleur ?

Ne me parle pas davantage de ta mère, reprit-il d'une voix irritée ; ce souvenir échauffe mon indignation. Tes désordres la feraient mourir de douleur, si elle eût assez vécu pour les voir. Finissons cet entretien, ajouta-t-il ; il m'importune, et ne me fera point changer de résolution. Je retourne au logis ; je t'ordonne de me suivre. Le ton sec et dur avec lequel il m'intima cet ordre me fit trop comprendre que son cœur était inflexible. Je m'éloignai de quelques pas, dans la crainte qu'il ne lui prît envie de m'arrêter de ses propres mains. N'augmentez pas mon désespoir, lui dis-je, en me forçant de vous désobéir. Il est impossible que je vous suive. Il ne l'est pas moins que je vive, après la dureté avec laquelle vous me traitez. Ainsi je vous dis un éternel adieu. Ma mort, que vous apprendrez bientôt, ajoutai-je tristement, vous fera peut-être reprendre pour moi des sentiments de père. Comme je me tournais pour le quitter : Tu refuses donc de me suivre ? s'écria-t-il avec une vive colère. Va, cours à ta perte. Adieu, fils ingrat et rebelle. Adieu, lui dis-je dans mon transport, adieu, père barbare et dénaturé.

Je sortis aussitôt du Luxembourg. Je marchai dans les rues comme un furieux jusqu'à la maison de M. de T... Je levais, en marchant, les yeux et les mains pour invoquer toutes les puissances célestes. Ô Ciel ! disais-je, serez-vous aussi impitoyable que les hommes ? Je n'ai plus de secours à attendre que de vous. M. de T... n'était point encore retourné chez lui, mais il revint après que je l'y eus attendu quelques moments. Sa négociation n'avait pas réussi mieux que la mienne. Il me le dit d'un visage abattu. Le jeune G... M..., quoique moins irrité que son père contre Manon et contre moi, n'avait pas voulu entreprendre de le solliciter en notre faveur. Il s'en était défendu par la crainte qu'il avait lui-même de ce vieillard vindicatif, qui s'était déjà fort emporté contre lui en lui reprochant ses desseins de commerce avec Manon. Il ne me restait donc que la voie de la violence, telle que M. de T... m'en avait tracé le plan ; j'y réduisis toutes mes espérances. Elles sont bien incertaines, lui dis-je, mais la plus solide et la plus consolante pour moi est celle de périr du moins dans l'entreprise. Je le quittai en le priant de me secourir par ses vœux, et je ne pensai plus qu'à m'associer des camarades à qui je pusse communiquer une étincelle de mon courage et de ma résolution.

Le premier qui s'offrit à mon esprit, fut le même garde du corps que j'avais employé pour arrêter G... M... J'avais dessein aussi d'aller passer la nuit dans sa chambre, n'ayant pas eu l'esprit assez libre, pendant l'après-midi, pour me procurer un logement. Je le trouvai seul. Il eut de la joie de me voir sorti du Châtelet. Il m'offrit affectueusement ses services. Je lui expliquai ceux qu'il pouvait me rendre. Il avait assez de bon sens pour en apercevoir toutes les difficultés, mais il fut assez généreux pour entreprendre de les surmonter. Nous employâmes une partie de la nuit à raisonner sur mon dessein. Il me parla des trois soldats aux gardes, dont il s'était servi dans la dernière occasion, comme de trois braves à l'épreuve. M. de T... m'avait informé exactement du nombre des archers qui devaient conduire Manon ; ils n'étaient que six. Cinq hommes hardis et résolus suffisaient pour donner l'épouvante à ces misérables, qui ne sont point capables de se défendre honorablement lorsqu'ils peuvent éviter le péril du combat par une lâcheté. Comme je ne manquais point d'argent, le garde du corps me conseilla de ne rien épargner pour assurer le succès de notre attaque. Il nous faut des chevaux, me dit-il, avec des pistolets, et chacun notre mousqueton[1]. Je me charge de prendre demain le soin de ces préparatifs. Il faudra aussi trois habits communs pour nos soldats, qui n'oseraient paraître dans une affaire de cette nature avec l'uniforme du régiment. Je lui mis entre les mains les cent pistoles que j'avais reçues de M. de T... Elles furent employées, le lendemain, jusqu'au dernier sol[2]. Les trois soldats passèrent en revue devant moi. Je les animai par de grandes promesses, et pour leur ôter toute défiance, je commençai par leur faire présent, à

---

1. Mousquet gros et court. Le mousquet est une arme à feu posée au sol à l'aide d'une fourche et qu'on allume avec une mèche.
2. Sou.

chacun, de dix pistoles. Le jour de l'exécution étant venu, j'en envoyai un de grand matin à l'Hôpital, pour s'instruire, par ses propres yeux, du moment auquel les archers partiraient avec leur proie. Quoique je n'eusse pris cette précaution que par un excès d'inquiétude et de prévoyance, il se trouva qu'elle avait été absolument nécessaire. J'avais compté sur quelques fausses informations qu'on m'avait données de leur route, et, m'étant persuadé que c'était à La Rochelle que cette déplorable troupe devait être embarquée, j'aurais perdu mes peines à l'attendre sur le chemin d'Orléans. Cependant, je fus informé, par le rapport du soldat aux gardes, qu'elle prenait le chemin de Normandie, et que c'était du Havre-de-Grâce qu'elle devait partir pour l'Amérique.

Nous nous rendîmes aussitôt à la Porte Saint-Honoré, observant de marcher par des rues différentes. Nous nous réunîmes au bout du faubourg. Nos chevaux étaient frais. Nous ne tardâmes point à découvrir les six gardes et les deux misérables voitures que vous vîtes à Pacy, il y a deux ans. Ce spectacle faillit de m'ôter la force et la connaissance. Ô fortune, m'écriai-je, fortune cruelle ! accorde-moi ici, du moins, la mort ou la victoire. Nous tînmes conseil un moment sur la manière dont nous ferions notre attaque. Les archers n'étaient guère plus de quatre cents pas devant nous, et nous pouvions les couper en passant au travers d'un petit champ, autour duquel le grand chemin tournait. Le garde du corps fut d'avis de prendre cette voie, pour les surprendre en fondant tout d'un coup sur eux. J'approuvai sa pensée et je fus le premier à piquer mon cheval. Mais la fortune avait rejeté impitoyablement mes vœux. Les archers, voyant cinq cavaliers accourir vers eux, ne doutèrent point que ce ne fût pour les attaquer. Ils se mirent en défense, en préparant leurs baïonnettes et leurs fusils d'un air assez résolu. Cette vue, qui ne fit que nous animer, le garde du corps et moi, ôta tout d'un coup le courage à nos trois lâches compagnons. Ils s'arrêtèrent comme de concert, et, s'étant dit entre eux quelques mots que je n'entendis point, ils tournèrent la tête de leurs chevaux, pour reprendre le chemin de Paris à bride abattue. Dieux ! me dit le garde du corps, qui paraissait aussi éperdu que moi de cette infâme désertion, qu'allons-nous faire ? Nous ne sommes que deux. J'avais perdu la voix, de fureur et d'étonnement. Je m'arrêtai, incertain si ma première vengeance ne devait pas s'employer à la poursuite et au châtiment des lâches qui m'abandonnaient. Je les regardais fuir et je jetais les yeux, de l'autre côté, sur les archers. S'il m'eût été possible de me partager, j'aurais fondu tout à la fois sur ces deux objets de ma rage ; je les dévorais tous ensemble. Le garde du corps, qui jugeait de mon incertitude par le mouvement égaré de mes yeux, me pria d'écouter son conseil. N'étant que deux, me dit-il, il y aurait de la folie à attaquer six hommes aussi bien armés que nous et qui paraissent nous attendre de pied ferme. Il faut retourner à Paris et tâcher de réussir mieux dans le choix de nos braves. Les archers ne sauraient faire de grandes journées avec deux pesantes voitures ; nous les rejoindrons demain sans peine.

Je fis un moment de réflexion sur ce parti, mais, ne voyant de tous côtés que des sujets de désespoir, je pris une résolution véritablement désespérée. Ce fut de remercier mon compagnon de ses services, et, loin d'attaquer les archers, je résolus d'aller, avec soumission, les prier de me recevoir dans leur troupe pour accompagner Manon avec eux jusqu'au Havre-de-Grâce et passer ensuite au-delà des mers avec elle. Tout le monde me persécute ou me trahit, dis-je au garde du corps. Je n'ai plus de fond à faire sur personne. Je n'attends plus rien, ni de la fortune, ni du secours des hommes. Mes malheurs sont au comble ; il ne me reste plus que de m'y soumettre. Ainsi, je ferme les yeux à toute espérance. Puisse le Ciel récompenser votre générosité !

Adieu, je vais aider mon mauvais sort à consommer ma ruine, en y courant moi-même volontairement. Il fit inutilement ses efforts pour m'engager à retourner à Paris. Je le priai de me laisser suivre mes résolutions et de me quitter sur-le-champ, de peur que les archers ne continuassent de croire que notre dessein était de les attaquer.

J'allai seul vers eux, d'un pas lent et le visage si consterné qu'ils ne durent rien trouver d'effrayant dans mes approches. Ils se tenaient néanmoins en défense. Rassurez-vous, messieurs, leur dis-je, en les abordant ; je ne vous apporte point la guerre, je viens vous demander des grâces. Je les priai de continuer leur chemin sans défiance et je leur appris, en marchant, les faveurs que j'attendais d'eux. Ils consultèrent ensemble de quelle manière ils devaient recevoir cette ouverture. Le chef de la bande prit la parole pour les autres. Il me répondit que les ordres qu'ils avaient de veiller sur leurs captives étaient d'une extrême rigueur ; que je lui paraissais néanmoins si joli homme que lui et ses compagnons se relâcheraient un peu de leur devoir ; mais que je devais comprendre qu'il fallait qu'il m'en coûtât quelque chose. Il me restait environ quinze pistoles ; je leur dis naturellement en quoi consistait le fond de ma bourse. Hé bien ! me dit l'archer, nous en userons généreusement. Il ne vous coûtera qu'un écu par heure pour entretenir celle de nos filles qui vous plaira le plus ; c'est le prix courant de Paris. Je ne leur avais pas parlé de Manon en particulier, parce que je n'avais pas dessein qu'ils connussent ma passion. Ils s'imaginèrent d'abord que ce n'était qu'une fantaisie de jeune homme qui me faisait chercher un peu de passe-temps avec ces créatures ; mais lorsqu'ils crurent s'être aperçus que j'étais amoureux, ils augmentèrent tellement le tribut, que ma bourse se trouva épuisée en partant de Mantes, où nous avions couché, le jour que nous arrivâmes à Pacy.

Vous dirai-je quel fut le déplorable sujet de mes entre-

tiens avec Manon pendant cette route, ou quelle impression
sa vue fit sur moi lorsque j'eus obtenu des gardes la liberté
d'approcher de son chariot ? Ah ! les expressions ne rendent
jamais qu'à demi les sentiments du cœur. Mais figurez-vous
ma pauvre maîtresse enchaînée par le milieu du corps, assise
sur quelques poignées de paille, la tête appuyée languissamment sur un côté de la voiture, le visage pâle et mouillé
d'un ruisseau de larmes qui se faisaient un passage au travers
de ses paupières, quoiqu'elle eût continuellement les yeux
fermés. Elle n'avait pas même eu la curiosité de les ouvrir
lorsqu'elle avait entendu le bruit de ses gardes, qui crai-
gnaient d'être attaqués. Son linge était sale et dérangé, ses
mains délicates exposées à l'injure de l'air ; enfin, tout ce
composé charmant, cette figure capable de ramener l'univers à l'idolâtrie, paraissait dans un désordre et un abattement inexprimables. J'employai quelque temps à la considérer,
en allant à cheval à côté du chariot. J'étais si peu à moi-même
que je fus sur le point, plusieurs fois, de tomber dangereusement. Mes soupirs et mes exclamations fréquentes m'attirèrent d'elle quelques regards. Elle me reconnut, et je
remarquai que, dans le premier mouvement, elle tenta de
se précipiter hors de la voiture pour venir à moi : mais,
étant retenue par sa chaîne, elle retomba dans sa première
attitude. Je priai les archers d'arrêter un moment par compassion ; ils y consentirent par avarice. Je quittai mon cheval
pour m'asseoir auprès d'elle. Elle était si languissante et si
affaiblie qu'elle fut longtemps sans pouvoir se servir de sa
langue ni remuer ses mains. Je les mouillais pendant ce
temps-là de mes pleurs, et, ne pouvant proférer moi-même
une seule parole, nous étions l'un et l'autre dans une des
plus tristes situations dont il y ait jamais eu d'exemple. Nos
expressions ne le furent pas moins, lorsque nous eûmes
retrouvé la liberté de parler. Manon parla peu. Il semblait
que la honte et la douleur eussent altéré les organes de sa

voix ; le son en était faible et tremblant. Elle me remercia de ne l'avoir pas oubliée, et de la satisfaction que je lui accordais, dit-elle en soupirant, de me voir du moins encore une fois et de me dire le dernier adieu. Mais, lorsque je l'eus assurée que rien n'était capable de me séparer d'elle et que j'étais disposé à la suivre jusqu'à l'extrémité du monde pour prendre soin d'elle, pour la servir, pour l'aimer et pour attacher inséparablement ma misérable destinée à la sienne, cette pauvre fille se livra à des sentiments si tendres et si douloureux, que j'appréhendai quelque chose pour sa vie d'une si violente émotion. Tous les mouvements de son âme semblaient se réunir dans ses yeux. Elle les tenait fixés sur moi. Quelquefois elle ouvrait la bouche, sans avoir la force d'achever quelques mots qu'elle commençait. Il lui en échappait néanmoins quelques-uns. C'étaient des marques d'admiration sur mon amour, de tendres plaintes de son excès, des doutes qu'elle pût être assez heureuse pour m'avoir inspiré une passion si parfaite, des instances pour me faire renoncer au dessein de la suivre et chercher ailleurs un bonheur digne de moi, qu'elle me disait que je ne pouvais espérer avec elle.

En dépit du plus cruel de tous les sorts, je trouvais ma félicité dans ses regards et dans la certitude que j'avais de son affection. J'avais perdu, à la vérité, tout ce que le reste des hommes estime ; mais j'étais maître du cœur de Manon, le seul bien que j'estimais. Vivre en Europe, vivre en Amérique, que m'importait-il en quel endroit vivre, si j'étais sûr d'y être heureux en y vivant avec ma maîtresse ? Tout l'univers n'est-il pas la patrie de deux amants fidèles ? Ne trouvent-ils pas l'un dans l'autre, père, mère, parents, amis, richesses et félicité ? Si quelque chose me causait de l'inquiétude, c'était la crainte de voir Manon exposée aux besoins de l'indigence. Je me supposais déjà, avec elle, dans une région inculte et habitée par des sauvages. Je suis bien

sûr, disais-je, qu'il ne saurait y en avoir d'aussi cruels que
G… M… et mon père. Ils nous laisseront du moins vivre en
paix. Si les relations qu'on en fait sont fidèles, ils suivent les
lois de la nature. Ils ne connaissent ni les fureurs de l'avarice,
qui possèdent G… M…, ni les idées fantastiques de l'honneur, qui m'ont fait un ennemi de mon père. Ils ne trou-
bleront point deux amants qu'ils verront vivre avec autant
de simplicité qu'eux. J'étais donc tranquille de ce côté-là.
Mais je ne me formais point des idées romanesques par
rapport aux besoins communs de la vie. J'avais éprouvé
trop souvent qu'il y a des nécessités insupportables, surtout
pour une fille délicate qui est accoutumée à une vie commode et abondante. J'étais au désespoir d'avoir épuisé inutilement ma bourse et que le peu d'argent qui me restait fût
encore sur le point de m'être ravi par la friponnerie des
archers. Je concevais qu'avec une petite somme j'aurais pu
espérer, non seulement de me soutenir quelque temps
contre la misère en Amérique, où l'argent était rare, mais
d'y former même quelque entreprise pour un établissement
durable. Cette considération me fit naître la pensée d'écrire
à Tiberge, que j'avais toujours trouvé si prompt à m'offrir
les secours de l'amitié. J'écrivis, dès la première ville où
nous passâmes. Je ne lui apportai point d'autre motif que le
pressant besoin dans lequel je prévoyais que je me trouverais au Havre-de-Grâce, où je lui confessais que j'étais
allé conduire Manon. Je lui demandais cent pistoles. Faites-
les-moi tenir au Havre, lui disais-je, par le maître de la poste.
Vous voyez bien que c'est la dernière fois que j'importune
votre affection et que, ma malheureuse maîtresse m'étant
enlevée pour toujours, je ne puis la laisser partir sans quelques
soulagements qui adoucissent son sort et mes mortels
regrets.

  Les archers devinrent si intraitables, lorsqu'ils eurent
découvert la violence de ma passion, que, redoublant conti-

nuellement le prix de leurs moindres faveurs, ils me réduisirent bientôt à la dernière indigence. L'amour, d'ailleurs,
ne me permettait guère de ménager ma bourse. Je m'oubliais
du matin au soir près de Manon, et ce n'était plus par heure
que le temps m'était mesuré, c'était par la longueur entière
des jours. Enfin, ma bourse étant tout à fait vide, je me
trouvai exposé aux caprices et à la brutalité de six misérables, qui me traitaient avec une hauteur insupportable. Vous
en fûtes témoin à Pacy. Votre rencontre fut un heureux
moment de relâche, qui me fut accordé par la fortune.
Votre pitié, à la vue de mes peines, fut ma seule recommandation auprès de votre cœur généreux. Le secours, que
vous m'accordâtes libéralement, servit à me faire gagner Le
Havre, et les archers tinrent leur promesse avec plus de
fidélité que je ne l'espérais.

Nous arrivâmes au Havre. J'allai d'abord à la poste.
Tiberge n'avait point encore eu le temps de me répondre.
Je m'informai exactement quel jour je pouvais attendre sa
lettre. Elle ne pouvait arriver que deux jours après, et par
une étrange disposition de mon mauvais sort, il se trouva
que notre vaisseau devait partir le matin de celui auquel
j'attendais l'ordinaire[1]. Je ne puis vous représenter mon
désespoir. Quoi ! m'écriai-je, dans le malheur même, il faudra toujours que je sois distingué par des excès ! Manon
répondit : Hélas ! une vie si malheureuse mérite-t-elle le
soin que nous en prenons ? Mourons au Havre, mon cher
Chevalier. Que la mort finisse tout d'un coup nos misères !
Irons-nous les traîner dans un pays inconnu, où nous devons
nous attendre, sans doute, à d'horribles extrémités, puisqu'on a voulu m'en faire un supplice ? Mourons, me répéta-
t-elle ; ou du moins, donne-moi la mort, et va chercher un

---

1. Courrier postal partant régulièrement à certains jours de la
semaine.

autre sort dans les bras d'une amante plus heureuse. Non, non, lui dis-je, c'est pour moi un sort digne d'envie que d'être malheureux avec vous. Son discours me fit trembler. Je jugeai qu'elle était accablée de ses maux. Je m'efforçai de prendre un air plus tranquille, pour lui ôter ces funestes pensées de mort et de désespoir. Je résolus de tenir la même conduite à l'avenir ; et j'ai éprouvé, dans la suite, que rien n'est plus capable d'inspirer du courage à une femme que l'intrépidité d'un homme qu'elle aime.

Lorsque j'eus perdu l'espérance de recevoir du secours de Tiberge, je vendis mon cheval. L'argent que j'en tirai, joint à ce qui me restait encore de vos libéralités, me composa la petite somme de dix-sept pistoles. J'en employai sept à l'achat de quelques soulagements nécessaires à Manon, et je serrai les dix autres avec soin, comme le fondement de notre fortune et de nos espérances en Amérique. Je n'eus point de peine à me faire recevoir dans le vaisseau. On cherchait alors des jeunes gens qui fussent disposés à se joindre volontairement à la colonie. Le passage et la nourriture me furent accordés gratis. La poste de Paris devant partir le lendemain, j'y laissai une lettre pour Tiberge. Elle était touchante et capable de l'attendrir, sans doute, au dernier point, puisqu'elle lui fit prendre une résolution qui ne pouvait venir que d'un fonds infini de tendresse et de générosité pour un ami malheureux.

Nous mîmes à la voile. Le vent ne cessa point de nous être favorable. J'obtins du capitaine un lieu à part pour Manon et pour moi. Il eut la bonté de nous regarder d'un autre œil que le commun de nos misérables associés. Je l'avais pris en particulier dès le premier jour, et, pour m'attirer de lui quelque considération, je lui avais découvert une partie de mes infortunes. Je ne crus pas me rendre coupable d'un mensonge honteux en lui disant que j'étais marié à Manon. Il feignit de le croire, et il m'accorda sa protection.

Nous en reçûmes des marques pendant toute la navigation. Il eut soin de nous faire nourrir honnêtement, et les égards qu'il eut pour nous servirent à nous faire respecter des compagnons de notre misère. J'avais une attention continuelle à ne pas laisser souffrir la moindre incommodité à Manon. Elle le remarquait bien, et cette vue, jointe au vif ressentiment[1] de l'étrange extrémité où je m'étais réduit pour elle, la rendait si tendre et si passionnée, si attentive aussi à mes plus légers besoins, que c'était, entre elle et moi, une perpétuelle émulation de services et d'amour. Je ne regrettais point l'Europe. Au contraire, plus nous avancions vers l'Amérique, plus je sentais mon cœur s'élargir et devenir tranquille. Si j'eusse pu m'assurer de n'y pas manquer des nécessités absolues de la vie, j'aurais remercié la fortune d'avoir donné un tour si favorable à nos malheurs.

Après une navigation de deux mois, nous abordâmes enfin au rivage désiré. Le pays ne nous offrit rien d'agréable à la première vue. C'étaient des campagnes stériles et inhabitées, où l'on voyait à peine quelques roseaux et quelques arbres dépouillés par le vent. Nulle trace d'hommes ni d'animaux. Cependant, le capitaine ayant fait tirer quelques pièces de notre artillerie, nous ne fûmes pas longtemps sans apercevoir une troupe de citoyens du Nouvel Orléans, qui s'approchèrent de nous avec de vives marques de joie. Nous n'avions pas découvert la ville. Elle est cachée, de ce côté-là, par une petite colline. Nous fûmes reçus comme des gens descendus du Ciel. Ces pauvres habitants s'empressaient pour nous faire mille questions sur l'état de la France et sur les différentes provinces où ils étaient nés. Ils nous embrassaient comme leurs frères et comme de chers compagnons qui venaient partager leur misère et leur solitude. Nous prîmes le chemin de la ville avec eux, mais nous

---

1. Ici au sens de « reconnaissance ».

fûmes surpris de découvrir, en avançant, que, ce qu'on nous avait vanté jusqu'alors comme une bonne ville, n'était qu'un assemblage de quelques pauvres cabanes. Elles étaient habitées par cinq ou six cents personnes. La maison du Gouverneur nous parut un peu distinguée par sa hauteur et par sa situation. Elle est défendue par quelques ouvrages de terre, autour desquels règne un large fossé.

Nous fûmes d'abord présentés à lui. Il s'entretint longtemps en secret avec le capitaine, et, revenant ensuite à nous, il considéra, l'une après l'autre, toutes les filles qui étaient arrivées par le vaisseau. Elles étaient au nombre de trente, car nous en avions trouvé au Havre une autre bande, qui s'était jointe à la nôtre. Le Gouverneur, les ayant longtemps examinées, fit appeler divers jeunes gens de la ville qui languissaient dans l'attente d'une épouse. Il donna les plus jolies aux principaux et le reste fut tiré au sort. Il n'avait point encore parlé à Manon, mais, lorsqu'il eut ordonné aux autres de se retirer, il nous fit demeurer, elle et moi. J'apprends du capitaine, nous dit-il, que vous êtes mariés et qu'il vous a reconnus sur la route pour deux personnes d'esprit et de mérite. Je n'entre point dans les raisons qui ont causé votre malheur, mais, s'il est vrai que vous ayez autant de savoir-vivre que votre figure me le promet, je n'épargnerai rien pour adoucir votre sort, et vous contribuerez vous-mêmes à me faire trouver quelque agrément dans ce lieu sauvage et désert. Je lui répondis de la manière que je crus la plus propre à confirmer l'idée qu'il avait de nous. Il donna quelques ordres pour nous faire préparer un logement dans la ville, et il nous retint à souper avec lui. Je lui trouvai beaucoup de politesse, pour un chef de malheureux bannis. Il ne nous fit point de questions, en public, sur le fond de nos aventures. La conversation fut générale, et, malgré notre tristesse, nous nous efforçâmes, Manon et moi, de contribuer à la rendre agréable.

Le soir, il nous fit conduire au logement qu'on nous avait préparé. Nous trouvâmes une misérable cabane, composée de planches et de boue, qui consistait en deux ou trois chambres de plain-pied, avec un grenier au-dessus. Il y avait fait mettre cinq ou six chaises et quelques commodités nécessaires à la vie. Manon parut effrayée à la vue d'une si triste demeure. C'était pour moi qu'elle s'affligeait, beaucoup plus que pour elle-même. Elle s'assit, lorsque nous fûmes seuls, et elle se mit à pleurer amèrement. J'entrepris d'abord de la consoler, mais lorsqu'elle m'eut fait entendre que c'était moi seul qu'elle plaignait, et qu'elle ne considérait, dans nos malheurs communs, que ce que j'avais à souffrir, j'affectai de montrer assez de courage, et même assez de joie pour lui en inspirer. De quoi me plaindrai-je ? lui dis-je. Je possède tout ce que je désire. Vous m'aimez, n'est-ce pas ? Quel autre bonheur me suis-je jamais proposé ? Laissons au Ciel le soin de notre fortune. Je ne la trouve pas si désespérée. Le Gouverneur est un homme civil ; il nous a marqué de la considération ; il ne permettra pas que nous manquions du nécessaire. Pour ce qui regarde la pauvreté de notre cabane et la grossièreté de nos meubles, vous avez pu remarquer qu'il y a peu de personnes ici qui paraissent mieux logées et mieux meublées que nous. Et puis, tu es une chimiste[1] admirable, ajoutai-je en l'embrassant, tu transformes tout en or.

Vous serez donc la plus riche personne de l'univers, me répondit-elle, car, s'il n'y eut jamais d'amour tel que le vôtre, il est impossible aussi d'être aimé plus tendrement que vous l'êtes. Je me rends justice, continua-t-elle. Je sens bien que je n'ai jamais mérité ce prodigieux attachement que vous avez pour moi. Je vous ai causé des chagrins, que vous n'avez pu me pardonner sans une bonté extrême. J'ai

---

1. Au sens d'alchimiste.

été légère et volage, et même en vous aimant éperdument, comme j'ai toujours fait, je n'étais qu'une ingrate. Mais vous ne sauriez croire combien je suis changée. Mes larmes, que vous avez vues couler si souvent depuis notre départ de France, n'ont pas eu une seule fois mes malheurs pour objet. J'ai cessé de les sentir aussitôt que vous avez commencé à les partager. Je n'ai pleuré que de tendresse et de compassion pour vous. Je ne me console point d'avoir pu vous chagriner un moment dans ma vie. Je ne cesse point de me reprocher mes inconstances et de m'attendrir, en admirant de quoi l'amour vous a rendu capable pour une malheureuse qui n'en était pas digne, et qui ne payerait pas bien de tout son sang, ajouta-t-elle avec une abondance de larmes, la moitié des peines qu'elle vous a causées.

Ses pleurs, son discours et le ton dont elle le prononça firent sur moi une impression si étonnante, que je crus sentir une espèce de division dans mon âme. Prends garde, lui dis-je, prends garde, ma chère Manon. Je n'ai point assez de force pour supporter des marques si vives de ton affection ; je ne suis point accoutumé à ces excès de joie. Ô Dieu ! m'écriai-je, je ne vous demande plus rien. Je suis assuré du cœur de Manon. Il est tel que je l'ai souhaité pour être heureux ; je ne puis plus cesser de l'être à présent. Voilà ma félicité bien établie. Elle l'est, reprit-elle, si vous la faites dépendre de moi, et je sais où je puis compter aussi de trouver toujours la mienne. Je me couchai avec ces charmantes idées, qui changèrent ma cabane en un palais digne du premier roi du monde. L'Amérique me parut un lieu de délices après cela. C'est au Nouvel Orléans qu'il faut venir, disais-je souvent à Manon, quand on veut goûter les vraies douceurs de l'amour. C'est ici qu'on s'aime sans intérêt, sans jalousie, sans inconstance. Nos compatriotes y viennent chercher de l'or ; ils ne s'imaginent pas que nous y avons trouvé des trésors bien plus estimables.

Nous cultivâmes soigneusement l'amitié du Gouverneur. Il eut la bonté, quelques semaines après notre arrivée, de me donner un petit emploi qui vint à vaquer dans le fort. Quoiqu'il ne fût pas bien distingué, je l'acceptai comme une faveur du Ciel. Il me mettait en état de vivre sans être à charge à personne. Je pris un valet pour moi et une servante pour Manon. Notre petite fortune s'arrangea. J'étais réglé dans ma conduite; Manon ne l'était pas moins. Nous ne laissions point échapper l'occasion de rendre service et de faire du bien à nos voisins. Cette disposition officieuse et la douceur de nos manières nous attirèrent la confiance et l'affection de toute la colonie. Nous fûmes en peu de temps si considérés, que nous passions pour les premières personnes de la ville après le Gouverneur.

L'innocence de nos occupations, et la tranquillité où nous étions continuellement, servirent à nous faire rappeler insensiblement des idées de religion. Manon n'avait jamais été une fille impie. Je n'étais pas non plus de ces libertins outrés, qui font gloire d'ajouter l'irréligion à la dépravation des mœurs. L'amour et la jeunesse avaient causé tous nos désordres. L'expérience commençait à nous tenir lieu d'âge; elle fit sur nous le même effet que les années. Nos conversations, qui étaient toujours réfléchies, nous mirent insensiblement dans le goût d'un amour vertueux. Je fus le premier qui proposai ce changement à Manon. Je connaissais les principes de son cœur. Elle était droite et naturelle dans tous ses sentiments, qualité qui dispose toujours à la vertu. Je lui fis comprendre qu'il manquait une chose à notre bonheur. C'est, lui dis-je, de le faire approuver du Ciel. Nous avons l'âme trop belle, et le cœur trop bien fait, l'un et l'autre, pour vivre volontairement dans l'oubli du devoir. Passe d'y avoir vécu en France, où il nous était également impossible de cesser de nous aimer et de nous satisfaire par une voie légitime; mais en Amérique, où nous ne dépendons que de nous-mêmes, où nous n'avons plus à ménager les lois arbitraires du rang et de la bienséance, où l'on nous croit même mariés, qui empêche que nous ne le soyons bientôt effectivement et que nous n'anoblissions notre amour par des serments que la religion autorise ? Pour moi, ajoutai-je, je ne vous offre rien de nouveau en vous offrant mon cœur et ma main, mais je suis prêt à vous en renouveler le don au pied d'un autel. Il me parut que ce discours la pénétrait de joie. Croiriez-vous, me répondit-elle, que j'y ai pensé mille fois, depuis que nous sommes en Amérique ? La crainte de vous déplaire m'a fait renfermer ce désir dans mon cœur. Je n'ai point la présomption d'aspirer à la qualité de votre épouse. Ah ! Manon, répliquai-je, tu serais bientôt celle d'un roi, si le Ciel m'avait fait naître avec une couronne. Ne balançons plus. Nous n'avons nul obstacle à redouter. J'en veux parler dès aujourd'hui au Gouverneur et lui avouer que nous l'avons trompé jusqu'à ce jour. Laissons craindre aux amants vulgaires, ajoutai-je, les chaînes indissolubles du mariage. Ils ne les craindraient pas s'ils étaient sûrs, comme nous, de porter toujours celles de l'amour. Je laissai Manon au comble de la joie, après cette résolution.

Je suis persuadé qu'il n'y a point d'honnête homme au monde qui n'eût approuvé mes vues dans les circonstances où j'étais, c'est-à-dire asservi fatalement à une passion que je ne pouvais vaincre et combattu par des remords que je ne devais point étouffer. Mais se trouvera-t-il quelqu'un qui accuse mes plaintes d'injustice, si je gémis de la rigueur du Ciel à rejeter un dessein que je n'avais formé que pour lui plaire ? Hélas ! que dis-je, à le rejeter ? Il l'a puni comme un crime. Il m'avait souffert avec patience tandis que je marchais aveuglément dans la route du vice, et ses plus rudes châtiments m'étaient réservés lorsque je commençais à retourner à la vertu. Je crains de manquer de force pour achever le récit du plus funeste événement qui fût jamais.

J'allai chez le Gouverneur, comme j'en étais convenu avec Manon, pour le prier de consentir à la cérémonie de notre mariage. Je me serais bien gardé d'en parler, à lui ni à personne, si j'eusse pu me promettre que son aumônier, qui était alors le seul prêtre de la ville, m'eût rendu ce service sans sa participation ; mais, n'osant espérer qu'il voulût s'engager au silence, j'avais pris le parti d'agir ouvertement. Le Gouverneur avait un neveu, nommé Synnelet, qui lui était extrêmement cher. C'était un homme de trente ans, brave, mais emporté et violent. Il n'était point marié. La beauté de Manon l'avait touché dès le jour de notre arrivée ; et les occasions sans nombre qu'il avait eues de la voir, pendant neuf ou dix mois, avaient tellement enflammé sa passion, qu'il se consumait en secret pour elle. Cependant, comme il était persuadé, avec son oncle et toute la ville, que j'étais réellement marié, il s'était rendu maître de son amour jusqu'au point de n'en laisser rien éclater et son zèle s'était même déclaré pour moi, dans plusieurs occasions de me rendre service. Je le trouvai avec son oncle, lorsque j'arrivai au fort. Je n'avais nulle raison qui m'obligeât de lui faire un secret de mon dessein, de sorte que je ne fis point difficulté de m'expliquer en sa présence. Le Gouverneur m'écouta avec sa bonté ordinaire. Je lui racontai une partie de mon histoire, qu'il entendit avec plaisir, et, lorsque je le priai d'assister à la cérémonie que je méditais, il eut la générosité de s'engager à faire toute la dépense de la fête. Je me retirai fort content.

Une heure après, je vis entrer l'aumônier chez moi. Je m'imaginai qu'il venait me donner quelques instructions sur mon mariage ; mais, après m'avoir salué froidement, il me déclara, en deux mots, que M. le Gouverneur me défendait d'y penser, et qu'il avait d'autres vues sur Manon. D'autres vues sur Manon ! lui dis-je avec un mortel saisissement de cœur, et quelles vues donc, Monsieur l'aumônier ? Il me répondit que je n'ignorais pas que M. le Gouverneur était le maître ; que Manon ayant été envoyée de France pour la colonie, c'était à lui à disposer d'elle ; qu'il ne l'avait pas fait jusqu'alors, parce qu'il la croyait mariée, mais, qu'ayant appris de moi-même qu'elle ne l'était point, il jugeait à propos de la donner à M. Synnelet, qui en était amoureux. Ma vivacité l'emporta sur ma prudence. J'ordonnai fièrement à l'aumônier de sortir de ma maison, en jurant que le Gouverneur, Synnelet et toute la ville ensemble n'oseraient porter la main sur ma femme, ou ma maîtresse, comme ils voudraient l'appeler.

Je fis part aussitôt à Manon du funeste message que je venais de recevoir. Nous jugeâmes que Synnelet avait séduit l'esprit de son oncle depuis mon retour et que c'était l'effet de quelque dessein médité depuis longtemps. Ils étaient les plus forts. Nous nous trouvions dans le Nouvel Orléans comme au milieu de la mer, c'est-à-dire séparés du reste du monde par des espaces immenses. Où fuir ? dans un pays inconnu, désert, ou habité par des bêtes féroces, et par des sauvages aussi barbares qu'elles ? J'étais estimé dans la ville, mais je ne pouvais espérer d'émouvoir assez le peuple en ma faveur, pour en espérer un secours proportionné au mal. Il eût fallu de l'argent ; j'étais pauvre. D'ailleurs, le succès d'une émotion populaire était incertain, et, si la fortune nous eût manqué, notre malheur serait devenu sans remède. Je roulais toutes ces pensées dans ma tête. J'en communiquais une partie à Manon. J'en formais de nouvelles sans écouter sa réponse. Je prenais un parti ; je le rejetais pour en prendre un autre. Je parlais seul, je répondais tout haut à mes pensées ; enfin j'étais dans une agitation que je ne saurais comparer à rien parce qu'il n'y en eut jamais d'égale. Manon avait les yeux sur moi. Elle jugeait, par mon trouble, de la grandeur du péril, et, tremblant pour moi plus que pour elle-même, cette tendre fille n'osait pas même ouvrir la bouche pour m'exprimer ses craintes. Après une infinité de réflexions, je m'arrêtai à la résolution d'aller trouver le Gouverneur, pour m'efforcer de le toucher par des considérations d'honneur et par le souvenir de mon respect et de son affection. Manon voulut s'opposer à ma sortie. Elle me disait, les larmes aux yeux : Vous allez à la mort. Ils vont vous tuer. Je ne vous reverrai plus. Je veux mourir avant vous. Il fallut beaucoup d'efforts pour la persuader de la nécessité où j'étais de sortir et de celle qu'il y avait pour elle de demeurer au logis. Je lui promis qu'elle me reverrait dans un instant. Elle ignorait, et moi aussi, que c'était sur elle-même que devait tomber toute la colère du Ciel et la rage de nos ennemis.

Je me rendis au fort. Le Gouverneur était avec son aumônier. Je m'abaissai, pour le toucher, à des soumissions qui m'auraient fait mourir de honte si je les eusse faites pour toute autre cause. Je le pris par tous les motifs qui doivent faire une impression certaine sur un cœur qui n'est pas celui d'un tigre féroce et cruel. Ce barbare ne fit à mes plaintes que deux réponses, qu'il répéta cent fois : Manon, me dit-il, dépendait de lui ; il avait donné sa parole à son neveu. J'étais résolu de me modérer jusqu'à l'extrémité. Je me contentai de lui dire que je le croyais trop de mes amis pour vouloir ma mort, à laquelle je consentirais plutôt qu'à la perte de ma maîtresse.

Je fus trop persuadé, en sortant, que je n'avais rien à espérer de cet opiniâtre vieillard, qui se serait damné mille fois pour son neveu. Cependant, je persistai dans le dessein de conserver jusqu'à la fin un air de modération, résolu, si l'on en venait aux excès d'injustice, de donner à l'Amérique une des plus sanglantes et des plus horribles scènes que l'amour ait jamais produites. Je retournais chez moi, en méditant sur ce projet, lorsque le sort, qui voulait hâter ma ruine, me fit rencontrer Synnelet. Il lut dans mes yeux une partie de mes pensées. J'ai dit qu'il était brave ; il vint à moi. Ne me cherchez-vous pas ? me dit-il. Je connais que mes desseins vous offensent, et j'ai bien prévu qu'il faudrait se couper la gorge avec vous. Allons voir qui sera le plus heureux. Je lui répondis qu'il avait raison, et qu'il n'y avait que ma mort qui pût finir nos différends. Nous nous écartâmes d'une centaine de pas hors de la ville. Nos épées se croisèrent ; je le blessai et je le désarmai presque en même temps. Il fut si enragé de son malheur, qu'il refusa de me demander la vie et de renoncer à Manon. J'avais peut-être le droit de lui ôter tout d'un coup l'un et l'autre, mais un sang généreux ne se dément jamais. Je lui jetai son épée. Recommençons, lui dis-je, et songez que c'est sans quartier. Il m'attaqua avec une furie inexprimable. Je dois confesser que je n'étais pas fort dans les armes, n'ayant eu que trois mois de salle à Paris. L'amour conduisait mon épée. Synnelet ne laissa pas de me percer le bras d'outre en outre, mais je le pris sur le temps[1] et je lui fournis un coup si vigoureux qu'il tomba à mes pieds sans mouvement.

Malgré la joie que donne la victoire après un combat mortel[2], je réfléchis aussitôt sur les conséquences de cette mort. Il n'y avait, pour moi, ni grâce ni délai de supplice à espérer. Connaissant, comme je faisais, la passion du Gouverneur pour son neveu, j'étais certain que ma mort ne serait pas différée d'une heure après la connaissance de la sienne. Quelque pressante que fût cette crainte, elle n'était pas la plus forte cause de mon inquiétude. Manon, l'intérêt de Manon, son péril et la nécessité de la perdre, me troublaient jusqu'à répandre de l'obscurité sur mes yeux et à m'empêcher de reconnaître le lieu où j'étais. Je regrettai le

---

1. Porter une botte en profitant d'une inattention passagère de l'adversaire.
2. Comprendre « combat à mort ».

sort de Synnelet. Une prompte mort me semblait le seul
remède de mes peines. Cependant, ce fut cette pensée même
qui me fit rappeler vivement mes esprits et qui me rendit
capable de prendre une résolution. Quoi! je veux mourir,
m'écriai-je, pour finir mes peines? Il y en a donc que j'appréhende plus que la perte de ce que j'aime? Ah! souffrons
jusqu'aux plus cruelles extrémités pour secourir ma maîtresse, et remettons à mourir après les avoir souffertes
inutilement. Je repris le chemin de la ville. J'entrai chez moi.
J'y trouvai Manon à demi morte de frayeur et d'inquiétude.
Ma présence la ranima. Je ne pouvais lui déguiser le terrible
accident qui venait de m'arriver. Elle tomba sans connaissance entre mes bras, au récit de la mort de Synnelet et de
ma blessure. J'employai plus d'un quart d'heure à lui faire
retrouver le sentiment.

   J'étais à demi-mort moi-même. Je ne voyais pas le moindre
jour à sa sûreté, ni à la mienne. Manon, que ferons-nous?
lui dis-je lorsqu'elle eut repris un peu de force. Hélas!
qu'allons-nous faire? Il faut nécessairement que je m'éloigne.
Voulez-vous demeurer dans la ville? Oui, demeurez-y. Vous
pouvez encore y être heureuse; et moi, je vais, loin de vous,
chercher la mort parmi les sauvages ou entre les griffes des
bêtes féroces. Elle se leva malgré sa faiblesse; elle me prit
par la main, pour me conduire vers la porte. Fuyons ensemble,
me dit-elle, ne perdons pas un instant. Le corps de Synnelet
peut avoir été trouvé par hasard, et nous n'aurions pas le
temps de nous éloigner. Mais, chère Manon! repris-je tout
éperdu, dites-moi donc où nous pouvons aller. Voyez-vous
quelque ressource? Ne vaut-il pas mieux que vous tâchiez
de vivre ici sans moi, et que je porte volontairement ma
tête au Gouverneur? Cette proposition ne fit qu'augmenter
son ardeur à partir. Il fallut la suivre. J'eus encore assez de
présence d'esprit, en sortant, pour prendre quelques liqueurs
fortes que j'avais dans ma chambre et toutes les provisions

que je pus faire entrer dans mes poches. Nous dîmes à nos domestiques, qui étaient dans la chambre voisine, que nous partions pour la promenade du soir, nous avions cette coutume tous les jours, et nous nous éloignâmes de la ville, plus promptement que la délicatesse de Manon ne semblait le permettre.

Quoique je ne fusse pas sorti de mon irrésolution sur le lieu de notre retraite, je ne laissais pas d'avoir deux espérances, sans lesquelles j'aurais préféré la mort à l'incertitude de ce qui pouvait arriver à Manon. J'avais acquis assez de connaissance du pays, depuis près de dix mois que j'étais en Amérique, pour ne pas ignorer de quelle manière on apprivoisait les sauvages. On pouvait se mettre entre leurs mains, sans courir à une mort certaine. J'avais même appris quelques mots de leur langue et quelques-unes de leurs coutumes dans les diverses occasions que j'avais eues de les voir. Avec cette triste ressource, j'en avais une autre du côté des Anglais qui ont, comme nous, des établissements dans cette partie du Nouveau Monde. Mais j'étais effrayé de l'éloignement. Nous avions à traverser, jusqu'à leurs colonies, de stériles campagnes de plusieurs journées de largeur, et quelques montagnes si hautes et si escarpées que le chemin en paraissait difficile aux hommes les plus grossiers et les plus vigoureux. Je me flattais, néanmoins, que nous pourrions tirer parti de ces deux ressources : des sauvages pour aider à nous conduire, et des Anglais pour nous recevoir dans leurs habitations.

Nous marchâmes aussi longtemps que le courage de Manon put la soutenir, c'est-à-dire environ deux lieues, car cette amante incomparable refusa constamment de s'arrêter plus tôt. Accablée enfin de lassitude, elle me confessa qu'il lui était impossible d'avancer davantage. Il était déjà nuit. Nous nous assîmes au milieu d'une vaste plaine, sans avoir pu trouver un arbre pour nous mettre à couvert. Son premier soin fut de changer le linge de ma blessure, qu'elle avait pansée elle-même avant notre départ. Je m'opposai en vain à ses volontés. J'aurais achevé de l'accabler mortellement, si je lui eusse refusé la satisfaction de me croire à mon aise et sans danger, avant que de penser à sa propre conservation. Je me soumis durant quelques moments à ses désirs. Je reçus ses soins en silence et avec honte. Mais, lorsqu'elle eut satisfait sa tendresse, avec quelle ardeur la mienne ne prit-elle pas son tour ! Je me dépouillai de tous mes habits, pour lui faire trouver la terre moins dure en les étendant sous elle. Je la fis consentir, malgré elle, à me voir employer à son usage tout ce que je pus imaginer de moins incommode. J'échauffai ses mains par mes baisers ardents et par la chaleur de mes soupirs. Je passai la nuit entière à veiller près d'elle, et à prier le Ciel de lui accorder un sommeil doux et paisible. Ô Dieu ! que mes vœux étaient vifs et sincères ! et par quel rigoureux jugement aviez-vous résolu de ne les pas exaucer !

Pardonnez, si j'achève en peu de mots un récit qui me tue. Je vous raconte un malheur qui n'eut jamais d'exemple. Toute ma vie est destinée à le pleurer. Mais, quoique je le porte sans cesse dans ma mémoire, mon âme semble reculer d'horreur, chaque fois que j'entreprends de l'exprimer.

Nous avions passé tranquillement une partie de la nuit. Je croyais ma chère maîtresse endormie et je n'osais pousser le moindre souffle, dans la crainte de troubler son sommeil. Je m'aperçus dès le point du jour, en touchant ses mains, qu'elle les avait froides et tremblantes. Je les approchai de mon sein, pour les échauffer. Elle sentit ce mouvement, et, faisant un effort pour saisir les miennes, elle me dit, d'une voix faible, qu'elle se croyait à sa dernière heure. Je ne pris d'abord ce discours que pour un langage ordinaire dans l'infortune, et je n'y répondis que par les tendres consolations de l'amour. Mais, ses soupirs fréquents, son silence à mes interrogations, le serrement de ses mains, dans lesquelles elle continuait de tenir les miennes me firent connaître que la fin de ses malheurs approchait. N'exigez point de moi que je vous décrive mes sentiments, ni que je vous rapporte ses dernières expressions. Je la perdis ; je reçus d'elle des marques d'amour, au moment même qu'elle expirait. C'est tout ce que j'ai la force de vous apprendre de ce fatal et déplorable événement.

Mon âme ne suivit pas la sienne. Le Ciel ne me trouva point, sans doute, assez rigoureusement puni. Il a voulu que j'aie traîné, depuis, une vie languissante et misérable. Je renonce volontairement à la mener jamais plus heureuse.

Je demeurai plus de vingt-quatre heures la bouche attachée sur le visage et sur les mains de ma chère Manon. Mon dessein était d'y mourir ; mais je fis réflexion au commencement du second jour, que son corps serait exposé, après mon trépas, à devenir la pâture des bêtes sauvages. Je formai la résolution de l'enterrer et d'attendre la mort sur sa fosse. J'étais déjà si proche de ma fin, par l'affaiblissement que le jeûne et la douleur m'avaient causé, que j'eus besoin de quantité d'efforts pour me tenir debout. Je fus obligé de recourir aux liqueurs que j'avais apportées. Elles me rendirent autant de force qu'il en fallait pour le triste office que j'allais exécuter. Il ne m'était pas difficile d'ouvrir la terre, dans le lieu où je me trouvais. C'était une campagne couverte de sable. Je rompis mon épée, pour m'en servir à creuser, mais j'en tirai moins de secours que de mes mains. J'ouvris une large fosse. J'y plaçai l'idole de mon cœur, après avoir pris soin de l'envelopper de tous mes habits pour empêcher le sable de la toucher. Je ne la mis dans cet état qu'après l'avoir embrassée mille fois, avec toute l'ardeur du plus parfait amour. Je m'assis encore près d'elle. Je la considérai longtemps. Je ne pouvais me résoudre à fermer la fosse. Enfin, mes forces recommençant à s'affaiblir, et craignant d'en manquer tout à fait avant la fin de mon entreprise, j'ensevelis pour toujours dans le sein de la terre ce qu'elle avait porté de plus parfait et de plus aimable. Je me couchai ensuite sur la fosse, le visage tourné vers le sable, et fermant les yeux avec le dessein de ne les ouvrir jamais, j'invoquai le secours du Ciel et j'attendis la mort avec impatience. Ce qui vous paraîtra difficile à croire, c'est que, pendant tout l'exercice de ce lugubre ministère, il ne sortit point une larme de mes yeux ni un soupir de ma bouche. La consternation profonde où j'étais et le dessein déterminé de mourir avaient coupé le cours à toutes les expressions du désespoir et de la douleur. Aussi, ne demeurai-je pas longtemps dans la posture où j'étais sur la fosse, sans perdre le peu de connaissance et de sentiment qui me restait.

Après ce que vous venez d'entendre, la conclusion de mon histoire est de si peu d'importance, qu'elle ne mérite pas la peine que vous voulez bien prendre à l'écouter. Le corps de Synnelet ayant été rapporté à la ville et ses plaies visitées avec soin, il se trouva, non seulement qu'il n'était pas mort, mais qu'il n'avait pas même reçu de blessure dangereuse. Il apprit à son oncle de quelle manière les choses s'étaient passées entre nous, et sa générosité le porta sur-le-champ à publier les effets de la mienne. On me fit chercher, et mon absence, avec Manon, me fit soupçonner d'avoir pris le parti de la fuite. Il était trop tard pour envoyer sur mes traces ; mais le lendemain et le jour suivant furent employés à me poursuivre. On me trouva, sans apparence de vie, sur la fosse de Manon, et ceux qui me découvrirent en cet état, me voyant presque nu et sanglant de ma blessure, ne doutèrent point que je n'eusse été volé et assassiné. Ils me portèrent à la ville. Le mouvement du transport réveilla mes sens. Les soupirs que je poussai, en ouvrant les yeux et en gémissant de me retrouver parmi les vivants, firent connaître que j'étais encore en état de recevoir du secours. On m'en donna de trop heureux. Je ne laissai pas d'être renfermé dans une étroite prison. Mon procès fut instruit, et, comme Manon ne paraissait point, on m'accusa de m'être défait d'elle par un mouvement de rage et de jalousie. Je racontai naturellement ma pitoyable aventure. Synnelet, malgré les transports de douleur où ce récit le jeta, eut la générosité de solliciter ma grâce. Il l'obtint. J'étais si faible qu'on fut obligé de me transporter de la prison dans mon lit, où je fus retenu pendant trois mois par une violente maladie. Ma haine pour la vie ne diminuait point. J'invoquais continuellement la mort et je m'obstinai longtemps à rejeter tous les remèdes. Mais le Ciel, après m'avoir puni avec tant de rigueur, avait dessein de me rendre utiles mes malheurs et ses châtiments. Il m'éclaira de ses lumières, qui me firent rappeler des idées dignes de ma naissance et de mon éducation. La tranquillité ayant commencé de renaître un peu dans mon âme, ce changement fut suivi de près par ma guérison. Je me livrai entièrement aux inspirations de l'honneur, et je continuai de remplir mon petit emploi, en attendant les vaisseaux de France qui vont, une fois chaque année, dans cette partie de l'Amérique. J'étais résolu de retourner dans ma patrie pour y réparer, par une vie sage et réglée, le scandale de ma conduite. Synnelet avait pris soin de faire transporter le corps de ma chère maîtresse dans un lieu honorable.

Ce fut environ six semaines après mon rétablissement que, me promenant seul, un jour, sur le rivage, je vis arriver un vaisseau que des affaires de commerce amenaient au Nouvel Orléans. J'étais attentif au débarquement de l'équipage. Je fus frappé d'une surprise extrême en reconnaissant Tiberge parmi ceux qui s'avançaient vers la ville. Ce fidèle ami me remit de loin, malgré les changements que la tristesse avait faits sur mon visage. Il m'apprit que l'unique motif de son voyage avait été le désir de me voir et de m'engager à retourner en France; qu'ayant reçu la lettre que je lui avais écrite du Havre, il s'y était rendu en personne pour me porter les secours que je lui demandais; qu'il avait ressenti la plus vive douleur en apprenant mon départ et qu'il serait parti sur-le-champ pour me suivre, s'il eût trouvé un vaisseau prêt à faire voile; qu'il en avait cherché pendant plusieurs mois dans divers ports et qu'en ayant enfin rencontré un, à Saint-Malo, qui levait l'ancre pour la Martinique, il s'y était embarqué, dans l'espérance de se procurer de là un passage facile au Nouvel Orléans; que, le vaisseau malouin ayant été pris en chemin par des corsaires espagnols et conduit dans une de leurs îles, il s'était échappé par adresse; et qu'après diverses courses, il avait trouvé l'occasion du petit bâtiment qui venait d'arriver, pour se rendre heureusement près de moi.

Je ne pouvais marquer trop de reconnaissance pour un ami si généreux et si constant. Je le conduisis chez moi. Je le rendis le maître de tout ce que je possédais. Je lui appris tout ce qui m'était arrivé depuis mon départ de France, et pour lui causer une joie à laquelle il ne s'attendait pas, je lui déclarai que les semences de vertu qu'il avait jetées autrefois dans mon cœur commençaient à produire des fruits dont il allait être satisfait. Il me protesta qu'une si douce assurance le dédommageait de toutes les fatigues de son voyage.

Nous avons passé deux mois ensemble au Nouvel Orléans, pour attendre l'arrivée des vaisseaux de France, et nous étant enfin mis en mer, nous prîmes terre, il y a quinze jours, au Havre-de-Grâce. J'écrivis à ma famille en arrivant. J'ai appris, par la réponse de mon frère aîné, la triste nouvelle de la mort de mon père, à laquelle je tremble, avec trop de raison, que mes égarements n'aient contribué. Le vent étant favorable pour Calais, je me suis embarqué aussitôt, dans le dessein de me rendre à quelques lieues de cette ville, chez un gentilhomme de mes parents, où mon frère m'écrit qu'il doit attendre mon arrivée.

FIN DE LA SECONDE PARTIE.

Du tableau

au texte

Agnès Verlet

Du tableau au texte

La Lettre d'amour
de Jean-Honoré Fragonard

… que les couples s'effleurent dans les surprises de l'amour…

La jeune femme assise à une table devant sa fenêtre, qui sert contre son cœur un bouquet de fleurs qu'elle vient de recevoir, nous regarde à la dérobée, d'un air mutin, avant d'ouvrir la lettre épinglée au bouquet qu'elle tient dans sa main gauche. Dans l'enceinte de sa chambre, elle fait partager au spectateur un moment d'intimité et le plaisir que lui procure un tel instant d'attente puisque son attitude penchée, à demi assise sur un tabouret, montre qu'elle vient seulement de se mettre près de la lumière pour lire le message amoureux et peut-être y répondre.

Ce tableau intitulé *La Lettre d'amour* ou *Le Billet doux* est une huile sur toile, de petit format (83 × 67 cm), peinte par Jean-Honoré Fragonard en 1775, et représentant une des nombreuses scènes galantes qui firent le succès de ce peintre de genre, dont le maître fut François Boucher. En un siècle des Lumières épris de libertinage, de fantaisie et d'émancipation morale, Fragonard, artiste très à la mode, s'est très vite détourné de la peinture mythologique qui lui valut le prix de Rome

en 1752 avec *Jéroboam sacrifiant aux idoles*, pour se spécia-
liser dans un genre érotique beaucoup plus dans le
goût du jour. Il prend ses modèles parmi de très jeunes
femmes, sa belle-sœur, entre autres, mais aussi les sœurs
Colombe, ou une actrice à la mode, la Guimard. Ces
femmes et ces jeunes filles, il les représente seules, dans
une grande intimité avec leur corps, sur un lit, au fond
d'une alcôve, ou en compagnie d'un homme, dans
un moment de séduction et de marivaudage, que les
couples s'effleurent dans les surprises de l'amour ou
qu'ils soient sous l'emprise d'un violent élan de désir
(le célèbre *Verrou* du musée du Louvre). L'artiste qui, à
la fin de sa vie, illustrera les *Contes* de La Fontaine,
s'inspire de toute la littérature licencieuse de son temps,
et sans doute des romans de l'abbé Prévost. Il est même,
selon Philippe Sollers, le peintre le plus sensible à la
nécessaire interaction des arts pour exprimer les illumi-
nations de la vie : «Littérature, peinture, musique. Fragonard est, par excellence, le peintre qui est conscient
de ce nœud où les corps trouvent leur respiration
essentielle.»

*… une solitude dont le peintre cherche à saisir le
charme…*

Certes une bonne génération sépare le peintre de
l'abbé Prévost, puisque «Frago» (abréviation dont il
signait ses œuvres) naît en 1732, un an après la première
parution de *Manon Lescaut*, et que l'écrivain meurt en
1763, au moment où le peintre est au faîte d'une carrière artistique qui ne s'achèvera qu'à sa mort, en 1806.
Leurs univers sont pourtant proches, et bien des tableaux
de Fragonard pourraient servir d'illustration à des épi-

sodes des *Aventures de Des Grieux et Manon Lescaut*,
comme cette toile de 1775. La jeune femme qui s'apprête à lire un mot doux ressemble un peu à Manon,
avec son air de séduction et de dissimulation mêlées.
Souvent chez Fragonard une femme est en train de lire
une lettre ou un livre, absorbée dans un imaginaire et
une solitude dont le peintre cherche à saisir le charme
mystérieux, ainsi, dans *La Lettre*, où celle qui lit un
message rêve, le coude appuyé à un pupitre, et dans sa
Jeune fille lisant de 1770, où le modèle pose assis, un livre
à la main, profondément calé entre les coussins d'un
fauteuil et totalement absorbé par sa lecture. Celle qui
nous intéresse est dans un univers clos et fait abstraction
du monde extérieur auquel elle est reliée par la fenêtre
dont un voilage à mi-hauteur lui dérobe la vue, à moins
qu'il ne la soustraie au regard des passants. Mais plus
qu'un extérieur absent, pourtant désigné par la fenêtre
qui l'inonde de lumière, ce qui attire ses regards est le
spectateur du tableau, celui qui la regarde, le peintre
lui-même, ou nous, qui incarnons son lien avec le
monde. Car si le décor de la chambre (boudoir ou cabinet) suggère l'intimité, le regard en coulisse de la dame
suppose la présence d'un autre, à l'intérieur du même
espace, qui la surprend ou l'observe. La proximité du
peintre et de son modèle nous fait entrer dans le tableau
et nous met à la place de celui, quel qu'il soit, qui
regarde une scène dont tous les éléments sont marqués
par l'ambivalence.

… Elle donne à voir et cache en même temps…

Le charme et la jeunesse du modèle comme son air
énigmatique sont évidents. Son visage ovale, au teint très

pâle et aux joues rosies, comme c'était la mode à
l'époque, est d'une grande délicatesse, de même que
ses yeux en amande, son nez très fin, sa petite bouche
aux lèvres rougies, son oreille et sa nuque que dégagent
les cheveux relevés et retenus par une coiffe de dentelle
blanche, une charlotte agrémentée d'un ruban de satin
rose, qui s'harmonise avec le bouquet de fleurs. Mais la
finesse des traits et la subtilité du teint rosé, dont la
lumière rehausse la pâleur, la grâce du mouvement
d'épaule et de la position du dos, légèrement cambré,
la fermeture du corps penché sur la table, sont d'une
séduction ambiguë. Certes, elle nous regarde et son
visage est au centre du tableau, mais son corps est décen-
tré, tendu par un mouvement de repli et de suspens.
Son buste et son avant-bras droit s'appuient sur le rebord
de la table, et le décalage du tabouret, qui est placé de
travers, montre qu'elle ne s'est pas vraiment installée,
qu'elle s'est assise furtivement, comme le prouve également le fait qu'elle tienne à la main un bouquet et
une lettre qu'elle n'a pas encore ouverte, peut-être surprise avant d'avoir pu les dissimuler. Elle donne à voir
et cache en même temps son plaisir de recevoir l'hommage d'un certain « Monsieur », dont le nom est presque
lisible sur le message grossi.

Et si la forme ovale de la fenêtre en œil-de-bœuf
encadre les formes pures du visage et de l'épaule, une
ligne diagonale traverse le tableau, de la gauche vers la
droite, passant le long du dos de la jeune femme dont
l'avant du corps est plongé dans la lumière, tandis que
l'arrière est le siège d'un subtil jeu d'ombres. Le plissé
harmonieux de la soie accroche la lumière qui en fait
ressortir les creux et les reliefs. L'élégance sophistiquée
de la robe d'un vert turquoise délicat, dénote un certain
goût du luxe et du raffinement qui ressemble à celui de

Manon, bien que la mode vestimentaire ne soit pas la même. Les manches et le buste au décolleté discret sont très ajustés, tandis que le tissu soyeux s'étale librement en volants qui s'épanouissent sur les hanches et sur les bras, mettant en évidence les formes gracieuses du corps. Et tandis qu'un flot de dentelle blanche souligne la délicatesse du poignet et de la main qui tient les fleurs, roses et blanches comme le visage, le petit caniche au long poil blanc et aux oreilles pendantes, a une présence très sensuelle. Ce chien de salon, qui n'est destiné qu'à la compagnie des dames, est tranquillement couché sur le tabouret vert de sa maîtresse dont il occupe la plus grande place, et la meilleure peut-être. Ce genre d'animal familier figure dans une autre œuvre érotique de Fragonard, *Jeune fille faisant danser son chien sur son lit, dite la Gimblette*, où une jeune fille dans son alcôve, couchée presque nue sur son lit défait, les jambes levées, les cuisses à l'air, joue avec un chien qu'elle serre entre ses pieds. Fragonard aime représenter le corps de la sorte, saisi dans le mouvement et l'intensité du plaisir.

… l'atmosphère des chambres voluptueuses et des cabinets clos…

Et c'est bien comme peintre des jeux de l'amour que Fragonard nous intéresse ici. Car l'artiste, très apprécié d'une société libertine qui, après Prévost, lisait Marivaux, Sade et Laclos, n'hésitait pas à multiplier dans ses œuvres les signes d'un érotisme peu dissimulé. Ainsi dans les *Hasards heureux de l'escarpolette (1767)*, il représente une jeune femme, s'envolant sur une balançoire aux cordes usées, et dont la robe et les jupons retroussés par l'élan, laissent apparaître les jambes qui s'agitent en l'air et le pied pointé qui a perdu sa chaussure. Cette œuvre, de genre égrillard, fut commandée à l'artiste par un mari libertin qui se fit représenter couché dans les taillis et observant la scène de dessous, tandis que la jeune femme est poussée sur la balançoire par un évêque, assis sur un banc de pierre, son amant, sans doute. Dans ce trio de la femme, du mari et de l'amant, on retrouve le schéma traditionnel des intrigues romanesques, et particulièrement les relations ambivalentes que Manon noue avec son chevalier et ses quatre amants successifs, dont le jeune et le vieux M… de G… Manon, dès le début du récit que des Grieux fait au marquis de Renoncour, est présentée malgré son jeune âge comme une femme «née pour le plaisir», dont le libertinage aura des conséquences fatales : «C'est malgré elle qu'on l'envoyait au couvent, pour arrêter sans doute son penchant au plaisir, qui s'était déjà déclaré et qui a causé dans la suite tous ses malheurs et les miens.» Son origine sociale lui fait craindre la pauvreté et elle cultive les relations amoureuses, fussent-elles vénales, qui peuvent satisfaire son goût du luxe et de l'élégance : c'est même chaque fois qu'il remarque des changements dans le train de vie de leur couple que des Grieux est amené à découvrir une nouvelle trahison de son amante.

De la même façon, la jeune femme à la lettre de Fragonard est entourée d'un certain luxe décoratif qui accentue le caractère séduisant de sa personne. La fenêtre à laquelle s'appuie le petit bureau est encadrée par deux rideaux aux couleurs chaudes, qui donnent à la chambre une grande intimité tout en conférant à la scène une certaine théâtralité. Celui de gauche, coupé par la ligne verticale du cadre, a une forme courbe dont le dessin est parallèle à l'ovale de la fenêtre et du mur qui l'encadre. Il tombe du plafond en plis épais d'un brun clair rougeâtre, et son étoffe pesante est retenue au mur par une embrasse. L'autre rideau, à droite, aux colorations plus claires, a un mouvement désordonné et, comme le drapé de la robe verte qu'il surplombe, il répand des plis capricieux qui accrochent subtilement la lumière. Le raffinement de ce décor intime apparaît également dans l'ameublement. La table est d'un style rococo très affirmé par les formes courbes des pieds, l'absence d'angles aigus, les bords rainurés, les décorations florales sculptées. L'inclinaison du pupitre, sur lequel sont posés des feuillets de correspondance, confirme les libertés formelles du style rocaille, caractéristique de la fin du siècle. Et s'il y a quelque anachronisme à imaginer Manon Lescaut assise sur un tabouret Louis XVI dans un décor rococo, l'atmosphère de cet intérieur selon Fragonard est bien celui des chambres voluptueuses et des cabinets clos dans lesquels Manon aime à recevoir ses amants.

… le «regard oblique» qu'elle lance est empreint d'ironie…

Le peintre et l'écrivain se rapprochent encore dans leur commune exaltation de l'amour, de la liberté qu'il donne à ceux (et surtout celles) qui ont la force d'enfreindre les règles morales et les conventions sociales pour satisfaire leur désir. Ils attribuent l'un et l'autre à l'extrême jeunesse la capacité de jouir de son corps et de son être en toute liberté. Les très jeunes femmes que représente Fragonard sont pleines d'une vitalité qui donne à leur peau, à leur chevelure, une couleur rose et cuivrée dont on retrouvera l'écho chez Renoir. Et c'est l'impulsion du désir qui le plus souvent anime les scènes de genre du «bon Frago». Comme certains modèles de Fragonard, les héros du roman de Prévost sont âgés de seize et dix-sept ans, quand ils se rencontrent pour la première fois, et l'écrivain se plaît à peindre la jeunesse de leur amour, la violence de leurs ruptures, l'exaltation de leurs retrouvailles, leur recherche fiévreuse du plaisir. Dans le roman qui, pourtant, décrit la fatalité d'une passion qui mène tragiquement les amants à leur perte, l'abbé Prévost fait montre d'ironie à l'égard de ses personnages masculins et des valeurs sociales qu'ils défendent, jusque dans leur libertinage : la société corrompue condamne Manon et la punit pour une prétendue immoralité, alors qu'elle admet et favorise une semblable conduite chez certaines femmes, maîtresses officielles de personnages célèbres, comme le chevalier se plaît à le rappeler à son père. Dès lors, la séduction, la ruse, la duperie, le mensonge sont les seuls moyens dont dispose la femme pour se jouer de ceux qui se jouent d'elle. Manon envoie et reçoit secrètement des lettres, donne des rendez-vous galants, se fait offrir argent et cadeaux, à l'insu de son chevalier qu'elle affirme aimer avec la meilleure foi du monde. La jeune femme de Fragonard reçoit un message qui fait vibrer son corps, et le «regard oblique» qu'elle lance à quiconque la surprend est empreint d'ironie. Si l'on se fie à la liasse de feuilles posées sur sa table, elle s'apprête à répondre, ou ne fait que poursuivre un entretien amoureux auquel elle est accoutumée, et dont la lettre qu'elle vient de recevoir n'est qu'un épisode.

… la saisie d'un instant de vie intense…

L'art de Fragonard est précisément dans la saisie d'un instant de vie intense, dans ces moments de surprise où l'être, par l'expression de son corps et de son visage, laisse paraître la force de son plaisir. Qu'il représente des nymphes de la mythologie ou des scènes d'alcôve, le peintre est à l'affût des baisers volés et des jeux de l'amour. Il est un grand admirateur de Rubens et des peintres flamands, chez qui il a senti l'intensité d'une peinture de l'intime, et de cet «incarnat de la chair» dont Diderot a si bien parlé dans ses *Essais sur la peinture*. Portraitiste de génie, il nous a laissé le portrait le plus fameux de l'auteur de *Jacques le Fataliste*, plongé dans la lecture de l'*Encyclopédie*. Et cette aptitude du peintre à saisir l'instant, à surprendre le mouvement, qui a tellement intéressé Diderot, nécessite un travail rapide, sur le vif, dont la peinture du détail se ressent parfois, mais qu'importe. On voit, dans *La Lettre*, des masses colorées peu nuancées, ocre, brunes, bistre, sur les murs, ou sous la table où se perdent les plis de la robe, laissés dans l'ombre, dans une certaine lacune du dessin. Le peintre privilégie la figure centrale et un jeu subtil entre l'ombre et la lumière, entre les couleurs complémentaires, les nuances de verts et de turquoise s'opposant à toute une gamme de roses, rouges, ocres, bruns, qui donnent à l'œuvre une délicatesse extrême, celle de la vie même. Et si Diderot n'a pas toujours compris l'art de Fragonard qu'il jugeait parfois mou et fade, c'est en tant que modèle (et sans doute en amoureux de l'amour) qu'il a compris le supplice que représente pour le peintre les imperceptibles variations du visage humain, «cette toile qui s'agite, se meut, s'étend,

se détend, se colore, se ternit selon la multitude infinie des alternatives de ce souffle léger et mobile qu'on
appelle l'âme ».

Un tel désir de capter la vie et d'émanciper le désir
des carcans que la société lui impose est sans doute ce
qui anime l'écriture de l'abbé Prévost, dans les *Aventures du chevalier des Grieux et de Manon Lescaut*, et qui lui
donne son rythme allègre. Car le narrateur, qui dans
l'« Avis au lecteur », prétend qu'il va « peindre un jeune
aveugle, qui refuse d'être heureux pour se précipiter
volontairement dans les dernières infortunes », subvertit
son projet et laisse à la postérité l'image d'une Manon,
jeune femme lucide, qui choisit d'être heureuse pour
s'abîmer volontairement dans… La fin, certes, est sans
ambivalence.

Le texte

en perspective

Alain Sandrier

Mouvement littéraire

Les années 1730 ou le roman des « trois mousquetaires »

PRÉVOST APPARTIENT À LA GÉNÉRATION d'écrivains qui, à partir des années 1730, confèrent au roman un ton nouveau et expérimente des modalités inconnues jusque-là. Ils vont peser sur toute son évolution en profitant de l'audience de plus en plus importante de ce genre pourtant décrié et méprisé par les lettrés. Les générations suivantes, celles de Diderot et Rousseau, mais aussi de Laclos et Sade, se situeront par rapport à ces avancées majeures, explicitement ou indirectement, dans une continuité revendiquée ou dans une posture de critique constructive. Ils ont apporté au roman cette touche particulière que méditera encore le XIXe siècle dans son grand travail de refonte esthétique du genre.

1.

Nouvelle donne

Ces écrivains profitent incontestablement de l'atmosphère de liberté apportée par la Régence (1715-1723) après l'interminable crépuscule d'un Roi-Soleil confit dans un autoritarisme politique et une rigidité morale et religieuse de plus en plus étouffants. C'est le temps de toutes les licences que s'accorde la frange privilégiée de la société, heureuse de pouvoir se conduire avec moins d'entraves, de porter un regard moins conformiste sur les mœurs du siècle : le Régent lui-même donne l'exemple, amateur de théâtre et admirateur de Pierre Bayle (1647-1706), le grand libre penseur exilé à Rotterdam. L'exploration sans œillères du monde tel qu'il est, avec ses passions aiguisées pour l'argent, les titres et les femmes, la conscience des dérives du dogmatisme religieux, offrent un terrain extraordinaire pour la curiosité décomplexée des romanciers.

1. *La promotion du livre*

Ces nouveaux parvenus de la république des lettres commencent à se situer stratégiquement sur un marché de l'édition en constant accroissement. Sur le siècle, la production aura décuplé, délaissant l'érudition et les écrits religieux pour l'histoire et les « belles-lettres ». Le roman est le genre de l'édition conquérante : il manifeste par excellence ce développement de la lecture privée, en particulier féminine, qui permet un rapport privilégié à l'imaginaire d'un auteur, dans l'intimité d'une pratique qui n'est plus collective, contrairement au théâtre, à la poésie, voire aux contes populaires.

Les romanciers sont les nouveaux maîtres de l'édition : les vocations se multiplient dans l'espoir — souvent déçu — de revenus plus substantiels. On leur reproche leur cupidité, leur goût de l'allongeaille lucrative : l'accusation n'épargne pas Prévost qui doit vivre de sa plume. De nouvelles formes de publications contribuent à des recettes plus importantes, notamment les publications périodiques, qui tiennent les lecteurs en haleine et permettent aux libraires d'évaluer le succès d'une entreprise. Le roman périodique, ancêtre du roman-feuilleton, commence à retenir quelques grandes plumes et à produire quelques chefs-d'œuvre, Marivaux en témoigne.

2. *Une irrésistible ascension*

Mais cette production littéraire accrue reste surveillée par le système de la censure préalable propre à la France de l'Ancien Régime. Le pouvoir se méfie d'ailleurs du roman, ce genre qui va chercher les mœurs les moins exemplaires, qui étale des réflexions qui ne sont pas toutes orthodoxes et, surtout, qui peut si vite verser dans l'allusion aux gens en place. Le pouvoir le surveille et a même la tentation de l'interdire en 1737 sous l'impulsion d'un ministre austère et janséniste, le garde des Sceaux d'Aguesseau, épaulé par le comte d'Argenson, très réactionnaire, en charge de la Librairie. Ils entendent dissuader l'édition de romans en renforçant la censure et mettre un frein à cet hédonisme croissant, c'est que le lecteur y est moins porté à l'acquisition du savoir qu'à la satisfaction de ses désirs.

La proscription restera cependant sans effet, tant le flot des romans s'impose à tous, y compris à ceux qui le critiquent. Publié sans privilèges, clandestinement, en France ou à l'étranger, il continue son embellie éditoriale. Le roman change profondément l'équilibre, les repères et les frontières du monde littéraire en jouant le public contre les doctes, le plaisir du texte contre les dogmes. Il se renouvelle profondément lui-même, coupant les ponts avec toute une tradition.

2.

Le paysage romanesque
au seuil des Lumières

Il faut dire que l'héritage en matière romanesque est aussi varié que contraint, poussant à un renouvellement de l'inspiration. Qu'est-ce qui s'offre, en effet, en ce début du XVIIIᵉ siècle, au regard de nos auteurs ?

1. *Les pôles du roman*

Tout d'abord une référence écrasante, intimidante, indépassable et exaltée à satiété : Fénelon avec ses *Aventures de Télémaque* (1699) semble avoir définitivement fixé les règles du «haut» genre romanesque. Disons même qu'il a su donner ses véritables lettres de noblesse au roman, si peu considéré jusqu'alors, et qu'il domine d'une assurance hautaine la production de son temps. Visée didactique et morale portée par les aventures du fils d'Ulysse, réflexion politique voilée, prose racée et sublime des descriptions et de l'action, c'est une leçon d'écriture qui décourage la critique et les disciples.

À l'autre bout, s'imposent le merveilleux et la féerie, dans la lignée des *Contes* (1696) de Charles Perrault ou de l'orientalisme à la mode depuis *Les Mille et Une Nuits* traduit par Antoine Galland à partir de 1704 : matière proprement «invraisemblable» en rupture avec le classicisme, ce genre joue du charme pur de la fiction et des enjouements de la fable. Entre les deux, une zone indécise mais féconde, où les parodies de la tradition héroïque, qui mettent au premier plan le plaisir de la narration et des sentiments, le disputent à un appétit prononcé pour l'histoire, l'anecdote vraisemblable à grand renfort d'intrigues secrètes, de jeux de coulisses politiques, de machinations, souvent féminines.

2. *Lesage*

Un écrivain représente assez bien ce monde interlope du roman, c'est Lesage (1668-1747), connu aussi comme auteur dramatique. Il alimente inlassablement le théâtre de la foire au début du siècle après s'être brouillé avec les Comédiens-Français, à l'occasion de sa pièce *Turcaret ou le Financier* (1709), qui fait une critique acerbe du monde de la finance. C'est par le roman, néanmoins, qu'il se fait connaître en recyclant les grandes références du temps : parodies ou pastiches inspirés du roman galant, *Lettres galantes d'Aristénète* (1695), de la verve espagnole héritée de Cervantès, *Les Nouvelles Aventures de l'admirable Don Quichotte de la Manche* (1704) ou de l'Orient avec François Pétis de La Croix, *Mille et Un Jours* (1710-1712). C'est en s'inspirant d'un ouvrage de l'Espagnol Luis Vélez de Guevara qu'il connaît son plus grand succès, *Le Diable boiteux*, en 1707. L'atmosphère espagnole est toujours présente dans sa somme romanesque étalée sur deux décennies et trois tomes, l'*Histoire de Gil Blas de Santillane* (1715-1735), qui s'inspire pourtant davantage de la France de son temps.

On le voit, avec Lesage la création ne prétend pas à l'originalité : il s'agit plutôt d'actualiser des recettes qui ont fait leurs preuves. Mais c'est une imitation libre qu'il pratique, sensible à l'air du temps, résolument « moderne », contre le dogme de l'imitation respectueuse et servile cher aux « Anciens ». Involontairement peut-être, il fait entrer dans le roman, et à partir d'un roman situé au bas de l'échelle poétique, une respiration neuve, des débats nouveaux et, surtout, une écriture aisée et sans prétention qui lui assure une audience élargie. Lesage peut d'ailleurs vivre de sa plume : premier représentant de l'homme de lettres tel que le monde de l'édition va le généraliser.

3. *Singularités*

Et puis, dans ce paysage, deux singularités romanesques apparaissent, apparemment isolées mais porteuses d'avenir, qui mettent en perspective la progression des Lumières : les *Lettres persanes* (1721) de Montesquieu et *Les Illustres Françaises* (1713) de Robert Challe. Si Montesquieu, dans son roman épistolaire polyphonique, récupère l'imaginaire de la matière d'Orient et sait jouer de ses pouvoirs fictifs, il la décline dans un sens plus anecdotique et «journalistique», avec une portée politique et philosophique sensible. Le jeu sur les points de vue, et notamment sur les points de vue étrangers, devient un paradigme de la construction romanesque des Lumières. C'est aussi l'assomption d'un roman philosophique préoccupé de son temps et des moyens de le comprendre et de le réformer : les *Lettres* accomplissent une mutation qui était déjà perceptible dans le roman utopique de l'époque tels les *Voyages et aventures de Jacques Massé* de Tyssot de Patot, publiés en 1710 en Hollande.

C'est de Hollande toujours que vient cette nouvelle manière de peindre sans détour les excès des passions, d'en tisser les fils dans un écheveau narratif complexe et maîtrisé, peu soucieux de convenances mais impérieusement guidé par l'art de l'effet. Autant d'éléments décisifs qui s'imposent dans *Les Illustres Françaises* de Robert Challe. Prévost, en particulier, saura s'en souve-

nir en composant *Manon Lescaut*. Ajoutons que Robert
Challe doit son regard alerte et incisif sur la conduite
des hommes à une réflexion libre de tout préjugé et
qui ne s'embarrasse pas d'orthodoxie : il est aussi l'auteur, révélé tout récemment, des *Difficultés sur la religion*,
somptueux pamphlet déiste nourri du constat de la
variété des mœurs. Les philosophes antireligieux des
années 1760 le publieront, altéré, sans en connaître
l'auteur, comme un des grands classiques de l'irréligion.

Entre l'achèvement esthétique du classicisme de Fénelon et la liberté d'inspiration de Challe, les auteurs
empruntent une voie de compromis où l'exigence de
qualité et de décence dans l'expression compose avec
le souci de donner une peinture plus incisive des réalités
du temps. Il s'agit de sacrifier aux normes esthétiques
et morales tout en gardant l'irrévérence d'un nouveau
regard sur le monde en train de naître.

3.

Une génération conquérante

Qui sont ces nouveaux auteurs ? La scène est domi-
née par un trio, les « trois mousquetaires » du
roman. Trois figures, différentes mais complémentaires,
investissent, chacune à sa façon, et non sans querelles
et rivalités parfois, des options d'écriture qui balisent
l'ensemble de l'espace romanesque de l'époque : Claude
Crébillon (1707-1777), le plus jeune, dit Crébillon fils,
pour le distinguer du père, tragédien reconnu mais
oublié aujourd'hui ; Marivaux (1688-1763), l'auteur de
théâtre, qui est aussi journaliste et romancier ; Prévost
(1697-1763) enfin, qui, avec sa culture d'ecclésiastique,

s'appuie tout d'abord sur l'érudition historique pour investir de façon tonitruante le monde romanesque en 1728. Tous trois publient quelques-uns de leurs chefs-d'œuvre dans cette décennie 1730 : pour Crébillon, *Les Égarements du cœur et de l'esprit* en 1736 ; *Manon Lescaut* pour Prévost en 1731 avant son autre somme romanesque *Cleveland* à partir de 1731 ; et pour Marivaux *La Vie de Marianne* qui commence à paraître en 1731. Commençons par lui car c'est lui qui est, à cette date, le plus clairement installé dans le statut d'homme de lettres.

1. *Marivaux*

En 1734 Marivaux n'en est pas à son coup d'essai en matière de roman. Disons même que *La Vie de Marianne* est le fruit d'une réorientation en profondeur informée autant par les succès et les limites du théâtre que par les échecs des premières tentatives romanesques. C'est la maturité d'une expression sûre de son talent et de son originalité, au point de susciter le reproche et parfois le sarcasme. Marivaux a d'ailleurs commencé sa carrière littéraire par le roman, et le roman le plus romanesque ou plus précisément le plus parodique du romanesque, c'est-à-dire du genre précieux et baroque. En témoignent ses premières œuvres, *Les Aventures de M... ou les Effets surprenants de la sympathie* (1713), *Pharsamon* et *Télémaque travesti* qui datent de la même période mais ne paraîtront le premier qu'en 1737 et le second qu'en 1736. Ce dernier roman, comme son titre l'indique, se démarque parodiquement du modèle de Fénelon. Puis à travers son théâtre, par lequel il connaît le succès, Marivaux libère son sens du dialogue et de la théâtralité et contente son goût de l'illusion et des conventions.

Quand il revient au roman, c'est pour en faire l'outil

de ce qu'il ne pratique pas en tant que dramaturge :
l'attention aux réalités sociales, compromise au théâtre
par le poids des conventions notamment italiennes ; l'introspection psychologique des personnages impossible
au théâtre où ceux-ci ne vivent que de leur présence
scénique, corporelle et verbale. Ainsi devient-il le grand
artisan d'un roman nouveau, le roman de mœurs,
qui vaut par le détail des moindres soubresauts d'une
conscience jetée dans le monde et ses usages, et tentant
de les comprendre et de s'en servir. C'est ce qui unit ses
deux grandes entreprises romanesques restées toutes
deux inachevées, *La Vie de Marianne* et *Le Paysan parvenu*.
La nouveauté, voire le scandale, est double, il touche le
statut des personnages et leurs actions : contre la tradition héroïque baroque ou classique, ils ne sont pas *a
priori* des gens de condition, même s'ils y aspirent ; ils
décortiquent leurs moindres actions, au point de ralen-
tir sensiblement le tempo habituel des aventures romanesques. Le roman de Marivaux serait trop vulgaire et
anecdotique, populaire et ennuyeux, prosaïque dans les
choses et contourné dans l'expression : c'est la critique
coutumière de ses détracteurs.

2. *Crébillon*

On comptera parmi eux, non sans bravade, le jeune
Crébillon. Dans un de ses premiers romans, *Tanzaï et
Néardané, Histoire japonaise* (1734), parodie de conte
oriental, libertin et politiquement tendancieux, un personnage décoche ce reproche à Moustache, derrière
lequel les contemporains ont reconnu Marivaux :

> Il y a trois heures au moins que Moustache nous tient
> en haleine pour une histoire que j'aurais faite en un
> quart d'heure. Je crois que pour conter agréablement,

il faut être naïf. Si par hasard un fait fournit une réflexion, qu'on la fasse, mais qu'elle n'anéantisse jamais le fond ; qu'elle soit courte ; qu'elle ramène l'auditeur à l'attention qu'il doit avoir pour le narré qu'on lui fait, et que l'on s'épargne surtout cette envie de briller qui contraint l'esprit, et lui ôte le naturel ; partie si nécessaire à quelque genre que se puisse être, que, sans elle, je ne trouve point de vraies beautés. Je ne parle plus à Moustache de son Jargon, je vois qu'il est né avec lui ; mais à propos de quoi ce monceau d'idées, toujours les mêmes, quoique différemment exprimées ? Pourquoi ces choses dites cent fois, et revêtues pour paraître encore, d'un goût qui les rend bizarres, sans les rendre neuves. Que me sert, à moi qui ai envie d'être promptement au fait de votre Histoire, de savoir toutes les réflexions que vous avez faites après coup sur vos aventures ?

C'est révéler en creux un art de conter tout différent, qui va faire le succès de Crébillon. Celui-ci s'est fait une spécialité des romans à l'action resserrée qui mettent en avant une psychologie non de l'introspection sincère, mais de la séduction factice. C'est pourquoi il s'est fait le peintre des ambiguïtés et des illusions des mœurs libertines, de ces stratégies virtuoses qui disposent des corps par le charme des mots. Il met le lecteur au cœur d'une entreprise de domination d'un être sur un autre, à forte coloration érotique. Si la décence est préservée, la vertu n'en est pas moins ébranlée : c'est le charme pervers d'une écriture qui parvient à faire passer la violence voilée des amours libertines pour un badinage entre âmes consentantes. Ainsi en est-il de son plus grand succès, *Les Égarements du cœur et de l'esprit* (1736), récit rétrospectif des aventures amoureuses encore maladroites d'un jeune homme à bonnes fortunes mais inexpérimenté. Crébillon joue ici de la méconnaissance, par un individu en formation, des règles et des codes qui régissent le libertinage.

On peut d'ailleurs dire que toute la démarche romanesque de Crébillon, dans la conduite de l'action comme dans le choix de l'expression, consiste à jeter un regard distancié sur les codes en usage, à les utiliser avec un scepticisme détaché : sa reconstruction de l'*ethos* libertin, largement fantasmatique, suit la même logique, teintée de second degré, que son utilisation des genres littéraires existants. Il aime à déplacer les attendus d'une catégorie en place, ainsi, on l'a dit, détourne-t-il le conte oriental dans *Tanzaï et Néardané* pour en faire une variation satirique sur la querelle janséniste. De la même façon, dans le roman qui va lui apporter la notoriété, les *Lettres de la marquise de M*** au comte de R**** (1732), il pousse le roman épistolaire à une voix, immortalisé par les *Lettres portugaises* (1669) de Guilleragues, dans ses retranchements moraux, en exhibant une femme libre de ton et de manières, mais un peu trop certaine de sa résistance, qui succombe à la séduction d'un piètre libertin.

Schématiquement, Marivaux et Crébillon se partagent la psychologie romanesque, chez l'un dans la veine sentimentale qu'il renouvelle, chez l'autre, dans le rejet du sentimentalisme béat. Ce sont deux formes d'un réalisme nouveau : par la peinture des ressorts intimes d'un monde décrypté dans ses moindres détails, avec Marivaux ; par le tableau décapant de la vacuité des usages mondains, avec Crébillon.

3. *Prévost*

Prévost va s'imposer, quant à lui, par une synthèse originale qui allie un univers des plus romanesques à une peinture exaltée des passions. Le décor y contribue : Prévost n'aura jamais peur de faire voyager ses héros, en Méditerranée et en Orient pour le narrateur des *Mémoires et aventures d'un homme de qualité* ou celui d'*Une Grecque moderne* (1741), en Amérique avec *Cleveland* ou *Manon Lescaut*. C'est ce qui apporte à ses romans ce souffle du grand large, du dépaysement et de l'aventure, qui en fait la version moderne des paysages pastoraux et des tribulations irréalistes du roman baroque : l'invraisemblance y règne, mais elle se pare chez Prévost du vernis et de la caution des découvertes des grands explorateurs. Il ne délaisse pas pour autant le tableau de la France de son temps, décrivant de manière critique les usages des hommes de condition dans les *Mémoires et aventures*, les dessous de la société décadente emportée par le règne de l'argent dans *Manon Lescaut*, ou les travers de la société mondaine dans les *Mémoires d'un honnête homme* (1745).

Mais ce qui lui assure le succès auprès de ses lecteurs, c'est cette façon de rendre les passions dans leurs excès et leurs ambiguïtés. Denis Diderot ou le marquis de Sade le reconnaîtront comme le grand écrivain des âmes passionnées et inquiètes. Ses héros sont toujours sujets à un penchant qui les dépasse et les entraîne contre leur volonté consciente. Prévost exaspère l'inconfort d'individus qui agissent exactement à l'inverse de ce que leur éducation, leur morale, leur raison même leur intiment. Ils sont impuissants et lucides dans leur impuissance : cette position paradoxale confère à la voix narrative, qui est souvent celle du héros, son épaisseur et sa complexité. C'est par là qu'il séduit tout un public avide de voir dans la fiction l'inconséquence des paroles aux actes, des dogmes qui sont censés nous guider aux pulsions qui nous conduisent effectivement.

Dans ce monde des Lumières naissantes où les passions prennent un relief accru avec la promotion des sensations, ce diagnostic invite aussi à s'interroger anxieusement sur le bien-fondé des théories des sentiments qui ont cours, sur l'efficacité de la police des mœurs qu'exerce la religion, qui en a officiellement le monopole. Le chevalier des Grieux se fera le porte-parole de ce débat dans ses conversations avec Tiberge.

4.

Second rang

Profitant de cet engouement pour le roman, tout un bataillon d'écrivains vient prêter main-forte à cette avant-garde : romanciers opportunistes ou plumitifs besogneux, noms justement ou injustement oubliés, ils témoignent de l'inventivité incontestable de la fiction en prose à cette époque.

1. *Goût du jour*

Certains n'hésitent pas à tirer parti des succès du jour en reprenant les recettes qui marchent. Les titres en témoignent : un abbé Lambert, jésuite de son état, publie en 1739 les *Mémoires et aventures d'une dame de qualité qui s'est retirée du monde* en paraphrasant laborieusement Prévost. Le cas n'est pas isolé : le chevalier de Mouhy (1702-1784) aimera tout autant féminiser les romans en vogue en proposant pas moins que les *Mémoires d'une fille de qualité qui ne s'est point retirée du monde* (1747) et *La Paysanne parvenue* (1735). Mouhy est un bon représentant de ces nouveaux tâcherons du roman qui exploitent sans vergogne, mais non sans habileté, les nouvelles tendances. Sans obtenir la reconnaissance posthume que connaîtront ses maîtres, il aura tout de même, dans une production abondante où se détache *La Mouche ou les aventures de M. Bigand* (1736), su développer une verve réaliste appréciée de ses contemporains.

Plus original, meilleur carriériste aussi, Duclos (1704-1772) joue des harmoniques libertines à la manière de Crébillon dans ses fictions, que ce soit l'*Histoire de Mme de Luz* (1741) ou *Les Confessions du comte de* *** (1742), qui rencontreront un important succès. Il sait manier l'art de l'allusion et des incartades hétérodoxes sans jamais se départir d'une façade de respectabilité qu'il entretient avec soin : elle lui vaudra les honneurs de l'Académie des belles-lettres dès 1739, de l'Académie française en 1747 et de la charge d'historiographe du roi, laissée vacante par le départ de Voltaire en 1750. Il apparaît comme une figure de l'entre-deux à ce moment critique des Lumières : il est « philosophe » — il aidera d'ailleurs l'Académie à en accueillir d'autres —, mais un philosophe qui n'a pas l'insolence et l'irrévérence ostentatoire. Il a mené une vie très libre de mœurs en fréquentant la jeunesse dorée, en se gardant de tout éclat qui pouvait ternir sa réputation et en sachant toujours s'arrêter là où la décence l'exigeait. Son écriture est dans ce même mouvement d'audace pondérée : la vision à la fois critique et feutrée qu'il donne des mœurs libertines conforte un certain conformisme politique et moral.

2. *Roman au féminin*

Les femmes aussi sont de la partie. Ce n'est pas une nouveauté concernant ce genre : le roman précieux et classique, de Mme de Scudéry à Mme de Villedieu, en passant par Mme de La Fayette, l'auteure de *La Princesse de Clèves*, a permis de donner à l'écriture féminine un terrain que ne lui disputaient pas les doctes, qui le méprisaient. Et puis, si la lecture des romans, qu'on accusait d'ailleurs de mettre en péril l'éducation des jeunes filles, fut souvent considérée comme une activité essentiellement féminine, il n'est peut-être pas étonnant que certaines femmes aient osé passer de l'autre côté de la barrière, s'emparer de ce genre et se faire écrivaines.

Parmi elles, on distingue deux noms en particulier dans la première moitié du siècle. Mme de Tencin (1682-1749) est avant tout connue comme une des grandes personnalités du monde des « salons », si représentatif de l'esprit des Lumières. Celui qu'elle tient voit défiler Fontenelle, Marivaux, Montesquieu ou Duclos. Sa réputation est beaucoup plus sulfureuse. Il est vrai qu'avant de se ranger, elle a eu une destinée pour le moins romanesque : échappée du couvent à seize ans, elle devient successivement la maîtresse du Régent et de Dubois, un ministre influent, pour favoriser l'ascension de son frère dont elle parviendra à faire un cardinal et un ministre. De ses amours libres naît un fils qu'elle a du chevalier Destouches et qu'elle dépose devant la chapelle de Saint-Jean-le-Rond : l'enfant deviendra Jean Le Rond d'Alembert, futur co-directeur avec Diderot de l'*Encyclopédie* et cerveau mathématique exceptionnel. Cette trajectoire aristocratique et anticonformiste, portée par l'ambition, nourrit une sensibilité complexe et tourmentée où la réflexion sur le sort des femmes n'est pas négligée. En témoignent ses œuvres de fiction qui, étalées sur une douzaine d'années (*Mémoires du comte de*

Comminge, 1735 ; *Le Siège de Calais*, 1739 ; *Les Malheurs de l'amour*, 1747) font la part belle au pathétique. Dans ce registre excelle aussi Mme de Graffigny (1695-1758) qui connaît un succès exceptionnel avec les *Lettres d'une Péruvienne* (1747), à la fois féministes et sentimentales.

5.

La variété des formes

Derrière ces noms, pour certains oubliés, il y a surtout des textes, des formes, élaborées à partir d'héritages, mais souvent renouvelées, enrichies : ce n'est pas trop s'avancer que de soutenir que dans cette période s'essaient et se rodent les grandes techniques romanesques que Rousseau, Laclos ou Sade ne feront que perfectionner ou reconduire. C'est cette virtuosité dans les techniques, cette variété dans les formes qu'il faut considérer.

1. *L'âge du « roman-mémoires »*

On a pu s'en apercevoir en lisant les titres, nombreux sont ceux qui débutent par un terme récurrent en cette période : « Mémoires. » On en compte une vingtaine de 1728 à 1734, soixante dans les cinq années suivantes, soit un peu moins de la moitié de tous les titres de romans recensés. Prévost, on l'a vu, a recouru à cette forme à de nombreuses reprises tout au long de sa carrière. L'engouement bénéficie indéniablement de la vogue des véritables mémoires réédités au début du siècle, dont les plus remarquables sont ceux du cardinal de Retz (1717). Parallèlement, les pseudo-mémoires de personnages historiques entretiennent l'intérêt, comme les *Mémoires de M. d'Artagnan* de Courtilz de Sandras (1700). Il y a là plusieurs phénomènes qui se combinent. C'est le signe que l'individu en tant que tel acquiert de l'autonomie, qu'il connaît une avancée favorisée par le développement des conditions de vie, une attention plus profonde portée à la constitution du sujet. Mais c'est aussi une manière de verser le récit dans un moule plus historique, moins ornemental et, par là, moins inféodé aux contraintes du «romanesque» galant et héroïque. Le souci de composition se fait moins pressant et la liberté de ton y gagne.

On peut rattacher à ce modèle le subterfuge maintes fois prétexté du «manuscrit trouvé» qui fait de l'auteur de la fiction un simple intermédiaire, un «éditeur» de textes dont il répudie officiellement la paternité, bien que le lecteur en soupçonne le caractère fictif. Là encore, le modèle historique, celui du document brut, permet de placer l'écriture sous le signe de la «véridiction», de la prétention à peindre la réalité sans fard, malgré les effets de composition palpables dans les œuvres. C'est un régime de lecture original qui s'instaure où le fictif en tant que tel, bien que perçu par le lecteur, est comme suspendu. Le lecteur sait que ce qu'il lit est fictif, mais il fait comme s'il l'ignorait temporairement pour mieux en apprécier l'illusion. Une, voire deux générations plus tard, Rousseau dans *Julie ou la Nouvelle Héloïse* (1761) et Laclos avec *Les Liaisons dangereuses* (1782) pousseront à la limite ce régime paradoxal de la fiction qui la dénie et la souligne en jouant sur l'ambiguïté du statut de l'«éditeur».

2. *Roman par lettres*

Le roman par lettres produit lui aussi un effet de réel auquel les écrivains de l'époque aiment recourir. Le choix d'une écriture qui anéantit la distance entre l'énoncé et l'énonciation permet au lecteur d'être littéralement captivé. Le discours est sensé se faire au moment où il le lit. Il va de soi aussi que l'intérêt pour le genre épistolaire manifeste l'assumption d'une sphère privée, ce monde de l'intimité domestique, où la conscience est sans cesse surprise dans une tension entre ses envies et les normes sociales qui régissent sa conduite extérieure.

Que ce soit dans son versant philosophique et satirique, avec Montesquieu et ses émules, ou selon l'optique libertine, dans la lignée initiée par Crébillon, dans ses *Lettres de la marquise de M*** au comte de R****, le roman épistolaire est le lieu idéal pour confronter les points de vue et exhiber les tensions secrètes qui président à notre représentation du monde. Le sujet s'y dévoile ou s'y masque, selon l'interlocuteur auquel il s'adresse mais, quelles que soient ses feintes ou sa sincérité, il se montre tout entier pris dans un jeu d'interactions qu'il parvient rarement à maîtriser : c'est en révélant ce sujet tiraillé, précaire mais volontaire, que le roman des Lumières participe le plus clairement à l'évolution des mœurs.

3. *Les atouts du « je »*

Les romans-mémoires ou les romans par lettres furent sans doute des formes narratives privilégiées par les romanciers de cette époque parce qu'ils offrent des possibilités d'exploration psychologique nouvelles. La

mise en scène de l'individu s'approfondit et se com-
plexifie par le recours à la première personne. Le « je »
devient littérairement le carrefour d'interrogations nouvelles pour le lecteur : celui-ci prend davantage conscience
de l'opacité foncière de l'individu.

Le « je » qui parle dans les pseudo-mémoires révèle
l'épaisseur temporelle qui peut séparer l'être raconté
de celui qu'il est devenu au moment où il entreprend
le récit rétrospectif de ses aventures. C'est une des
dimensions souvent utilisées par Prévost : ses narrateurs
se penchent avec incrédulité, réprobation ou étonnement sur ce qu'ils ont été aux diverses étapes de leur
vie. De la même façon, le « je » épistolaire met en valeur
le pouvoir de l'écriture, qui peut se faire séductrice ou
révélatrice, assumant pleinement ses composantes rhé-
toriques ou se retranchant derrière une éthique de la
transparence. Finalement, l'écriture à la première personne souligne la force d'identification de la fiction : le
lecteur aime à la fois se perdre et se retrouver dans un
sujet qui parle comme lui en disant « je », mais qui est
pourtant d'une nature différente, plus ou moins vraisemblable, plus ou moins proche.

4. *L'étude des mœurs : un réalisme accru ?*

Si l'on essaie, en fin de compte, de comprendre ce
que le roman a pu constituer culturellement dans cette
période charnière des Lumières, où l'individu s'affirme
tout en restant profondément assujetti aux contraintes
d'une société inégalitaire, où la société civile reven-
dique son autonomie tout en étant encore largement
encadrée religieusement, où le débat sociétal n'est pas
encore libre et où l'information reste étroitement surveillée, alors on est amené à y voir la forme littéraire

dans laquelle l'imaginaire de la fiction se plie de plus en plus à l'air du temps, aux interrogations qui agitent la société. Sans être encore le miroir de la réalité ou la « photographie » de la société que voudra en faire le siècle suivant, il est indéniable que le roman s'essaie, sans plus de honte, à la prose du monde, qu'il tente, au-delà du but moral affiché, de comprendre la complexité de la société et des êtres qui y vivent.

Il n'est sans doute pas indifférent que le personnel du roman se détache graduellement d'une vision strictement hiérarchique. Non que les hommes de condition disparaissent du roman — Prévost en témoigne — ou que l'on n'y ait jamais vu auparavant des franges inférieures de la population, notamment bourgeoises : mais dans le roman classique, la noblesse participait d'une idéalisation du monde, héritée du registre héroïque et galant, et le bourgeois n'apparaissait guère qu'à titre parodique. Avec les Lumières, les hommes de condition ne sont plus des figures idéalisées, pas plus que les bourgeois ne sont systématiquement ridicules : ils participent tous deux d'une étude plus inquiète de la volatilité des conditions. La société se demande quelle est la plus utile à son bon fonctionnement, d'une classe distinguée mais oisive ou d'une frange méprisée mais laborieuse. Marivaux, de ce point de vue, constitue un moment remarquable : il fait du roman de l'ascension sociale la métaphore d'une société qui prend conscience de l'échange toujours possible des conditions, de la relativité des usages, quelque fondés qu'on les juge.

Dans ce paysage romanesque renouvelé, le plaisir de la fable et de la fiction, les sortilèges de l'écriture existent toujours, mais ils coexistent, plus qu'avant, avec une aspiration à représenter le monde environnant, les conditions concrètes de la vie telle qu'elle est perçue par les lecteurs, quand bien même, comme au théâtre, ceux-ci savent faire la part des choses entre la réalité et la fiction.

Pour prolonger la réflexion

Colette BECKER (dir.), *Le Roman*, Paris, Bréal, 2000.

Henri COULET, *Le Roman jusqu'à la Révolution*, Paris, Armand Colin, 2003.

Michel DELON et Pierre MALANDAIN, *Littérature française du XVIIIᵉ siècle*, Paris, PUF, 1996.

René DEMORIS, *Le Roman à la première personne : 1600-1728*, Paris, Armand Colin, 1975.

Georges MAY, *Le Dilemme du roman au XVIIIᵉ siècle*, Paris, PUF, 1963.

Jean-Paul SERMAIN, *Rhétorique et roman au XVIIIᵉ siècle. L'exemple de Prévost et de Marivaux*, SVEC, nᵒ 233, Oxford, 1985.

Philip STEWART, *Imitation and Illusion in the French Memoir-Novel, 1700-1750. The Art of Make-Believe*, Yale, Yale University Press, 1960.

Françoise WEIL, *L'Interdiction du roman et la Librairie (1728-1750)*, Paris, Aux amateurs du livre, 1986.

Genre et registre

Un roman immoral?

SI *MANON LESCAUT* SUSCITE LE DÉBAT dès sa parution, c'est que cette œuvre semble rassembler et accuser les défauts du roman stigmatisés par les théoriciens de l'époque. Mais elle est aussi un témoin de la manière très personnelle dont Prévost s'empare de ce genre à un moment de son histoire où il se révèle d'une grande malléabilité. Prévost l'oriente vers l'exploration des passions, grâce à une écriture fiévreuse et distanciée, emportée et maîtrisée, qui fait entrer le lecteur dans les méandres d'âmes tourmentées, comme dans un labyrinthe aux allées dégagées, mais au plan compliqué. Il n'hésite pas à puiser dans toute la variété d'une tradition déjà riche, ne se refusant aucun plaisir de l'imagination, quitte à souligner l'ambiguïté des notions phares de vraisemblance et de décence.

1.

Mal aimé et condamné

Le roman est le laissé-pour-compte de la poétique classique. Comme Aristote n'en souffle mot, les théoriciens font mine de l'ignorer, ne s'intéressant qu'aux grands genres, tragédie et épopée en tête. L'ironie de l'histoire littéraire voudra que les oubliés des dogmes, la comédie pour le théâtre, et le roman pour la prose narrative, soient les moteurs du développement littéraire. Le roman n'existe pas pour les doctes, pour les lettrés, pour tous ceux qui se targuent de bon goût et de savoir : au mieux c'est un phénomène négligeable, une occasion de lecture pour les âmes mal éduquées, les femmes notamment. Même un auteur aussi iconoclaste que peut l'être Voltaire ne fera que reconduire le mépris des penseurs du siècle précédent. Il est vrai qu'il aspire avant tout à succéder à Corneille ou Racine, et qu'il ne voit guère comment ces productions trop périssables pourraient apporter la postérité à qui les pratique. Il soutient dans son *Essai sur la poésie épique* (1733) que « Si quelques romans nouveaux paraissent encore et s'ils font pour un temps l'amusement de la jeunesse frivole, les vrais gens de lettres les méprisent ».

Cette position est loin d'être isolée et quand, dans les années 1730, le roman envahit le paysage littéraire, les amoureux des belles-lettres s'inquiètent. Souvent de formation ecclésiastique, ils sont prompts à interpréter en termes moraux les dangers de ces lectures si faciles, qui ne servent ni à instruire véritablement, ni à édifier. Parmi eux, Langlet-Dufresnoy se rendra célèbre par *L'Histoire justifiée contre les romans* (1735), où il fait une critique insistante de l'inanité de ce genre. En particulier, selon lui, les situations décrites dans les romans « inspirent aux âmes les plus rebelles une passion à laquelle on n'est que trop enclin par le penchant de la nature ». Le reproche, on le voit, porte sur les deux plans de la réalité et de la fiction, conçus dans une interaction perverse : les romans décrivent fictivement des passions répréhensibles que le lecteur voudra mettre en œuvre dans la réalité. Ce qui retient en particulier l'attention, c'est le tableau de la société qu'offre le roman : il peut attirer le regard, et un regard encore insuffisamment formé et mature, sur ce qu'il conviendrait davantage de cacher que d'exhiber.

Il est certain que c'est à une telle lecture que s'est exposé immédiatement *Manon Lescaut* : sa matière est trop évidemment répréhensible, avec la peinture du monde du jeu et de l'amour hors mariage, pour ne pas susciter l'inquiétude et le scandale. Un jésuite, l'abbé Bougeant, critique lui aussi, bien qu'avec spiritualité, les méfaits du roman et ne peut s'empêcher, dans son *Voyage merveilleux du prince Fan-Férédin dans la Romancie* (1735), malgré tout le talent qu'il reconnaît à Prévost, de trouver éminemment condamnable le personnage de l'héroïne, « une effrontée qui brave toutes les lois de la pudeur et de la bienséance ». On comprend mieux alors la qualification fameuse de Montesquieu, consignée dans ses *Pensées*, en réaction immédiate à la lecture du roman :

> Je ne suis pas étonné que ce roman, dont le héros est un fripon et l'héroïne une catin qui est menée à la Salpêtrière, plaise, parce que toutes les actions du héros, le chevalier des Grieux, ont pour motif l'amour, qui est toujours un motif noble, quoique la conduite soit basse. Manon aime aussi, ce qui lui fait pardonner le reste de son caractère.

2.

La morale : but ou caution ?

Comment relever un genre si suspect parmi les penseurs ? Comment justifier la peinture des mœurs basses et dissolues, des précipices de perdition dans lesquels s'engouffrent nombre de personnages ? Comment, en un mot, faire rentrer de gré ou de force le roman dans le moule du classicisme ? Le classicisme, sous le règne duquel vivent encore théoriquement les Lumières, n'a guère laissé pour indications que des préceptes généraux, tirés le plus souvent du théâtre et élargis à toute la production des belles-lettres. C'est en profitant des largesses de ces préceptes que le roman va vivre d'une existence ambiguë au sein de la production littéraire : pour le dire autrement, il trouvera sa planche de salut dans le rappel ostentatoire de son rôle moral. Il veut se placer dans la droite ligne de la devise classique : instruire et plaire. Il peint des vices et des mœurs condamnables pour mieux dissuader le lecteur de suivre ces exemples : d'ailleurs les vicieux sont punis et les bons récompensés. La morale est sauve, du moins en apparence. C'est ainsi qu'un journaliste du *Pour et Contre*, sans doute diligenté par Prévost lui-même, qui a créé ce journal, défend l'intrigue de *Manon Lescaut* dans la présentation très édifiante qu'il en donne en avril 1734 :

> Le public a lu avec beaucoup de plaisir le dernier volume des *Mémoires d'un homme de qualité*, qui contient les *Aventures du chevalier des Grieux et de Manon Lescaut.* On y voit un jeune homme avec des qualités brillantes et infiniment aimables, qui, entraîné par une folle passion pour une jeune fille qui lui plaît, préfère une

vie libertine et vagabonde à tous les avantages que ses talents et sa condition pouvaient lui promettre ; […] enfin un jeune homme vicieux et vertueux tout ensemble, pensant bien et agissant mal, aimable par ses sentiments, détestable par ses actions. Voilà un caractère bien singulier. Celui de Manon l'est encore plus. Elle connaît la vertu, elle la goûte même, et cependant elle commet les actions les plus indignes. […] Quel art n'a-t-il pas fallu pour intéresser le lecteur, et lui inspirer de la compassion par rapport aux funestes disgrâces qui arrivent à cette fille corrompue ! Quoique l'un et l'autre soient très libertins, on les plaint, parce qu'on voit que leurs dérèglements viennent de leur faiblesse et de l'ardeur de leurs passions, et que, d'ailleurs, ils condamnent eux-mêmes leur conduite et conviennent qu'elle est très criminelle. De cette manière, l'auteur, en représentant le vice, ne l'enseigne point. […] En un mot, cet ouvrage découvre tous les dangers du dérèglement. Il n'y a point de jeune homme, point de jeune fille, qui voulût ressembler au Chevalier et à sa maîtresse. S'ils sont vicieux, ils sont accablés de remords et de malheurs.

On peut s'amuser, avec la distance temporelle et culturelle qui nous sépare désormais des mœurs de cette époque, d'une leçon aussi fade du roman et d'une présentation qui flatte si lourdement la nécessité d'une interprétation moralisante de son action. On aurait tort, cependant, de croire que jamais un lecteur, de quelque époque qu'il soit, se soit contenté d'une lecture aussi restrictive, car ce qui prime, finalement, dans ce compte rendu, c'est l'attention portée à la « singularité » des personnages. S'il y a des préceptes généraux qu'on ne veut contester, ni même ébranler, et qui relèvent d'une théorie morale dont les fondements, sous l'Ancien Régime, sont nécessairement religieux, il y a aussi les cas particuliers nés de la rencontre d'individus hors normes et de situations compliquées, qui, eux, ne peuvent relever que de la pratique et de l'expérience du monde. Prévost le dit explicitement dans l'«Avis de l'auteur» qui précède *Manon Lescaut* : «tous les préceptes de la morale n'étant que des principes vagues et généraux, il est très difficile d'en faire une application particulière. [...] Il ne reste donc que l'exemple qui puisse servir de règle à quantité de personne dans l'exercice de la vertu» (p. 9).

Le roman est le grand laboratoire de cette casuistique des passions qui excitait tant la subtilité des directeurs de conscience : on manifeste ainsi que la réflexion morale a délaissé les confessionnaux pour investir massivement le mode de pensée laïcisé qui se développe et qui ne peut se satisfaire des certitudes et des rigidités de l'ordre moral officiel. Le roman obéit au principe de réalité des passions tout en se présentant sous des dehors fictifs : il se substitue aux traités de morale, mais sans œillères et sans préceptes péremptoires, en remplaçant les règles par l'étude précise et circonstanciée des cas. L'«Avis» trouve une formulation synthétique et éclairante : «L'ouvrage entier est un traité de morale, réduit agréablement en exercice» (p. 10).

Ce conflit d'autorité qui oppose ainsi *de facto* le roman à la religion explique l'animosité que cette dernière lui portera toujours, malgré son succès croissant. Les vertueux et les bigots, qui ne veulent pas s'en laisser conter, ne désarment pas et dénonceront dans *Manon Lescaut* un ouvrage où, selon les termes de Mathieu Marais, «la vertu n'y est qu'en maximes, et le vice en action».

3.

Vraisemblance et bienséance

Le roman n'est pas pour autant un discours de savoir. S'il a une portée morale, il relève toutefois d'un ordre de réalité différent de celui des discours historiques ou religieux : il a partie liée avec la fiction, l'invention, l'imagination. L'esthétique classique, là encore, avait balisé le terrain et réparti les tâches : si le vrai est le domaine de l'histoire, celui de la production fictive ne peut aspirer, au mieux, qu'au vraisemblable. Elle ajoutait que cette vraisemblance de l'action ne pouvait se déployer que dans les limites de la bienséance, qui en garantissait la valeur morale.

Les romanciers des Lumières ont distendu jusqu'à leur extrême possibilité les marges de manœuvre octroyées par l'esthétique classique. La vraisemblance telle qu'ils la pratiquent relève d'un régime élargi qui incorpore une partie du « romanesque » d'antan, justement condamné au nom de la vraisemblance. Cependant, ce romanesque est toléré tant qu'il participe d'un effet de réel nouveau dont le fondement est essentiellement psychologique. Disons en termes plus simples, s'agissant de Prévost, qu'il ne renonce nullement à nourrir le plaisir de lecture en saturant ses fictions d'aventures, de péripéties parfois rocambolesques, qui sortent l'action qu'il dépeint du registre commun et quotidien. On est loin de l'idéologie de la « tranche de vie » qui s'imposera un siècle plus tard. Mais la matière qu'il rassemble est tenue par un fil passionnel unique qui permet au lecteur de vivre son roman comme l'exploration d'une expérience psychologiquement vraisemblable. *Les Mémoires et aventures d'un homme de qualité* ou *Cleveland* sont, de ce point de vue, l'aboutissement de sa démarche romanesque : ces romans, qui traitent de l'inquiétude existentielle, sont aussi de formidables romans d'aventures. *Manon Lescaut*, avec l'enchaînement incessant des déboires qui arrivent aux héros, tend au même effet : si le cadre semble plus réduit et réaliste, l'abstraction du décor favorise des événements à la limite de la vraisemblance (qu'on pense, par exemple, à la manière dont le chevalier des Grieux libère Manon de l'Hôpital), qui n'ont pour seule caution que la justification psychologique qu'il leur donne.

De la même façon, la bienséance est emportée bien au-delà du cadre que lui avait imposé l'esthétique classique. On se situe avec *Manon Lescaut* aux confins du genre libertin : la moralité du personnage de Manon n'est sauvée qu'*in extremis*, après un parcours fait de turpitudes morales qui peut laisser le lecteur bien-pensant perplexe. Au reste, il fut choqué. Mais l'assouplissement de la bienséance est justifié par la volonté de peindre « au naturel » le jeu des passions, quelque excessives qu'elles puissent être. Cela implique chez Prévost une recherche stylistique sur laquelle le journaliste du *Pour et Contre* conclut son compte rendu de *Manon Lescaut* :

> Je ne dis rien du style de cet ouvrage. Il n'y a ni jargon, ni affectation, ni réflexions sophistiquées : c'est la nature même qui écrit. […] Ce n'est point un style laconiquement constipé, mais un style coulant, plein et expressif. Ce n'est partout que peintures et sentiments, mais des peintures vraies et des sentiments naturels.

4.

L'écriture de la passion

L'écriture, tout est là. Chez Prévost, la revendication est constante : le style doit être à l'unisson de l'œuvre, sans ornement superflu, tout à l'acuité des sentiments retranscrits. La « Lettre de l'éditeur » en tête des *Mémoires et aventures d'un homme de qualité* disait à peu près la même chose que l'article du *Pour et Contre* à propos de *Manon Lescaut*. Le style rachète le romanesque et lui donne une autre saveur, celle de faire du roman le lieu d'une recherche de la vérité :

> Si l'on trouve dans cette histoire quelques aventures surprenantes, on doit se souvenir que c'est ce qui les rend dignes d'être communiquées au public. Des événements communs intéressent trop peu pour mériter d'être écrits. Le style est simple et naturel, tel qu'on le doit attendre d'une personne de condition, qui s'attache plus à l'exactitude de la vérité, qu'aux ornements du langage.

Et c'est bien ce qui a séduit les contemporains dès le début : Prévost excelle à rendre les emportements de la passion, les incompréhensions qu'elle engendre, les doutes qu'elle crée. Il a conçu une machine romanesque dont l'action emportée est la métaphore des agitations qui assaillent les personnages. C'est dans cette écriture que les lecteurs se reconnaissent, et face à elle, que, quelles que soient leurs réserves, les critiques du temps rendent les armes. D'ailleurs Prévost est bien conscient de la séduction qu'il exerce sur son lectorat et il se plaît, en ouverture du sixième livre et du troisième tome des *Mémoires*, à nouer avec lui des relations d'affinité :

> Je laisse aux géographes, et à ceux qui ne voyagent que par curiosité, le soin de donner au public la description des pays qu'ils ont parcourus. L'histoire que j'écris n'est composée que d'actions et de sentiments. J'entreprends de rapporter ce que j'ai fait, et non ce que j'ai vu. Les cœurs sensibles, les esprits raisonnables, tous ceux, en un mot, qui, sans suivre une philosophie trop sévère, ont du goût pour la vertu, la sagesse et la vérité, pourront trouver quelque plaisir dans la lecture de cet ouvrage. C'est pour eux seulement que j'écris.

Il n'y a pourtant rien de confortable dans ce que Prévost propose à son lecteur. D'une certaine façon, il a même réussi à le faire entrer par effraction dans le malaise même de la passion. Cela passe, en particulier, par un travail essentiel sur le point de vue. Le narrateur à la première personne que privilégie Prévost entraîne des effets d'interprétations qui sont les délices du lecteur : le récit que nous lisons n'est pas le compte rendu distancié d'événements lointains, c'est la traduction par une âme bouleversée d'une relation qui l'a touchée de près, au point, sans doute, d'en fournir une vision partielle et partiale. On le voit bien dans la peinture de Manon : il ne faut jamais oublier qu'elle est présentée exclusivement à travers le regard du chevalier. Les doutes qu'il distille dans le récit sur sa vertu ou, à l'inverse, les justifications trop ostensibles qu'il lui trouve, invitent le lecteur à considérer avec circonspection ses jugements, quelle que soit la force de persuasion du tableau pathétique qu'il parvient à brosser. On peut faire pour *Manon Lescaut* la même mise en garde que celle du narrateur d'*Une Grecque moderne*, dont l'aveu ouvre une infinité de perspectives interprétatives :

> Qui me croira sincère dans le récit de mes plaisirs ou de mes peines ? Qui ne se défiera point de mes descriptions et de mes éloges ? Une passion violente ne fera-t-elle point changer de nature à tout ce qui va passer par mes yeux ou par mes mains ? En un mot, quelle fidélité attendra-t-on d'une plume conduite par l'amour ? Voilà des raisons qui doivent tenir un lecteur en garde.

C'est par cette tension constamment entretenue entre un narrateur aveugle et une héroïne mystérieuse que Prévost a fait du roman cette narration complexe et ambiguë où la vertu n'est jamais aussi séduisante que quand elle est suspecte. La moralité du roman excite la perversité interprétative du lecteur.

Pour prolonger la réflexion

Henri COULET (dir.), *Idées sur le roman, Textes critiques sur le roman XIIe-XXe siècles*, Paris, Larousse, 1992.

Alexandre DUQUAIRE, *Les Illusions perdues du roman, l'abbé Prévost à l'épreuve du romanesque*, Amsterdam-New-York, Rodopi, 2006.

Richard A. FRANCIS, *The Abbé Prévost's first person narrators*, SVEC, n° 306, Oxford, 1993.

Jan HERMAN, *Recueil de préfaces de romans du XVIIIe siècle*, vol. I (1700-1750), Publications de l'université de Saint-Étienne, Presses universitaires de Louvain, 1999.

Erik LEBORGNE et Jean-Paul SERMAIN (dir.), *Les Expériences romanesques de Prévost après 1740*, Louvain-Paris, Éditions Peeters, 2003.

Jean SGARD, *Prévost Romancier*, Paris, José Corti, 1989.

—, *L'Abbé Prévost. Labyrinthes de la mémoire*, Paris, PUF, 1997.

—, *Vingt études sur Prévost d'Exiles*, Grenoble, Ellug, 1995.

L'écrivain
à sa table de travail

Les « débordements » de *Manon*

ON N'A CONSERVÉ aucun état intermédiaire de rédaction de *Manon Lescaut* permettant de faire des hypothèses sur sa genèse. Il n'y a pas à s'en étonner : le souci
très contemporain de reconstituer le processus de création est parfaitement étranger aux écrivains classiques.
Ajoutons que ce qui compte pour Prévost, homme de
lettres qui dépend des avances pécuniaires de libraires
souvent étrangers, c'est la rapidité d'exécution du manuscrit, suivant des délais stipulés par contrat, pour une
conversion immédiate en volumes mis sur le marché.
Les longues gestations à grands renforts de repentirs et
de brouillons surchargés, d'inquiétude sur l'inspiration
et d'hésitations dans la rédaction ne sont visiblement
pas le fait de Prévost. Ce n'est pas encore le temps des
Flaubert. Il lui faut fournir de la copie vite et bien, sans
rien conserver par-devers soi : raison pour laquelle il est
si difficile de suivre les traces de *Manon*.

1.

Trous de « Mémoires »

On a très longtemps pensé que l'auteur avait puisé l'inspiration de son roman dans les tumultes de sa vie personnelle. Ce jeune des Grieux emporté dans une folle passion pour une fille aimant le luxe, désinvolte mais tendre, semblait une transposition à peine voilée de l'aventure tourmentée de Prévost avec Lenki qui débute pendant cette période. Mais une étude plus précise de la chronologie montre que la rédaction et la mise sous presse du roman devancent de peu cette rencontre fatale. Non, l'origine du roman, il faut la trouver avant tout dans les livres et dans les contraintes du roman tel que le pratique Prévost.

1. *L'esprit des* Mémoires

N'oublions pas que ce que l'on prend pour un chef-d'œuvre isolé, parfois même de nos jours, pour la seule œuvre connue d'une production pourtant prolixe, n'est que l'aboutissement et la dernière livraison d'une série romanesque, la première de Prévost, celle qui lui a assuré un nom dans la république des lettres et des revenus bien utiles dans une période agitée. Les *Mémoires et aventures d'un homme de qualité qui s'est retiré du monde*, selon le titre complet, commencent à paraître en 1728 et connaissent immédiatement le succès. Prévost publie tout d'abord les deux premiers tomes contenant cinq livres, puis étoffe ses aventures pour répondre au goût du public et ne pas contrarier son attente. En 1731, les *Mémoires*, dont on publie les tomes V et VI, comptent

quinze livres. Ils regroupent une abondante provision
d'histoires qui font état des amours aussi bien du père
du narrateur, ou de Rosemont, le jeune homme dont il
est le précepteur et qu'il accompagne dans son périple
à travers l'Europe, que de celles du narrateur lui-même,
le marquis de Renoncour, qui ne s'est retiré du monde
qu'après en avoir expérimenté les exaltations et les
écueils. À quoi il faut ajouter les récits enchâssés — celui
de Rosambert en particulier —, coutumiers dans ces
constructions narratives cumulatives. Le tout est romanesque dans le sens le plus général du terme, faisant
voyager le lecteur d'un pays à l'autre (l'Espagne et l'Angleterre en particulier), d'une civilisation à l'autre (le
narrateur s'éprend d'une jeune femme, Sélima, arrachée
à un sérail) suivant des événements parfois rocambolesques. C'est ce goût de l'aventure exotique passionnée,
des sentiments intenses qui fleurent bon le libertinage,
que Prévost entretient sans complexe chez son lecteur
au fil des tomes en multipliant les épisodes.

2. *L'attrait du vice*

Il va jusqu'à s'en prévaloir explicitement en ouverture
du dixième livre (tome V) en prenant le masque du narrateur, le marquis de Renoncour. La vocation morale
du roman compose de manière retorse avec une complaisance certaine pour la peinture du vice :

> On m'apprend que le public a fait un accueil favorable
> aux deux premières parties de mon histoire. Je ne sais
> si je dois m'applaudir beaucoup de ce succès. Mes
> amis veulent me le faire regarder comme un motif qui
> doit me porter à reprendre la plume, et à continuer
> l'ouvrage. J'en conviendrais peut-être avec eux si j'étais
> mieux informé sur quoi se fonde l'estime de ceux qui

pensent avantageusement de mon livre. [...] Mais qui peut me répondre que l'approbation dont on honore mon ouvrage, n'est pas donnée peut-être à des choses que je ne puis m'empêcher de condamner, quoique j'aie eu la faiblesse de les écrire ? Je parle de quelques descriptions trop tendres, et d'une certaine licence de sentiments et d'expression qui sans pouvoir passer pour contraires à la bienséance et à la vertu, ne laissent pas d'avoir quelque danger pour un lecteur inconsidéré qui s'en occupe trop, et qui en est excessivement attendri.

Ce qu'on appellera plus tard l'*Histoire du chevalier des Grieux et de Manon Lescaut,* publiée en 1731 en même temps que les tomes V et VI, comme le septième et dernier tome des *Mémoires,* s'inscrit donc pleinement dans ce travail qui vise à flatter et entretenir l'appétit du lecteur par le spectacle à la fois effrayant et excitant, condamnable et séduisant, de tableaux un peu trop tendres et de personnages à la vertu velléitaire. De ce point de vue, c'est même le point d'orgue et, selon le terme habituel des éditions, la « suite » des *Mémoires,* là où la contradiction entre la vertu désirée et la corruption effective de notre nature est la plus accusée : *Manon Lescaut* est en premier lieu l'exemple le plus saillant d'une certaine représentation des passions dans l'univers romanesque de Prévost.

2.

Modèles inavouables

Mais, dès 1733, il existe des éditions séparées de *Manon Lescaut* voulues par Prévost lui-même comme l'atteste la fiction de « l'Avis » (voir p. 7). Si le succès phénoménal que rencontre cette œuvre auprès du public éclipse l'ensemble romanesque auquel il s'intègre, le récit lui-même appelle, en quelque sorte, cette indépendance et cette autonomie éditoriales. Son découpage en deux « parties » rompt avec la succession des « livres » privilégiée par les *Mémoires*. Le narrateur premier, le marquis de Renoncour, auteur fictif des *Mémoires*, délègue rapidement sa place de narrateur principal au chevalier des Grieux, au point de se faire oublier et de donner au Chevalier le statut de voix quasi exclusive de la narration : c'est sur elle que s'achève le roman, alors que celle de Renoncour n'a plus reparu qu'en un bref passage de régie en conclusion de la première partie (voir p. 108). Il faut dire surtout que la matière du roman a changé : ce n'est plus la confession à distance d'un homme vieillissant, le marquis de Renoncour, qui peut surplomber le cours de sa vie et en tirer une leçon désabusée, c'est le récit d'un homme, le chevalier des Grieux, sur le coup d'une passion qui a dévoré sa jeunesse. Et, surtout, le paysage et l'atmosphère du roman ont évolué : aux espaces étrangers, succède la peinture réaliste du monde parisien, malgré le final exotique en Amérique ; aux aventures trépidantes et romanesques, se substitue le fil resserré d'une chronique fatale vers la mort. Qu'est-ce qui peut expliquer l'évolution sensible de l'inspiration ?

Indubitablement, la palette romanesque de Prévost s'est élargie avec ses pérégrinations. L'Angleterre et la Hollande charrient une profusion de modèles littéraires qui ont marqué son esprit. Les critiques ont repéré au moins deux influences marquantes.

1. *Modèles illustres*

La première est, certes, française, mais elle se fait par le filtre anglais et grâce aux libertés hollandaises : il s'agit de Robert Challe. Son ouvrage *Illustres Françaises* paraît en 1713 en Hollande. Il connaîtra une adaptation anglaise par Pénélope Aubin, qui a pu attirer l'attention de Prévost. En 1721, paraîtra à La Haye, du même auteur, le *Journal d'un voyage fait aux Indes* alors que Prévost séjourne en Hollande et qu'il connaît l'éditeur, Prosper Marchand. Ces indices invitent à regarder de plus près les rapprochements qu'on peut esquisser entre les deux auteurs. De Challe, Prévost semble tirer un art du sujet et de son traitement, comme s'il avait apprécié une manière de mettre en perspective le jeu de la passion par le récit. *Les Illustres Françaises* se présente comme un recueil de récits d'amours assurés par les protagonistes eux-mêmes. Parmi ces histoires, il faut distinguer l'« Histoire de M. des Frans et de Silvie » racontée par des Frans, jeune homme de condition, mais peu fortuné. C'est le récit d'une passion immédiate, totale et malheureuse, entachée par les soupçons et la jalousie maladive du héros qui ne peut percer le mystère de sa maîtresse à la duplicité apparente et instinctive. On peut établir un parallélisme troublant entre les relations qui relient les deux héros, des Frans et des Grieux, à leurs maîtresses : même incompréhension des ressorts profonds, même escalade fatale de la passion. Le *Journal* de Challe offre un récit inséré qui semble, lui aussi, une source d'inspiration possible pour l'auteur de *Manon* : c'est l'histoire de Fanchon décrite comme une « belle et spirituelle libertine » aux talents indéniables pour la comédie, peu scrupuleuse et ne rêvant que de faire fortune.

Elle passera, comme Manon, par le Châtelet. Dans ces
deux récits de Challe, qui relèvent de genres différents,
on voit les éléments particuliers des personnages du
roman de Prévost se diffracter : le point de vue de la
passion aveuglée d'un côté, le portrait de l'amoralisme
fascinant de l'autre. C'est cette saveur réaliste singulière
mêlant le tragique au sulfureux, qui a certainement
séduit Prévost dans l'œuvre de Challe.

2. *L'influence anglaise*

De même, son anglophilie lui a incontestablement
procuré une matière riche de prolongements romanesques. La veine réaliste et tragique se marie, là encore,
à un degré inconnu dans la production française, sou-
cieuse de bienséance : elle est présente aussi bien dans
le roman exotique que dans le fait divers relaté par les
journaux. Un roman tout d'abord, *Oroonoko* (1688)
d'Aphra Behn, adapté en 1711 à la scène, présente un
climat assez similaire au scénario final de la mort de
Manon. Un ensemble de récits de criminels et d'aven-
turiers publiés entre 1722 et 1728 par Defoe, l'auteur
de *Robinson Crusoé* et de *Moll Flanders*, a pu aussi intéresser Prévost. Il les adapte d'ailleurs dès les premières
livraisons de son journal, le *Pour et Contre*. L'histoire de
Molly Siblis, en particulier, que Prévost raconte, entretient une parenté frappante avec l'héroïne de son roman :
fille de joie condamnée à la déportation, enlevée le
jour de son départ, elle s'est prostituée pour entretenir
son amant, bernant un père et son fils. Mais le caractère
profondément immoral de l'héroïne anglaise excède
les contours psychologiques de Manon. Prévost retient
de cette histoire le trouble provoqué par la lecture des
récits extraordinaires :

> La nature produit-elle un monstre? Vous y courez,
> cher lecteur. La curiosité vous porte à le voir de près
> et à l'examiner. L'horreur qu'il vous inspire rebute si
> peu vos yeux que c'est précisément ce qui vous conduit
> au spectacle [...]. En serait-il autrement des monstres
> de la morale? Non, car je vous vois courir avec ardeur
> pour assister au supplice d'un scélérat. La haine que
> vous avez pour ces crimes n'empêche pas que vous ne
> souhaitiez de les apprendre et de voir celui qui les a
> commis.

Il est difficile, si ce n'est trompeur, de parler, pour tous les cas que nous venons d'évoquer, de sources au sens étroit du terme. Prévost ne prélève pas telle ou telle scène d'une œuvre lue, ni ne compose ses actions et ses personnages d'éléments simplement empruntés tels quels : son propre imaginaire comme sa sensibilité d'écrivain s'emparent de toute cette matière en la recréant. Plus profondément, toutes ces influences recensées participent d'une démarche romanesque qui cherche les moyens de rendre compte, sans œillères esthétiques ou idéologiques, des effets paradoxaux des passions humaines.

3.

Signatures de Prévost

Ainsi on trouvera dans *Manon Lescaut* des éléments qui sont une constante de son inspiration. Il y a chez ce moine défroqué et cet abbé très peu chaste et trop mondain — telle est la réputation de Prévost chez ses détracteurs — tout un travail de conciliation difficile entre ses inquiétudes religieuses et son expérience du monde, qui informe sa représentation des passions humaines. Cela se traduit par des tensions très fortes structurant l'action de ses personnages dans tous ses romans, et dans *Manon Lescaut* en particulier.

1. *Le retrait*

Tension tout d'abord, très présente chez ses héros, entre d'un côté une aspiration à la retraite, à la distance vis-à-vis des vicissitudes du monde, de ses emportements et de ses excès et, de l'autre, une facilité à se laisser happer par le cours des événements, une certaine complaisance pour la dispersion mondaine, avec tous les déboires, souvent tragiques, qu'elle recèle. C'est d'ailleurs la tension qui organise la conception même des *Mémoires d'un homme de qualité* qui, comme le précise le sous-titre, « s'est retiré du monde » à plusieurs reprises, sans jamais être véritablement maître des aventures qu'il a dû affronter. De ce point de vue, *Manon Lescaut* apparaît comme une chambre d'échos qui dédouble cette thématique dans ses deux narrateurs : le marquis de Renoncour, le narrateur des *Mémoires*, doit se retrouver dans ce jeune homme, le chevalier des Grieux, souhaitant si souvent pouvoir se consacrer à ses études et à sa vocation religieuse qui, grâce à la lecture en particulier, lui procurent un apaisement temporaire, appréciable mais précaire. « J'ai l'humeur naturellement douce et tranquille : je m'appliquais à l'étude par inclination », confesse-t-il au marquis en évoquant ses études de philosophie à Amiens (voir p. 18). Il y revient encore quand son père l'a ramené de force : « il me semblait que j'aurais préféré la lecture d'une page de Saint Augustin, ou un quart d'heure de méditation chrétienne à tous les plaisirs des sens » (p. 41). Mais le « poison du plaisir », si ce n'est de l'amour, a déjà fait son office : il a dû avouer auparavant que «je sentais que mon cœur attendait encore quelque chose, et que, pour n'avoir rien à désirer dans la plus charmante solitude, il fallait y être avec Manon » (p. 40).

Les héros de Prévost sont très souvent des êtres qui ne peuvent accéder à cette assiette stable que semble promettre le détour par les textes. On peut en dire autant du héros éponyme de l'autre grande somme romanesque de Prévost, écrite parallèlement à *Manon Lescaut* et achevée quelques années plus tard, *Cleveland*.

2. *Inquiétude religieuse*

Cette inquiétude des héros, on le voit, n'est pas sans harmoniques religieuses, très nettement augustiniennes : cette rechute perpétuelle dans les plaisirs est la marque de notre condition faible et mortelle, entachée irrémédiablement par le péché originel. On a pu d'ailleurs constater l'influence majeure de la philosophie de Malebranche dans les développements psychologiques de Prévost. Mais un malebranchisme en quelque sorte accepté dans ses prémisses et rejeté dans sa pratique : les héros ne cessent de déplorer l'inadéquation de notre volonté à nos tentations, de nos désirs à leurs réalisations. C'est ce qui nous vaut souvent des pages entières de véritable examen philosophique, de constructions conceptuelles hasardeuses. Les références orthodoxes y sont mises à mal par la revendication de penser avec l'expérience contre les dogmes, jusqu'à s'approcher dangereusement du libertinage d'esprit. Dans *Manon Lescaut*, on a droit, en particulier, à une superbe mise en scène de ce débat d'idées dans les querelles qui opposent le chevalier et son ami Tiberge.

La toile de fond de ces échanges, qui apportent une respiration étrangement philosophique au sein des rebondissements les plus sulfureux de l'intrigue, est le paradoxe de la lucidité qu'on peut garder au milieu des précipices dans lesquels on se jette à cœur perdu et malgré soi. Attitude que condamne Tiberge dans un vocabulaire aux relents théologiques. Il ne peut s'empêcher de trouver son ami « inexcusable » : « reconnaître, comme je le faisais, que l'objet de mes attachements n'était propre qu'à me rendre coupable et malheureux, et de continuer à me précipiter volontairement dans l'infortune et dans le crime, c'était une contradiction d'idées et de conduite qui ne faisait pas honneur à ma raison » (p. 84). À quoi le chevalier ne peut opposer que ce constat inquiétant qui signe l'impuissance des prédicateurs : « De la manière dont nous sommes faits, il est certain que notre félicité consiste dans le plaisir » (p. 86). Toute l'intrigue des romans de Prévost se déploie sur ce fond philosophique expérimental dont les apparences orthodoxes cachent une relecture hétérodoxe par laquelle Prévost participe le plus clairement au mouvement des Lumières.

3. *L'autorité malmenée*

Une incarnation de ce rapport tendu aux autorités est donnée par les figures paternelles. La soumission au père, qui n'est pas exempt d'une certaine idéalisation, doit composer avec l'incompréhension entre les générations. La jeunesse se rebelle contre les pesanteurs de l'ordre imposé. Le chevalier des Grieux est représentatif d'une évolution de la sensibilité touchant l'autorité paternelle en ce déclin de l'Ancien Régime. Le père du chevalier, à plus fortes raisons parce qu'il est noble, est le gardien de l'ordre et de l'honneur familial. Mais il se voit réduit à une impuissance qui est à la fois regrettée et causée par le narrateur. Cette déchéance de la figure paternelle est encore plus prononcée avec le personnage ridiculisé de M. de G… M… Le diptyque qu'il forme avec son fils, dans un effet de miroirs aux relents troubles, montre la structure répétitive des pulsions de plaisir suscitées par Manon. La notion de transmission, au cœur de cette mise en scène de la filiation, se retrouve dans une position délicate.

D'autres romans, comme *Cleveland* ou les *Mémoires d'un honnête homme*, demeurés inachevés, présenteront des formes inquiétantes de relations entre père et fils ou père et fille. Là encore, si la raison plaide pour les pères, surtout quand ils sont attentionnés et compréhensifs (comme sait l'être celui du chevalier), la passion a tôt fait d'ébranler une autorité qui dévoile aussi son côté sombre et pervers.

Ce hiatus cruel entre la raison et les passions, entre la théorie et la pratique oriente l'action dans une course tragique vers la mort. Les thèmes de la mort et du deuil sont récurrents dans les récits de Prévost : le marquis de Renoncour s'est illustré lui-même dans les *Mémoires* par une mise en scène morbide du deuil de son épouse Sélima. L'affliction profonde du chevalier à la disparition de Manon n'est guère moins pathétique. C'est là qu'on reconnaît le savoir-faire d'écrivain de Prévost, unanimement salué, même par ses détracteurs, dans le rendu des sentiments violents : il donne à son écriture cette force racinienne très souvent repérée par les critiques.

4.

De l'œuvre au mythe

Ajoutons que cette intensité tragique tient aussi à l'opacité que Prévost a su conférer au personnage central, Manon, objet de toutes les interrogations et de tous les regards, au premier rang desquels ceux du narrateur principal lui-même, le Chevalier.

1. *Le mystère Manon*

En 1753, quand Prévost réédite une dernière fois son roman, il révise très soigneusement son texte et fait près de huit cents corrections. C'est d'ailleurs le texte suivi par la plupart des éditions, dont la nôtre. Mais il ajoute en particulier un épisode singulier, celui du prince italien en ouverture de la seconde partie (p. 110-116) : cette parenthèse bouffonne reste d'une interprétation difficile suivant qu'on met en avant chez Manon l'innocence de la révélation finale ou le plaisir pervers à tromper son monde. C'est cette sincérité désarmante dans la duplicité et cette dissimulation candide qui en font une énigme pour le narrateur comme pour le lecteur. L'ambiguïté du personnage est entretenue par Prévost lui-même.

Les dehors libertins sont-ils incompatibles avec une forme — certes déconcertante — de vertu ? La facilité à se donner, voire à se vendre, est-elle la marque d'une dépravation morale ou une indifférence à ce qui n'est pas l'essence supérieure de l'amour, qui va au-delà du corps ? Toutes ces questions, des générations de lecteurs ont tenté d'y répondre en auscultant le texte, avec la sensibilité et les normes de chaque époque. Les contemporains de Prévost sont sévères dans leurs jugements en général : si Manon touche, on lui alloue rarement autre chose qu'un statut déprécié de courtisane. Les romantiques seront plus sensibles à son emportement passionné. Le xxᵉ siècle sera conquis par cet amoralisme apparent, cet individualisme du cœur qui est une promesse de libération.

2. *L'entrée dans la légende*

C'est par là que l'œuvre vire au mythe littéraire et qu'elle échappe à son auteur, devenant l'objet d'une création renouvelée, réinventée. Du vivant même de l'auteur, *Manon Lescaut* connaît une suite apocryphe, assez laborieuse nécessairement, puisqu'il faut ressusciter Manon avant de la relancer sur les traces du Chevalier pour mieux l'éprouver à nouveau. Mais c'est le xixᵉ siècle qui se montrera véritablement fasciné par le personnage. Musset en plein romantisme lui consacre quelques strophes enflammées de sa *Namouna* (1833) :

> Manon ! Sphinx étonnant ! véritable sirène,
> Cœur trois fois féminin, Cléopâtre en paniers !

Son ancienne maîtresse, George Sand, vingt ans plus tard, s'essaie à une Manon au masculin avec *Leone leoni*. La même année, Manon inspire l'héroïne de la *Traviata* de Verdi. Elle sera mise en musique encore par Massenet en 1884, et l'année suivante Maupassant, à l'occasion d'une réédition, saluera un « type », symbole d'une époque mais toujours actuel (voir la citation p. 267). Le xxᵉ siècle la fait entrer dans le septième art, manifestant ainsi son caractère d'héroïne populaire qui traverse les siècles (voir les références indiquées p. 268).

Pour prolonger la réflexion

Éditions

Œuvres, éd. Jean Sgard *et al.*, 8 vol., Grenoble, Presses universitaires de Grenoble, 1977-1987.

Manon Lescaut, Jean Sgard (éd.), Paris, « GF », Flammarion, 2006.

Manon Lescaut, Alexandre Duquaire (éd.), Paris, « La bibliothèque Gallimard », nº 159, 2005.

Manon Lescaut, Frédéric Deloffre et Raymond Picard (éd.), Paris, « Folio classique », nº 4664, 2008.

Manon Lescaut, Pierre Malandain (éd.), Paris, Pocket, 1990.

Études critiques

L'Abbé Prévost [colloque d'Aix-en-Provence, 1963], Aix-en-Provence, éditions Ophrys, 1965.

Sylviane ALBERTAN-COPPOLA, *Abbé Prévost, Manon Lescaut*, « Études littéraires », PUF, 1995.

René DEMORIS, *Le Silence de Manon*, Paris, PUF, 1995.

Carole DORNIER, *Manon Lescaut de l'abbé Prévost*, « Foliothèque » nº 66, 1997.

Richard A. FRANCIS et Jean MAINIL, *L'Abbé Prévost au tournant du siècle, SVEC 2000 : 11*, Oxford, Voltaire Foundation, 2000.

Paul WINNACK, « *Some English influences on the abbé Prévost* », *SVEC* nº 182, Oxford, 1979.

Groupement de textes

Les détours du coup de foudre

«JE ME TROUVAIS ENFLAMMÉ tout d'un coup jusqu'au transport» (p. 19) : la rencontre entre le chevalier des Grieux et Manon Lescaut produit un effet fulgurant et durable. C'est le propre du coup de foudre dont la fugacité est aussi intense que les conséquences dévastatrices. Toute la force de la «scène de première rencontre», selon le terme technique consacré, tient à sa qualité de source originelle de la fiction. Dans *Manon Lescaut*, c'est le début d'une longue dérive, d'un glissement inéluctable : qui soupçonnerait que de telles péripéties viennent d'un moment si charmant, si anodin ?

Comme tout lieu commun, le coup de foudre est susceptible de variations, selon les sensibilités, les mœurs, les techniques d'écriture. De *Tristan et Iseult* au roman de gare, il est un aliment sans cesse revu et corrigé, qui garde sa vertu intacte : donner l'idée d'un basculement de l'action par la rencontre des cœurs. Mais cette dernière peut se révéler précaire, impossible ou redoutable.

1.

Coup tragique

Coup de foudre unilatéral, qui embraye sur la jalousie : c'est un destin déplorable qui attend la prisonnière Ériphile, amoureuse sans retour de son geôlier, Achille, et protégée par Iphigénie, sa rivale. Racine a su créer un tragique du chassé-croisé, des regards lancés en vain, rarement réciproques : cela confine aux figures de la galanterie, ce que les critiques lui ont reproché, mais c'est d'une redoutable efficacité scénique, ce que les spectateurs ont apprécié, jusqu'à en verser des larmes. Prévost aussi apprécie. Il s'essaie à une parodie d'*Iphigénie* dans *Manon Lescaut* (voir p. 122), plus grave et ambiguë qu'il n'y paraît.

Le coup de foudre ne tombe pas avec Racine ; il se saisit du personnage, d'un coup aliéné, qui sait alors pertinemment que ce qui lui arrive le rend étranger à lui-même. Ce n'est pas un accomplissement, la rencontre de deux êtres faits l'un pour l'autre, appelés par le destin, c'est l'ébranlement d'une âme qui ne peut que s'épancher dans le récit rétrospectif d'une impuissance. Partout chez Racine, comme dans le vers fameux de *Phèdre* (1677) «je le vis, je rougis, je pâlis à sa vue», le coup de foudre est un aveu du corps et un oiseau de mauvais augure.

Jean RACINE (1639-1699)
Iphigénie (1674)
(« Folio théâtre » n° 54)

ÉRIPHILE

Je me flattais sans cesse
Qu'un silence éternel cacherait ma faiblesse.
Mais mon cœur trop pressé m'arrache ce discours,
Et te parle une fois pour se taire toujours.
Ne me demande point sur quel espoir fondée
De ce fatal amour je me vis possédée.
Je n'en accuse point quelques feintes douleurs
Dont je crus vois Achille honorer mes malheurs.
Le ciel s'est fait, sans doute, une joie inhumaine
À rassembler sur moi tous les traits de sa haine.
Rappellerai-je encor le souvenir affreux
Du jour qui dans les fers nous jeta toutes deux ?
Dans les cruelles mains par qui je fus ravie
Je demeurai longtemps sans lumière et sans vie.
Enfin mes tristes yeux cherchèrent la clarté ;
Et, me voyant presser d'un bras ensanglanté,
Je frémissais, Doris, et d'un vainqueur sauvage
Craignais de rencontrer l'effroyable visage.
J'entrai dans son vaisseau, détestant sa fureur,
Et toujours détournant ma vue avec horreur.
Je le vis : son aspect n'avait rien de farouche ;
Je sentis le reproche expirer dans ma bouche ;
Je sentis contre moi mon cœur se déclarer ;
J'oubliais ma colère et ne sus que pleurer.
Je me laissai conduire à cet aimable guide.
Je l'aimais à Lesbos, je l'aime en Aulide.
Iphigénie en vain s'offre à me protéger
Et me tend une main prompte à me soulager :
Triste effet des fureurs dont je suis tourmentée !
Je n'accepte la main qu'elle m'a présentée
Que pour m'armer contre elle, et sans me découvrir,
Traverser son bonheur que je ne puis souffrir.

(Acte II, scène 1, v. 481-508)

2.

Éclair de la modernité

L e romantisme concevait l'amour comme une communion avec la nature. Une génération plus tard, Baudelaire prend acte des changements apportés par l'industrialisation. L'urbanisation se développe et la ville moderne s'impose, avec son hypertrophie. L'homme se retrouve perdu dans un anonymat nouveau, où il se fait à la fois acteur et spectateur de l'appétit de consommation qui s'empare de la société, érigeant le travail et l'argent en valeurs suprêmes.

L'amour aura pour cadre ce monde de l'artifice et du périssable, au point d'en changer la tonalité et la substance : une précarité croissante entoure les êtres et leurs relations. La cohue ou les foules font se croiser de façon inopinée et éphémère des êtres que tout sépare. Les conditions sont remplies pour rendre le coup de foudre partout possible et jamais réalisable. Un nouveau rythme du monde et des sentiments crée de nouveaux rêves et de nouvelles angoisses, qui tentent de déceler l'éternité promise par l'amour au sein de ces modalités qui exaspèrent l'instant. Ce « frisson nouveau » qu'évoque Victor Hugo à la réception des *Fleurs du mal* n'est jamais si sensible que dans cette manière de redéfinir, littéralement, un « lieu commun ».

Charles BAUDELAIRE (1821-1867)

« À une passante » (1857)

Les Fleurs du mal

(« Folioplus classiques » nº 17)

La rue assourdissante autour de moi hurlait.
Longue, mince, en grand deuil, douleur majestueuse,
Une femme passa, d'une main fastueuse
Soulevant, balançant le feston et l'ourlet ;

Agile et noble, avec sa jambe de statue.
Moi, je buvais, crispé comme un extravagant,
Dans son œil, ciel livide où germe l'ouragan,
La douceur qui fascine et le plaisir qui tue.

Un éclair… puis la nuit ! — Fugitive beauté
Dont le regard m'a fait soudainement renaître,
Ne te verrai-je plus que dans l'éternité ?

Ailleurs, bien loin d'ici ! trop tard ! *jamais* peut-être !
Car j'ignore où tu fuis, tu ne sais où je vais,
Ô toi que j'eusse aimée, ô toi qui le savais !

(« Tableaux parisiens », XCIII)

3.

L'ironie romanesque

Flaubert aime les paradoxes. Dès *Madame Bovary* (1757), il ausculte cliniquement dans un roman les ravages du romanesque. Dans *L'Éducation sentimentale* (1869), qui fut un échec auprès du public, il prend un plaisir cruel à décevoir son lecteur : l'action s'enlise comme les illusions idéalistes véhiculées par les révolutions politiques qu'elle retrace. Roman de l'ennui et du désenchantement, *L'Éducation sentimentale* s'ingénie à déjouer les attentes du roman au moment où il paraît le plus y céder.

C'est le sens, rétrospectivement, de ce morceau de bravoure qu'est le coup de foudre inaugural. On peut le considérer comme l'accomplissement d'un lieu commun et, en même temps, sa liquidation. Coup de foudre ironique, donc : le héros, Frédéric Moreau, ne s'avise pas tout de suite qu'il tombe amoureux d'une femme mariée, Mme Arnoux, mariée de surcroît à l'incarnation même de la médiocrité bourgeoise à laquelle il veut échapper. L'histoire d'amour finira d'ailleurs dans l'inconsistance. Ironie esthétique aussi : ce passage obligé à l'écriture impeccable, qui ne craint pas d'appuyer ses effets, est devenu un exemple scolaire de la « scène de première rencontre » alors qu'il dit avant tout sa vacuité. La suite du roman prendra le contre-pied des normes romanesques du temps.

Gustave FLAUBERT (1821-1880)

L'Éducation sentimentale (1869)

(« Folio classique » n° 4207)

Ce fut comme une apparition.

Elle était assise, au milieu du banc, toute seule ; ou du moins, il ne distingua personne, dans l'éblouissement que lui envoyèrent ses yeux. En même temps qu'il passait, elle leva la tête ; il fléchit involontairement les épaules ; et, quand il se fut mis plus loin, du même côté, il la regarda.

Elle avait un large chapeau de paille, avec des rubans roses qui palpitaient au vent derrière elle. Ses bandeaux noirs, contournant la pointe de ses grands sourcils, descendaient très bas et semblaient presser amoureusement l'ovale de sa figure. Sa robe de mousseline claire, tachetée de petits pois, se répandait à plis nombreux. Elle était en train de broder quelque chose ; et son nez droit, son menton, toute sa personne se découpait sur le fond de l'air bleu.

Comme elle gardait la même attitude, il fit plusieurs tours de droite et de gauche pour dissimuler sa manœuvre ; puis il se planta tout près de son ombrelle, posée contre le banc, et il affecta d'observer une chaloupe sur la rivière.

Jamais il n'avait vu cette splendeur de sa peau brune, la séduction de sa taille, ni cette finesse des doigts que la lumière traversait. Il considérait son panier à ouvrage avec ébahissement, comme une chose extraordinaire. Quels étaient son nom, sa demeure, sa vie, son passé ? Il souhaitait connaître les meubles de sa chambre, toutes les robes qu'elle avait portées, les gens qu'elle fréquentait ; et le désir de la possession physique même disparaissait sous une envie plus profonde, dans une curiosité douloureuse qui n'avait pas de limites.

4.

L'anti-coup de foudre

Aragon entretient un rapport conflictuel avec l'histoire littéraire, passant de l'écriture surréaliste au roman réaliste d'obédience marxiste. Il manie le classicisme pour s'en démarquer, tout en s'en réclamant. Ces tensions sont perceptibles au début d'*Aurélien*, qui offre une variation facétieuse sur le coup de foudre. Aragon retourne le lieu commun : au début était le non-événement, le manque de romanesque et de romantisme. Son héros, bourgeois aisé, jeune et désœuvré, trouvera l'amour malgré lui, dans un jeu de cache-cache avec la réalité : car c'est bien la littérature, la littérature classique, celle de Racine, qui entraîne le personnage sur la voie d'une femme dont il ne saura jamais se satisfaire. Désinvolte et précieuse, l'écriture d'Aragon tente de rendre cette contradiction au cœur du livre, par laquelle le prosaïsme du monde masque l'amour de la littérature.

Louis ARAGON (1897-1982)

Aurélien (1945)

(« Folio » nº 1750)

La première fois qu'Aurélien vit Bérénice, il la trouva franchement laide. Elle lui déplut, enfin. Il n'aima pas comment elle était habillée. Une étoffe qu'il n'aurait pas choisie. Il avait des idées sur les étoffes. Une étoffe qu'il avait vue sur plusieurs femmes. Cela lui fit mal augurer de celle-ci qui portait un nom de princesse d'Orient sans avoir l'air de se considérer dans l'obligation d'avoir du goût. Ses cheveux étaient ternes ce jour-là, mal tenus. Les cheveux coupés, ça demande des soins constants. Aurélien n'aurait pas pu dire si elle était blonde ou brune. Il l'avait mal regardée. Il lui en demeurait une impression vague, générale, d'ennui et d'irritation. Il se demanda même pourquoi. C'était disproportionné. Plutôt petite, pâle, je crois… Qu'elle se fût appelée Jeanne ou Marie, il n'y aurait pas repensé, après coup. Mais Bérénice. Drôle de superstition. Voilà bien ce qui l'irritait.

Il y avait un vers de Racine que ça lui remettait dans la tête, un vers qui l'avait hanté pendant la guerre, dans les tranchées, et plus tard, démobilisé. Un vers qu'il ne trouvait même pas un beau vers, ou enfin dont la beauté lui semblait douteuse, inexplicable, mais qui l'avait obsédé, qui l'obsédait encore :

Je demeurai longtemps errant dans Césarée...

En général, les vers, lui... Mais celui-ci revenait et revenait. Pourquoi ? C'est ce qu'il ne s'expliquait pas. Tout à fait indépendamment de l'histoire de Bérénice... l'autre, la vraie... D'ailleurs il ne se rappelait que dans ses grandes lignes cette romance, cette scie.

Pour prolonger la réflexion

Jean ROUSSET, *Leurs yeux se rencontrèrent : la scène de première vue dans le roman*, Paris, José Corti, 1981.

« *Leurs yeux se rencontrèrent* », *Les plus belles premières rencontres de la littérature*, Gallimard, « Folio 2 € », n° 3785, 2002.

Chronologie

L'abbé Prévost et son temps

IL EST DIFFICILE DE SUIVRE toutes les péripéties
d'une vie aussi mouvementée que celle de Prévost. Souvent les pièces manquent et ce n'est que par recoupe-
ments que les spécialistes avancent les hypothèses les
plus probables sur ses incessants déplacements à travers
l'Europe. Des zones d'ombre demeurent, en particulier
dans la jeunesse de l'écrivain, que ses justifications
rétrospectives comme celles de ses défenseurs ne font
qu'opacifier. On tirera de cette inquiétude continuelle
le constat d'une vie tiraillée entre l'appel impérieux des
passions les plus terrestres et une aspiration sans cesse
différée à la retraite, la difficulté aussi de se plier aux
catégories imposées, sociales, religieuses. Cet élan de
liberté fait de Prévost un représentant des tendances
profondes des Lumières : la raison conquérante et la
sensibilité exacerbée se disputent une âme vive et
curieuse, avide du monde et de l'esprit. Ce destin, qui a
balancé si longtemps entre le rouge et le noir, traverse
l'Europe, avec ses turbulences et ses déchirements,
comme une figure altière des vertus du voyage. Mais,
finalement, c'est la littérature qui est sa patrie.

1.

Une jeunesse tumultueuse

Antoine François Prévost est né le 1ᵉʳ avril 1697 à Hesdin en Artois, où il fait ses études au collège des Jésuites. Sa famille appartient à cette moyenne bourgeoisie provinciale qui aspire à la petite noblesse de robe. Deux de ses frères devinrent magistrats et deux autres passèrent par les Jésuites. La mère meurt en 1711. Une année plus tard, en arrivant à Paris, Antoine s'engage dans l'armée comme simple volontaire. Il a alors seize ans. De retour dans la capitale l'année suivante, il poursuit ses études au collège d'Harcourt et est admis au noviciat des Jésuites, mais quelques écarts de jeunesse le conduisent à nouveau par les routes, peut-être en Hollande : il profite de l'amnistie, décrétée par le Régent en 1716, pour revenir et se faire admettre au noviciat des Jésuites de La Flèche où il est surveillant d'internat. En 1718, il retourne à l'armée, pour la campagne de Catalogne, avec le grade d'officier.

Les hostilités terminées, on le retrouve en Hollande en 1719, puis de retour à Paris où il prononce ses vœux, en 1721, dans la congrégation bénédictine de Saint-Maur, dont la forte réputation d'érudition l'a sans doute séduit. Il est ordonné prêtre en 1726, sans renoncer toutefois à une vie libre et mondaine. Il travaille pour les Bénédictins à de grands ouvrages historiques, mais, dès 1724, il publie *Les Aventures de Pomponius, chevalier romain*, où il attaque le Régent. La vocation de l'écriture s'approfondit avec le début des *Mémoires et aventures d'un homme de qualité*, dont le septième et dernier volume, *L'Histoire du chevalier des Grieux et de Manon Lescaut*, l'occupe, jusqu'en 1731.

Pendant cette période, il doit fuir en Angleterre pour échapper à une lettre de cachet que lui valent ses démêlés avec l'ordre bénédictin. Il s'y convertit au protestantisme et adopte le nom de « Prévost d'Exiles ». À Londres, il fréquente les huguenots et noue une intrigue sentimentale avec la fille d'un grand armateur, alors même qu'il est le précepteur de son fils. Il doit s'enfuir alors en Hollande et décide de se consacrer à la littérature en fréquentant le milieu des libraires d'Amsterdam : c'est sans doute là qu'il rédige *Manon Lescaut*.

1697   Pierre Bayle, *Dictionnaire historique et critique*.
1701   Début de la guerre de Succession d'Espagne, qui désole pendant une douzaine d'années le nord du royaume.
1713   Bulle *Unigenitus* contre les jansénistes.
1715   Début de la régence de Philippe d'Orléans, qui dure jusqu'en 1723.
1726   Voltaire en exil en Angleterre.

2.

Le baroudeur passionné de la romancie

À La Haye, il rencontre Hélène Eckhart, dite « Lenki » : c'est le début d'une folle passion qui le mène à la conduite la plus dissolue. Parallèlement, il poursuit la publication de *Cleveland*. Criblé de dettes, on le retrouve à Londres en 1733 où il entame la rédaction d'un journal, le *Pour et Contre*, qui durera jusqu'en 1740. Mais, incarcéré pour faux en écriture sur une lettre de change, il rentre discrètement en France, en 1734, où il attend le pardon du pape et sa translation dans l'ordre de Cluny, moins rigoureux que celui de Saint-Maur. Ils lui sont accordés.

Il fréquente les salons de Mme de Tencin, retrouve sa maîtresse et est choisi comme aumônier par le prince de Conti, athée et libertin notoire. Il rompt avec les Jésuites en 1739, avant que sa maîtresse l'accule à la ruine : il fuit en Allemagne, en déclinant l'aide de Voltaire rencontré à Amsterdam en 1737 quand il corrigeait ses œuvres en cours d'édition. C'est la brouille. Cependant, sa production romanesque ne tarit pas : il publie *Le Doyen de Killerine* et l'*Histoire d'une Grecque moderne* en 1740. Il ne rentre en France en 1741 qu'au prix de sa rupture avec Lenki.

1731   Marivaux commence à faire paraître *La Vie de Marianne*.
1732   Convulsions et miracles sur la tombe du diacre Pâris, janséniste : le pouvoir fait fermer le cimetière de Saint-Médard.
1736   Crébillon fils, *Les Égarements du cœur et de l'esprit*.
1740   Frédéric II, roi de Prusse.

3.

Le passeur assagi

Il est dorénavant considéré comme un des premiers romanciers de son temps. Sa vie s'assagit. Il voyage en Italie en 1743, laisse les *Mémoires d'un honnête homme* inachevés et se lance en 1745, à l'instigation du chancelier d'Aguesseau, dans l'immense entreprise de l'édition française de l'*Histoire générale des voyages* anglaise. Il y consacrera quinze volumes et autant d'années.

Il entame ainsi une carrière de traducteur prolixe : on lui doit, en particulier, la traduction de *Clarisse Harlowe* et de *Paméla* de Samuel Richardson. Il se fait le grand passeur du roman de langue anglaise en France dans la seconde moitié du siècle. Il s'installe à Chaillot avec une veuve de vingt-sept ans, Mme de Genty, fréquente Jean-Jacques Rousseau à Passy, travaille sans relâche et meurt d'apoplexie, suite à une rupture d'anévrisme, en 1763, dans la forêt de Chantilly.

1748   Fin de la guerre de Succession d'Autriche (1740-1748) : paix d'Aix-la-Chapelle.
1751   Premier tome de l'*Encyclopédie*.
1755   Tremblement de terre de Lisbonne, mort de Montesquieu.
1756   Début de la guerre de Sept Ans.
1763   Mort de Marivaux.
1764   Expulsion des Jésuites de France.

Pour prolonger la réflexion

Jean SGARD, *Vie de Prévost, 1697-1763*, Laval, Presses de l'université de Laval, 2006.

```
                        ┌
            Éléments pour une
              fiche de lecture
                                    ┘
```

Les personnages

Manon Lescaut fait défiler tout un ensemble de personnages évanescents. Le lecteur parcourt une galerie de personnages furtifs qui surgissent et disparaissent selon les besoins d'une action trépidante. Certains se gravent dans sa mémoire par l'intensité de leurs qualités ou de leurs vices : la lubricité de M. de G... M... ; le caractère trouble et bas de Lescaut ; l'amitié chevaleresque de M. de T... ; la bonté mal récompensée du Supérieur de Saint-Lazare, etc.

On ne retiendra ici que l'étude du trio de tête :

• Le chevalier des Grieux : étudiez les conditions de la rencontre du narrateur, M. de Renoncour, et du chevalier. Qu'indiquent-elles sur celui qui prendra ensuite la parole ? Quelle est la formation du chevalier ? Quelles aptitudes marque-t-il particulièrement ? Analysez les relations conflictuelles du chevalier avec son père : repérez les étapes de leur dégradation, soulignez les jugements du chevalier. Comment apparaît finalement la figure du père ? Le chevalier sent-il une forme de culpabilité pour ses actes ? Comment parvient-il à les justifier ? Étudiez son attitude lors de son évasion de Saint-Lazare. De manière générale, comment traite-t-il ses adjuvants (Tiberge, le Supérieur, M. de T..., etc.) ?

- Manon : y a-t-il un portrait de Manon ? Comment expliquer ce laconisme ? Étudiez les scènes où l'héroïne semble la plus coupable (le dîner interrompu avec M. de B... ; l'envoi de la courtisane pendant l'aventure avec M. de G... M...) : analysez les effets du point de vue, les modalités de présentation de l'action, les ambiguïtés entretenues. Quels jugements ces scènes favorisent-elles sur Manon ? Comment comprendre sa « conversion » dans l'épisode américain ? Comment y est-elle préparée dans les événements qui précèdent ?

- Tiberge : quels sont les jugements portés par le chevalier sur son ami ? Quand apparaissent-ils ? Peut-on parler de « double » du narrateur ? Analysez les deux entretiens de Tiberge avec le chevalier : de quel point de vue se fait-il le porte-parole ? Précisez les positions théologiques qui sont en jeu. Quelle est la dernière apparition de Tiberge ? Quelle stature acquiert-il alors ?

Le fil de l'intrigue

- La conduite du récit : reprenez la chronologie des aventures de Manon et du chevalier. Sur combien d'années s'écoulent-elles ? Comment Prévost ménage-t-il l'art de la surprise et du renversement de situations ? Pourquoi peut-on parler de structure répétitive de l'action ?

- La peinture des mœurs : dans quelle période est censée se situer l'action ? À quelle période la place du jeu, de l'argent et la mode du Mississippi font-elles davantage penser ? Quelles sont les connexions établies entre le monde de la finance, de la prostitution et du jeu ? Notez les irruptions de la police : quelle est l'attitude du Lieutenant général ? À quelle réalité sociale ce type de comportement renvoie-t-il ?

Les adaptations

* La musique : trois compositeurs de renom (Puccini, Verdi, Massenet) ont été inspirés par les aventures de Manon Lescaut. Comment la musique transpose-t-elle le jeu des passions ? Étudiez la question à partir de moments clés de la partition.
* Le cinéma : du vivant même de Prévost, l'image s'impose comme une composante importante du succès de *Manon Lescaut*. L'édition de 1753 supervisée par Prévost, luxueuse et servant de base à notre édition, était illustrée par des graveurs de renom, Pasquier et Gravelot. On compte, depuis, plus d'une centaine d'éditions illustrées. Le théâtre puis le cinéma ont pris le relais. Vous vous attacherez au travail d'adaptation des films les plus aboutis (Clouzot, Aurel) et repérerez les transpositions, les coupes, les choix d'interprétations du personnage de Manon. À l'inverse, vous pouvez étudier les phénomènes d'inspiration dans des œuvres *a priori* indépendantes : voyez en ce sens *La Sirène du Mississippi* (1969) de François Truffaut.

Jugements et sujets de réflexion

L'art de Prévost a inspiré les grands romanciers. Pas étonnant donc que de très nombreux écrivains aient rendu hommage à son talent, poussé à l'épure dans *Manon Lescaut*. Le choix des comparaisons aide à replacer un chef-d'œuvre dans une lignée, à l'inscrire dans un horizon littéraire. Sade rappelle les liens secrets entre *Manon Lescaut* et *Julie ou la Nouvelle Héloïse* de Rousseau, tandis que Cocteau trouve audacieusement dans Pétrone un parangon de ce mélange des genres qui fait se côtoyer l'élégance aristocratique et la canaille. Ces jugements longs et argumentés demandent à être analysés dans le détail de leur formulation et débattus.

• Le marquis de Sade écrit dans son *Idée sur les romans* (1800) :

> Quelles larmes que celles que l'on verse à la lecture de ce délicieux ouvrage ! Comme la nature y est peinte, comme l'intérêt s'y soutient, comme il augmente par degrés, que de difficultés vaincues ! Que de philosophie à avoir fait ressortir tout cet intérêt d'une fille perdue ; dirait-on trop en osant assurer que cet ouvrage a des droits au titre de notre meilleur roman ? Ce fut là que Rousseau vit que, malgré les imprudences et les étourderies, une héroïne pouvait prétendre encore à nous attendrir, et peut-être n'eussions-nous jamais eu Julie, sans Manon Lescaut.

• Guy de Maupassant écrit en 1885 une préface à une nouvelle édition de *Manon Lescaut*. Il lui donne une place à part dans la production romanesque des Lumières :

> Seule cette nouvelle immorale et vraie, si juste qu'elle nous indique à n'en pouvoir douter l'état de certaines âmes à ce moment précis de la vie française, si franche qu'on ne songe pas même à se fâcher de la duplicité des actes, reste comme une œuvre de maître, une de ces œuvres qui font partie de l'histoire d'un peuple.

• Jean Cocteau écrit en 1947 :

> L'abbé Prévost ne se peut comparer qu'à Pétrone. Son atmosphère est celle du *Satiricon*, réserve faite de l'ad-

mirable chaleur d'amour que Manon dégage comme une rose grande ouverte sur un corsage entr'ouvert. Mais quel cortège aux flambeaux de joueurs, de tricheurs, de buveurs, de débauchés, de descentes de police ! C'est ce parfum crapuleux de poudre à la maréchale, de vin sur la nappe et de lit défait qui donne à Manon la force de vivre à travers les siècles et de ne se point confondre avec d'autres figures dont les mouches et les sourires ne suffisent pas.

La grandeur de Manon, ce qui la sauve d'être, comme *Les Liaisons dangereuses*, le chef-d'œuvre des livres de deuxième classe, ce qui en fait un chef-d'œuvre tout court, c'est la rafale parisienne qui roule cette étonnante histoire d'un parloir de séminaire jusqu'à la tombe que des Grieux creuse de ses propres mains. C'est l'amour qui ne se mélange pas à la crapule et couvre les personnages de cet enduit des plumes de cygne, enduit grâce auquel le cygne barbote dans l'eau sale sans s'y salir.

Quelques indications pour guider
votre lecture et vos recherches

La Traviata, opéra de Giuseppe VERDI, livret de F. M. PIAVE, Venise, La Fenice, 1853.

Manon Lescaut, opéra-comique en 5 actes et 6 tableaux, musique de Jules MASSENET, livret de H. MEILHAC et Ph. GILLE, Opéra-Comique, Paris, 1884.

Manon Lescaut, opéra de Giacomo PUCCINI, livret de L. ILLICA, Ricordi, Turin et Milan, 1893.

Manon, film de Henri Georges CLOUZOT, 1949 (avec Cécile Aubry, Serge Reggiani).

Manon 70, film de Jean AUREL, 1968 (avec Catherine Deneuve, Jean-Claude Brialy, Sami Frey).

Lycée

Série Classiques

Pour plus d'informations,
consultez le catalogue à l'adresse suivante :
http://www.gallimard.fr

Composition Interligne
Impression Novoprint
à Barcelone, le 4 janvier 2010
Dépôt légal: janvier 2010
ISBN 978-2-07-039611-5/Imprimé en Espagne.

165195